JÜRGEN PARSCHAT

Ein Rückblick

Über die Zeit zwischen Zweitem Weltkrieg
und dem Untergang der DDR

Dieses Buch ist auch als
e-book
erhältlich.

www.novumverlag.com

© 2021 novum Verlag

ISBN 978-3-99107-392-5
Lektorat: Mag. Elisabeth Pfurtscheller
Umschlagfoto: Jürgen Parschat
Umschlaggestaltung, Layout & Satz:
novum Verlag
Innenabbildungen:
Privatbesitz von Jürgen Parschat

Die vom Autor zur Verfügung ge-
stellten Abbildungen wurden in der
bestmöglichen Qualität gedruckt.

Gedruckt in der Europäischen Union
auf umweltfreundlichem, chlor- und
säurefrei gebleichtem Papier.

www.novumverlag.com

Bibliografische Information
der Deutschen Nationalbibliothek:

Die Deutsche Nationalbibliothek
verzeichnet diese Publikation in
der Deutschen Nationalbibliografie.
Detaillierte bibliografische Daten
sind im Internet über
http://www.d-nb.de abrufbar.

Inhaltsverzeichnis

Prolog

Ich bin jetzt über achtzig Jahre alt.

Zeit, einmal Rückschau zu halten auf ein doch nun schon verhältnismäßig langes Leben. Auch schon aus dem Grunde, weil ich mich noch dazu in der Lage fühle, denn viele meiner Altersgenossen können das nicht mehr.

Zwar versuche ich, nicht ständig an ein mögliches Ende zu denken, was altersmäßig verständlich wäre, doch ich fühle mich noch einigermaßen fit. Noch schaffe ich meine persönliche Verpflichtung, mindestens sechs Kilometer am Tag zu Fuß zurückzulegen. Entweder ich mache beim Einkaufsgang einen entsprechenden Umweg oder ich laufe nur so durch das Stadtviertel, unter anderem auch einmal pro Monat per pedes in die Stadt zum Bibliotheksdienst im Vereinshaus vom Sächsischen Bergsteigerbund. Hier bin ich ja seit Beginn der Rentenzeit verantwortlich für die Kartensammlung. Und es sind an die zweitausend Karten im Bestand, die ich in mühevoller Kleinarbeit so regional sortiert habe, dass man mit einem Griff alle Karten einer Region erwischen kann, was vormals nicht möglich war.

Bei Wanderungen entweder mit Freunden oder nur allein sind bei zwanzig Kilometern auch noch nicht alle Reserven verbraucht.

Bis vor Kurzem hatte ich montags Probe im Haydnorchester, wo ich nach jahrzehntelangem Mitspielen jetzt nur noch neben vier jüngeren Damen geduldeter Alter war, der höchstens gefragt war, wenn deren Kinder mal krank waren. Dann kamen noch zwei jugendliche Klarinettisten dazu, sodass ich dort überflüssig wurde. Mittwochs habe ich seit mehreren Jahren Probe im Orchester des Mozartvereins, wo man froh ist, dass jemand mit so langer Orchestererfahrung noch mitmacht.

Und mit diesem Orchester konnte ich mir auch ein besonderes Geburtstagsgeschenk zu meinem Achtzigsten machen. Ich hatte erfahren, dass die Noten für Mozarts Klarinettenkonzert vorhanden seien, und so wünschte ich mir als Geburtstagsständchen den

2. Satz dieses Konzertes, also das Adagio. Mein Wunsch wurde respektiert und ich konnte dieses Stück endlich einmal wieder mit Orchester-Begleitung spielen – fast sechzig Jahre nach meinem ersten Versuch im Studentenorchester. Und zum Konzert im Rahmen von Dresdens Veranstaltungsreihe „Klingende Stadt" durfte ich sogar das Adagio als Solobeitrag spielen!

Darüber hinaus halte ich immer noch hin und wieder Lichtbildervorträge in Altenheimen oder Seniorentreffs. Zwar lange nicht mehr so oft wie noch vor Jahren, da ich mit Beginn der Rentenzeit recht aktiv wurde. Ich hatte über fünfzig Altenheime und Seniorentreffs als Kundschaft und im Angebot an die dreißig unterschiedlichen Themen. Wurde irgendwo in Dresden ein Heim neu eröffnet, sprach ich vor und bot meine Dienste an. Und das sprach sich auch in der näheren Umgebung rum. So wurde ich zwischen Pirna und Meißen aktiv.

So aktiv bin ich jetzt natürlich nicht mehr. Doch das Erzählen über unsere nicht nur seit der Wende durchgeführten Reisen hält hoffentlich den Geist auch noch etwas frisch.

Diese Aktivitäten bedeuten doch sicher noch nicht, dass ich irgendein besonderes Leben hinter mir habe.

Aber ich denke, es gibt da eventuell Ereignisse, die für die vergangene Zeit nicht ganz untypisch waren und wo es bestimmt schade wäre, wenn diese völlig in Vergessenheit gerieten.

Wer kann sich heute noch vorstellen, wie wir Kinder die Kriegszeit überlebt haben, auch wenn es Gott sei Dank nur unbedeutende Erlebnisse waren.

Wer erinnert sich noch, welche Probleme es beim Reisen ins Ausland gab, auch bei Reisen in unsere benachbarten Bruderländer.

Und schließlich gab es die Organisation der Staatssicherheit, die jeden Bürger mehr oder weniger unter Kontrolle hatte.

Und dass die Stasi, also die Organe der Staatssicherheit, über jeden Bürger mit besonderen Tätigkeiten Bescheid wusste, erlebte ich persönlich: Es war zum zehnjährigen Jubiläum des Kampfgruppenblasorchesters der Stadt Dresden, also irgendwann in den Achtzigerjahren.

Auch die oberste Stasibehörde der Stadt war eingeladen.

Durch Zufall wurde ich von unserem Orchester-Stasibeauftragten diesem Genossen vorgestellt:

„Ich weiß, der Genosse organisiert die Wanderung ‚Rund um Dresden'."

Und das sagt er aus dem Gedächtnis heraus. Ich war also nicht gerade ein unbeschriebenes Blatt bei diesen Leuten.

Besser hätte es heute mit einer kurzen Internetrecherche auch nicht geklappt.

Das bedeutete also für mich, der ich ja auch schon zwanzig Jahre vorher unangenehme Erfahrungen mit dieser Institution gemacht hatte, nicht allzu leichtsinnig zu sein.

Und so will ich über die vergangene Zeit berichten, natürlich auf Basis des persönlichen Erlebnisses. An manchen Stellen auch darüber hinaus, wo ich der Meinung bin, dass für ein Verständnis diese Ergänzung nicht uninteressant wäre. Die genannten Personen sind dabei nicht erfunden, aber in besonderen Fällen nur durch den Vornamen angedeutet.

Kindheit

Ostpreußen: „Land der dunklen Wälder und kristall'nen Seen, über weite Felder lichte Wunder geh'n". Dieser Anfang der Hymne der Ostpreußen sollte eigentlich bei allen dort Geborenen ein Heimatgefühl entfachen. Nicht so bei mir. Vielleicht liegt es daran, dass ich, wenn auch in Königsberg geboren, schon mit sieben Jahren diese Gegend verließ. Jedenfalls kann ich mich nicht erinnern, dass wir, wenn wir vom Bahnhof in Ludwigsort mit einer Kutsche abgeholt wurden, auf den rund zehn Kilometern bis zu unserem Dorf Großklingbeck durch dichte Wälder oder an kristallnen Seen vorbeigekommen sind.

Und wie unser Dorf zu dem Beinamen Groß gekommen ist, bleibt auch fraglich. Großklingbeck hatte so an die zweihundertfünfzig Einwohner, also in etwa deißig Gehöfte, denn die Familien bestanden im Dorf meist aus mehr als sieben bis acht Personen, Eltern, Großeltern und in der Regel mehr als drei Kindern! Dann gab es eine Gaststätte und einen kleinen Kaufmannsladen an der einzigen Straßenkreuzung des Ortes – dort, wo die Straße von Ludwigsort nach Zinten führend eine Abzweigung nach Grünwiese, einem Nachbardorf, hatte. Richtung Zinten führte die Straße an dem Dorfteich entlang und dann als letztes Gehöft auf der linken Seite kam das Schulgebäude. Gegenüber waren noch ein paar Bauernhöfe.

Jedenfalls war das Schulgebäude mein erstes Zuhause. Das Schulgebäude, von der Straße aus durch eine Art Garten etwas versetzt, bestand aus zwei Gebäudeteilen: dem eigentlichen Schulhaus mit einem Klassenzimmer im Erdgeschoss und darüber im Giebeldach eine Art Kinosaal. Angrenzend daran ein Flachbau mit unserer Wohnung. Schließlich hatte mein Vater 1937 die Lehrerstelle in dieser einklassigen Volksschule erhalten, nachdem er vier Jahre als Lehrer an der Volksschule in Wolittnick und weitere vier Jahre in Gr. Windkein tätig war. 1938 wurde mein Vater zur Wehrmacht einberufen, sodass sich meine Erinnerungen an ihn nur auf gelegentliche Urlaubstage beziehen.

Ansichtskarte von Großklingbeck

Mit Mama und meiner zwei Jahre älteren Schwester Ulla durften wir aber weiter in dieser Lehrerwohnung leben.

Der Eingang zu unserer Wohnung lag hinter dem Haus, angrenzend an so eine Art Hof. Gegenüber befand sich so was wie eine Scheune, wo unsere drei Gänse und eine Handvoll Hühner ihr Zuhause hatten. Die Gänse hatten sogar persönliche Namen. Hinter der Scheune lag der Sportplatz, der von einem kleinen Bach begrenzt wurde. Ich erinnere mich noch, dass ich in einem Winter in den Bach gerodelt bin. Und wie das nun mal so ist, rettete ich mich durchnässt und frierend natürlich an das gegenüberliegenden Ufer. Und erst mein jämmerliches Gebrüll holte meine Mama zur Hilfe, welche zuerst durch den Bach watete, der zwar nicht tief war, aber es reichte für nasse Füsse und führte darauf zu einer starken Erkältung von Mama.

Angrenzend an den Sportplatz kam ein eingezäunter Garten mit Gemüse, Beerenpflanzen und einem herrlichen Kirschbaum. Dann kam der Hauseingang, links angebaut die Toilette (Plumpsklo). Parallel zum Schulgebäude befand sich eine Ackerfläche, in der Größe von einem drei Viertel Morgen, des damals üblichen Ackerflächenmaßes. Von diesem Acker ernteten wir unseren Kartoffelbedarf.

Noch weiter hinten, also hinter dem eigentlichen Schulgebäude, befand sich auch noch ein Garten mit Obstbäumen. Ich erinnere mich noch an die herrlich schmeckenden Kläräpfel, die frisch vom Baum gegessen wurden. Direkt an der Hauswand war so eine Art Spielplatz oder Sandkasten. Jedenfalls rannte ich einmal erschrocken zu Mama in die Küche, weil ich dachte, das Haus stürzt ein. Ich hatte beim Hochsehen das Wolkenziehen missverstanden.

Mein erster Schulbesuch

Und dann unsere Wohnung. Richtung Hof war die Küche, von der es ins Schlafzimmer ging und noch zu einer Kammer, in der das Pflichtjahrmädel schlief. Die Küche war für meine Begriffe recht groß, denn zum Baden wurde eine Wanne hineingestellt. Das tägliche Waschen fand auch in der Küche statt. Dann gab es direkt neben dem Hauseingang eine Pumpe, mit der wir unseren zusätzlichen Wasserbedarf deckten. Im Flur zwischen unser Wohnung und dem Klassenzimmer befand sich auch noch ein kleines Waschbecken aus Eisen.

Zur Straße hin kann ich mich an ein auch recht großes Wohnzimmer erinnern, mit einem gewaltigen runden Tisch mit einer Edelholzplatte. An der Wand stand ein Klavier. Dahinter ging es ins sogenannte Herrenzimmer, keine Ahnung, ob ich da jemals herinnen war.

Wenn wir mal ein Huhn zum Essen haben wollten, gingen wir zu dem uns gegenüber liegenden Bauernhof, wo die Hausherrin dann vor unseren Augen das mitgebrachte Huhn köpfte. Ich seh noch heute, wie das geköpfte Huhn der Bäuerin aus der Hand flog und erst einige Meter weiter kopflos zu Boden fiel. Der Nachwuchs der Hühner wurde von Hand aufgezogen. Ich weiß noch, wie niedlich das war, die Kücken mit Brei aus weichgekochten Eiern zu füttern.

Kühe hatte der Hof gegenüber nicht, sodass wir, meine Schwester und ich, die Milch mit einer Milchkanne von einem Hof holten, der sich etwa einen Kilometer entfernt, kurz vor der Reichsautobahn, befand.

Zu Weihnachten wurde eine Gans geopfert und da die Gänse individuelle Namen hatten, fiel die Aswahl immer recht schwer. Das Töten haben wir nicht miterlebt, aber anschließend viel Zeit mit dem Rupfen der Federn verbracht – die weichen Daunenfedern wurden separat gesammelt und mussten abgegeben werden. Dann wurde die Gans mit zu meinen Großeltern mütterlicherseits genommen. Die wohnten in Tapiau, einem Städtchen östlich von Königsberg am Fluss Pregel gelegen.

Die Eltern vom Vater im Samland haben wir nie besucht, Vater war ja im Krieg und Mama hatte keine besondere Beziehung zu ihren Schwiegereltern.

Nach Tapiau fuhren wir mit dem Zug von Ludwigsort aus über Königsberg. Zum Bahnhof in Ludwigsort brachte uns ein Pferdefuhrwerk von dem Hof gegenüber aus. Vom Bahnhof in Tapiau zu der Wohnung der Großeltern war es nur ein kleines Stück zu Fuß.

Die Wohnung von Oma und Opa war in einem größeren Mietshaus am Rande eines Betriebsgeländes, in der oberen Etage, und hatte für unsere Begriffe eine beachtliche Größe. Zwei nebeneinander liegende Stuben eigneten sich hervorragend zum Ausprobieren der zu Weihnachten erhaltenen Roller. Und Opa hatte sogar ein Radiogerät, einen sogenannten Volksempfänger, was damals noch nicht für jeden Haushalt eine Selbstverständlichkeit war. In Großklingbeck hatten wir jedenfalls kein Radio.

Geschlafen haben wir in einem separaten Schlafzimmer. Wo Omatante und Opa genächtigt haben, ist nicht in Erinnerung.

Für die Errichtung der Notdurft, ob Groß oder Klein, stand ein Nachttopf zur Verfügung. Wie und wohin dieser entleert wurde, hat uns nicht interessiert. Zum Waschen stand eine Schüssel auf einem Tisch, darunter ein Eimer für das Altwasser und daneben ein größerer Krug mit Frischwasser.

Oma wurde Omatante genannt, weil ihre Mutter in einem Nebenzimmer auch noch lebte. Oma war die dritte Frau von Opa, nachdem die erste Frau starb, als meine Mutter noch ein Kleinkind war, die zweite Frau lebte auch nicht lange. Erst mit 16 Jahren erhielt meine Mitter die aktuelle Oma Clara.

Und von dem Gänseschmaus ist noch bleibend in Erinnerung die große Schüssel mit Sülze, aus den diversen Gänsekleinstücken.

Einmal zu Weihnachten bekam ich eine Eisenbahn, eine einfache Holzeisenbahn, aber für mich etwas ganz Besonderes. Am zweiten Tag trat Omatante aus Versehen auf die Bahn und kaputt war meine erste Spielzeugbahn. Einmal erhielt ich so eine Art Luftgewehr, die kleine Kugel war mit einer Schnur am Gewehr befestigt und konnte somit keinen größeren Schaden anrichten. Doch unter Opas Anleitung konnte ich vorzüglich die großen Christbaumkugeln treffen, selbstverständlich sehr zum Ärger von Mama.

Dann erhielt meine Schwester zwei Puppen, eine davon hieß Gustl und wurde von mir in Beschlag genommen, offensichlich weil kein geeignetes Spielzeug für einen kleinen Jungen zur Verfügung stand.

Natürlich wurden wir auch von Omatante verwöhnt, soll heißen, dass sie uns mal etwas zusteckte, was eigentlich nicht üblich war.

Kriegsweihnachten

Ich weiß noch, dass es Würfelzuckerstückchen waren, die wir beide zum größen Ärger von Mama zum Naschen erhielten. Ulla hat diese Stücke ordentlich gelutscht, ich meinerseits habe diese stets zerkaut. Der Geschmack war dadurch kräftiger, wie ich fand.

Und jedes Mal wurde ich über dieses schädliche Kauen belehrt: Das macht die Zähne kaputt! Beim Zahnarzt dann das Ergebnis: Ulla bekam schon beizeiten kranke Zähne mit Plombenbehandlung und so. Meine Zähne blieben stabil (und das bis in spätere Jahre noch). Aber durch diese Zuwendung an Zuckenstückchen lernte ich zählen: „Ein Zucker – zwei Zucker" – und so fort bis zehn!

Im Freien in Tapiau zu spielen, war für uns Landkinder problematisch. Na gut, meine Schwester konnte ihren Puppenwagen in dem recht großen Betriebshof spazieren fahren. Aber ich? Einmal schaufelte ich aus Verzweiflung an einer vor dem Haus stehenden riesigen Eiche. Hörte dann aber auf – aus Angst, dass die Eiche umkippen könnte. Einmal fand ich eine alte kaputte Fahradpumpe und spielte damit irgendwie herum. Jedenfalls verfing

15

sich mein rechter Mittelfinger in dem leeren Rohr und konnte nicht mehr von mir befreit werden. Brüllend vor Schmerz und mit blutigem Finger, an dem die Luftpumpe hing, rannte ich zur Wohnung hoch. Wie und wo mir irgendwie geholfen wurde, ist nicht in Erinnerung, aber die Narbe ist heute noch an meinem rechten Mittelfinger zu erkennen.

Noch bleibend in der Erinnerung ist ein Luftangriff. Es war eines Nachts, zumindest war es stockfinster, als wir aus der Wohnung über den Hof in ein nahe gelegenes Fabrikgebäude mit Luftschutzkeller rannten. Über uns brummten die Flieger und der Hof war durch niedergehende sogenannte Christbäume grell erleuchtet. Am nächsten Tag erzählte Großvater, als er von der Arbeit auf der anderen Seite des Pregles kam, von einigen Bombenschäden, die offensichtlich der Brücke über dem Fluss gegolten hatten.

Und noch ein Luftangiff hat sich in mein noch junges Gehirn eingebrannt: der Luftangriff auf Königsberg im August 1944. Wir wohnten zwar über zwanzig Kilometer westlich von Königsberg entfernt, aber die anglo-amerikanischen Bomber flogen auch über unser Dorf. Ich erinnere mich noch an die Suchscheinwerfer, die einzelne Flugzeuge verfolgten. Eines sah man auch getroffen brennend abstürzen, wenn auch weit weg von uns. Und dann war da der rote Himmel durch die brennende Stadt. Auch heute noch, wenn, aus welchem Grund auch immer, der Himmel über der Stadt rötlich leuchtet, entsinne ich mich der damaligen Gefühle.

Mit sechs Jahren, also 1943, wurde ich eingeschult. Eine Zuckertüte bekam ich nicht, da ich zur Einschulungsfeier krank war. Und dann saß ich als Erstklässler mit noch einem Mädel in der rechten, ersten Reihe der Schulbänke. Insgesamt waren für die acht Klassen drei Reihen Doppelbänke vorhanden, jeweils vier hIntereinander, also für nicht mal fünfzig Schüler. Als Aushilfslehrer, Vati war ja im Krieg, diente ein Herr Tolksdorf, der mit seinem Motorrad aus dem Nachbardorf Grünwiese anreiste, dies aber nicht mal täglich.

Und auch nicht jede Klasse war besetzt, jedenfalls waren einige Bänke noch frei. Aber wir konnten jeder mithören, was der Lehrer den jeweiligen Klassenschülern erzählte. Klüger sind wir dadurch

sicher nicht geworden. Genauer erinnere ich mich an Filmvorfüh-
rungen, die auf dem Boden in einer Art Kinosaal stattfanden und
im Wesentlichen von den ständigen Erfolgen unser siegreichen Armee berichteten. In den Ohren klingt noch die Musik von „Les
Preludes" von Liszt, was als Leitmelodie der Wochenschau lief.

Schulzeugnis 1. Klasse

Einmal herrschte große Aufregung im Dorf: Der Gauleiter Koch wurde erwartet, natürlich nur auf Durchreise nach Zinten. Jedenfalls wurden alle Dorfbewohner aufgefordert, am Straßenrand Spalier zu stehen und mit Blumen zu winken. Es durften aber keine Blumen in Blumentöpfen verwendet werden. Der eigentliche Besuch des Gauleiters verlief dann so, dass mehrere schwarze Limosinen ohne Halt durch das Dorf fuhren.

Eines Tages kam ein Mann an unseren Hintereingang und bettelte um irgendetwas. Mutter gab ihm ein Stück Brot und schickte ihn dann weg. Wir wurden ermahnt, niemandem von diesem ungebeten Besuch zu erzählen. Wahrscheinlich war dieser Mensch aus irgendeinem Lager geflohen.

Und noch ein Besuch ist in Erinnerung. Wahrscheinlich war es eine Nachbarin, die mit ihrem Töchterlein zum Kaffeeklatsch oder so bei uns vorbeisprach. Und das kleine Mädel war blind!

Was blind bedeutete, war uns Kindern natürlich nicht geläufig. Aber als meine Mutter dem Mädchen einen Muff (eine Art Pelzhandschuh) in die Hand gab: „Miezekatze". Das Kind glaubte, eine Katze zu fassen. Und dies machte uns auf drastische Weise deutlich, was blind bedeutet.

Doch auch angenehme Erinnerungen gab es, sogar eine, die für mich so etwas wie prägend war. Es war im Frühjahr 1944. Ich war also gerade mal sieben Jahre alt, als meine Mutter eine sogenannte KDF-Reise (KDF – der Verein „Kraft durch Freude") nach Oberstdorf im Allgäu genehmigt bekam.

Ob auf der Hinfahrt oder Rückfahrt weiß ich nicht mehr, jedenfalls übernachteten wir in München in einem renomierten Hotel. Wir staunten nicht schlecht, dass die Vorhänge an den riesigen Fenstern bis auf den Fußboden reichten. Zum Abendbrot gab es Makaroni mit Tomatensoße, damals schon mein Lieblingsgericht. Und ich bekam sogar Nachschlag und dies mehr als einmal. Jedenfalls freute sich das Personal über den Appetit des kleinen Jungen.

Und dann unsere Einfahrt in das tief verschneite Oberstdorf: Ich sehe noch heute unsere Einfahrt mit dem Zug in die Bergwelt vor mir – in weitem Bogen führt die Bahn vor herrlich weißer Bergkulisse hinein in den Ort mit seinem spitzen Kirchturm. Seitdem träume ich beim Anblick von Haufenwolken am Horizont von schneebedeckten Bergen.

Unser Quartier war die Pension Alpina. Von hier aus unternahmen wir oftmals Wanderungen in die winterliche Landschaft. Einmal erschreckte uns ein hinter einer Kurve plötzlich auftauchender Wasserfall. Ein anderes Mal erwischte uns eine Lawine – na sagen wir mal ein kleines abgehendes Schneebrett. Jedenfalls steckte meine Schwester mit ihren Beinen so fest im Schnee, dass sie nicht mehr selbstständig freikam. Gott sei Dank kam kurze Zeit später ein Mann mit Stock, der sie dann freihackte.

Wir waren auch auf dem Nebelhorn. Ich erinnere mit noch, wie wir aus der Seilbahnstation durch einen Schneetunnel gehen mussten, so viel Schnee lag damals noch im März.

Am Nebelhorn

In Königsberg wohnte unsere Tante Lene, irgendeine Verwandte von Oma Clara. Hier haben wir auch hin und wieder übernachtet, natürlich noch vor dem schrecklichen Luftangriff. Einmal sind wir sogar in die Oper gegangen: „Hänsel und Gretel".

Ganz schwach erinnere ich mich noch an die gruselige Hexe. An mehr aber auch nicht.

Im Oktober 1944 flüchteten wir aus Ostpreußen ins sichere Reich. Wieso meine Mutter schon so zeitig unsere Heimat verlassen hat, ist mir ein Rätsel. Meine Schwester glaubt, dass mein Vater, der damals schon an der Ostfront stationiert war, die Empfehlung gegeben hat. Wie das meine Mutter angestellt hat, dass unsere Fahrt nach Jena nicht als Flucht vor der Roten Armee aussehen konnte, bleibt ein Rätsel. Im Oktober 1944 aus Ostpreußen zu fliehen, wo die Rote Armee noch nicht einmal die Reichsgrenze überschritten hatte, hätte ja bedeuet, dass man nicht an den Endsieg der Deutschen geglaubt hätte und das wäre Hochverrat gewesen.

Und einfach verreisen war auch kaum möglich. Schließlich musst man sich auf irgendeinem Amt abmelden und bei dem neuen Wohnort auch wieder anmelden. Schon um die üblichen Lebensmittelkarten oder Karten für irgendwelche Sonderzuteilungen zu erhalten.

Jedenfall waren zwei Anlaufstellen im Kalkül: einmal Stargard in Pommern, weiß der Kuckuck, welche Verwandten dort lebten. Aber diese konnten nur Sachen aufbewahren, keine Personen aufnehmen, weshalb meine Mutter Wäsche und wer weiß was noch dorthin schickte. Ein Glück für uns, denn über Stargard zog später die Front und vernichtete fast den gesamten Ort.

Wir fuhren nach Jena zu Tante Else, eine Art Cousine von Großvater. Diese hatte im Erdgeschoß eines kleinen Hauses eine Zweiraumwohnung zur Miete. In ein Zimmer davon zogen wir drei, eigentlich nur zum Schlafen. Gewohnt wurde in der recht großzügigen Küche. Ich erinnere mich noch an den recht strengen Winter 1944/45. Und da unser Schlafzimmer über keine Heizung verfügte, war es auch noch im Bett eiskalt. Zur leichten Erwärmung stellte also Mutter ein elektrisches Öfchen vor unser Bett. Und einmal rutschte die Bettdecke vor das Öfchen und war kurz davor, Feuer zu fangen. Schließlich bestand das Öfchen aus einem offenen glühenden Spiralgebilde. Gestunken hat es mörderisch, aber wir haben überlebt.

Über Tante Else wohnte die Hauseigentümerin, mit ihrem Sohn Helmut, ungefähr im Alter meiner Schwester. Und dieser übte fast täglich Klavier und in ungemein brisanter Form, obgleich wir des öfteren Verspieler hörten. Ihn schien das aber offensichtlich nicht zu stören. Zudem spielte er Oboe, ob damals schon oder erst später weiß ich nicht mehr. Jedenfalls war er erster Oboist in dem Orchester der Adolf-Reichwein- Oberschule, wo später auch meine Schwester mitspielte. Und dieser Musikfreund wurde später Korrepititor in der Deutschen Staatsoper Berlin. Ich erinnere mich noch, wie ich ihn Jahre später mit einem PKW der Marke Renault vorfahren sah. Damals war es in der DDR etwas Außergewöhnliches, mit einem Westauto zu fahren.

Aber noch sind wir ja nicht so weit. Also zurück ins letzte Kriegsjahr.

Meine Mutter schaffte es, noch zweimal in unsere Heimat nach Ostpreußen zu fahren, um noch irgendwelche Sachen von dort zu holen. Wir erinnern uns noch daran, dass sogar erst beim zweiten Mal der Puppenwagen mitgebracht wurde, in dem jede Menge Besteck versteckt war – es war ihr also bewusst, dass sie etwas Illegales tat! Ein drittes Mal war nicht mehr möglich, war es doch schon beim zweiten Mal einer der letzten Züge, der durch den sogenannten polnischen Korridor fahren konnte, vor der Besetzung durch die Russen.

Es war noch im Herbst unseres ersten Jahres in Jena, als wir mit unserer Tante Else zusammen einen Ausflug auf den Jenzig unternahmen. Der Jenzig im Nordosten von Jena gelegen ist eines der sieben Wunder der Stadt und ragt fast 300 Meter steil hoch aus dem Saaletal. Beim Abstieg über den serpentinenartigen Weg erspähte ich einen Weg, von dem ich mir eine Abkürzung versprach. Als ich wieder auf den Hauptweg stieß, war von den anderen nichts zu sehen. Warum ich nicht wartete, weiß ich nicht, jedenfalls ging ich einfach weiter bis nach Hause in die Gustloffstraße, und das mit kaum acht Jahren in einer für uns doch noch völlig neuen Gegend! Als dann Mutter, Ulla und Tante Else gegen Abend kamen, waren alle verwundert.

Man hatte bereits die Polizei eingeschaltet, um mich zu suchen. Solch einen Orientierungssinn hatte man dem kleinen Buben nie zugetraut.

Ich hatte auch einen Spielgefährten in meinem Alter, Wolfgang Glas, der mit seiner Familie im Nebenhaus wohnte. Zusammen spielten wir vor allem Fußball auf der Straße. Dabei diente als Fußball ein Knäuel aus alten Stoffresten. Zum Geburtstag meiner Mutter war er eingeladen und es gab Kuchen, eine selbst gebackene Obsttorte. Die Pfirsiche dazu waren aus dem Garten vorm Haus. Jedenfalls gab es für jeden ein Stück von dem kostbaren Kuchen. Und Wolfgang: „Das Stücke nehm ich meiner Schwester mit!"

Natürlich bekam er noch ein Stück. Ob er den Kuchen dann wirklich seiner Schwester gegeben hat, weiß ich nicht. Jedenfalls war ich neidisch auf diese, wie ich meinte, Unverfrorenheit. Die Familie zog wenig später nach Spandau und von Wolfgang hab ich nie mehr was gehört.

Es war noch im Winter 1945, als wir im Nebenhaus, eigentlich ein Vier-Familienhaus, ein neues Zuhause bekamen. Die Wohnung bestand aus vier Räumen, darunter eine Kammer, in die gerade mal ein Bett und gegenüber ein Schrank hineinpassten. Und in diesem Bett aus Eisengestell mussten meine Schwester und ich eine Zeit lang gemeinsam schlafen – mit gegenüberliegenden Kopfkissen.

Dann gab es noch ein geräumiges Balkonzimmer, das Mutter in Beschlag nahm. Also mit einem Doppelbett und in einer Ecke so einer Art Schreibtisch und einem Kachelofen. Außerdem gab es noch eine geräumige Küche und einen Toilettenraum. Die Toilette hatte eine Wasserspülung mit federndem Spülknauf, der im Winter manchmal zufror und mit einer Kerze wiederaufgetaut werden musste. Dann stand da noch eine große Badewanne im Raum mit Kohlebadeofen, der ja höchstens einmal die Woche angeheizt wurde, und das warme Wasser reichte dann auch jeweils nur für ein Vollbad.

Wir teilten uns die Wohnung mit einem älteren Ehepaar, Büttner mit Namen.

In das etwas geräumigere Balkonzimmer mit Ehebetten zog ich mal kurzzeitig, als ich krank war. Ich hatte sogar Diphtherie und musste deshalb isoliert schlafen. Als Spiel fürs Krankenbett erhielt ich so etwas wie eine Pappeisenbahn: Die Schienen waren eine auf Pappe aufgeklebte Papprinne, die Lok und zwei Wagen waren ebenfalls aus Pappe und passten in ihrer Dicke genau in die Papprinne. Und da sogar zwei Abzweigungen vorhanden waren, also so etwas wie Weichen, reichte es jedenfalls, um Rangieren zu üben und somit die Zeit zu vertreiben.

Im Frühjahr erhielten wir dann die gesamte Wohnung für uns. Büttners zogen in die Nachbarwohnung, wo Frau Hertig wohnte, deren Mann gerade bei einem Luftangriff auf die Jenaer Südwerke ums Leben gekomen war.

Für uns war Frau Hertig mehr als nur eine Nachbarin. Ich erinnere mich, wie wir des Öfteren bei ihr zu Besuch waren. Das heißt eigentlich nicht zu Besuch, sondern es war wie ein zweites Zuhause. Da war zur kalten Jahreszeit ein herrlich warmer Kachelofen, an dem wir uns gemütlich wärmen konnten. Unser eigener Kachelofen war noch kalt gewesen, wer sollte ihn auch rechtzeitig anheizen. Mutter musste früh beizeiten aus dem Haus, zum Schuldienst in der Ostschule. Und dann bekamen wir auch stets von Frau Hertig selbst gemachte Kekse oder kleine Kuchenstücke. Frau Hertig hatte Zeit und freute sich offensichtlich, dass da zwei junge Menschen waren, um die sie sich kümmern konnte.

Sie schenkte mir dann später den Eispickel ihres Mannes, der 1937 damit den Großglockner bestiegen hatte – was mir dann 60 Jahre später auch und sogar noch mit dem alten Pickel, wenn auch etwas gekürzt, gelang.

Eigentlich hätten die anglo-amerikanischen Bomber die Zeißwerke nie finden dürfen, denn vor jedem Alarm wurde Jena vernebelt. Wie hoch, wie breit, das weiß ich natürlich nicht, aber von uns in Jena Ost war die Sicht zur Stadt nur einige Hundert Meter weit. Und dann wurden sogenannte Sperrballons aufgelassen, die sollten wohl ein Tieffliegen verhindern. Nach dem Krieg verschafften sich viele Leute das Material der Ballons, die ja noch irgendwo in der Landschaft herumlagen und fertigten daraus ideale Regenbekleidung.

Die Vernebelung bei Fliegeralarm wurde nicht ausschließlich bei ausgewählten Städten angewendet, sondern auch an anderen, strategisch wichtigen Stellen. Für Jena waren dies insbesondere die Saaletalsperren. Nicht nur, weil die Stromversorgung über das Pumpspeicherwerk Hohenwarthe erfolgte, sondern man befürchtete, dass ein Bomebangriff auf die Staumauer diese zerstören könnte, was katastrophale Folgen für die Orte im Saaletal bedeutet hätte.

Wir überlebten die Bombenangriffe auf Jena in einer nahe gelegenen Höhle am Burgweg. Die Höhle war ein Restloch einer ehemaligen Gipsabbaustelle und deshalb hinreichend nach oben abgesichert. Dies wurde bestätigt, als das Haus direkt über der Höhle durch eine Bombe zerstört wurde und wir darunter zwar die Erschütterung spürten, mit kurzzeitigem Stromausfall, aber weiter haben wir nichts gespürt.

Als persönliches Gepäck konnten wir natürlich nur sehr wenig mitnehmen. Ulla hatte vielleicht eine Puppe im Arm, vielleicht kümmerte ich mich um Gustl. Und Mutter hatte stets ein kleines braunes Lederköfferchen dabei, mit den wichtigsten Wertsachen und Unterlagen. Dazu schleppte sie jedesmal noch ein dickes Plaid mit, falls es uns mal zu kalt wurde, schließlich war immer noch Winter.

Bei einem der auf Jena erfolgten Bombenangriffe war das in der Gustloffstraße uns gegenüberliegende Mehrfamilienhaus mittig getroffen, sodass meine Schwester im ersten Moment dachte, es hätte das Haus von Tante Else zerstört. Wir erfuhren dann, dass ein Dienstmädchen dabei zu Tode gekommen war.

Die Innenstadt hatte es diesmal stark erwischt. Nach der Entwarnung gingen wir in die Stadt, um uns die Zerstörungen anzusehen. Zwar war die eigentliche Innenstadt abgesperrt, aber ich sehe auch heute noch den Turm des damaligen Universitäts-Hauptgebäudes zusammengebrochen und brennend vor Augen.

Irgendwann Anfang 1945 muss die Radartechnik im Flugwesen zur Anwendung gelangt sein. Jedenfalls fielen ab einer bestimmten Zeit lauter Fetzen aus Aluminiumfolie vom Himmel, die sollten wohl die deutsche Abwehr irritieren. Wir sammelten jedenfalls fleißig die Folienstücke und konnten diese dann an irgendeiner Sammelstelle abgeben.

Kurz vor dem Einmarsch der Amerikaner sahen wir einmal auf der gegenüberliegenden Saaleuferseite eine Kolonne von Menschen, die zur Camsdorfer Brücke durch bewaffnete Organe geführt wurden. Man sagte uns, dass dies ehemalige Lagerinsassen seien, die verlegt wurden. Für uns erschien das als nichts Außergewöhnliches. Irgendwie muss also der Begriff von Menschenlagern im Bewusstsein gewesen sein, ohne dass irgendwelche Hintergründe genannt wurden. Schließlich gingen wir ja während der Zeit der fast täglichen Bombenalarme in ein ehemaliges Maidenlager unterhalb der Kernberge zur Schule. Das Maidenlager war ein vom Reichsarbeitsdienst für die weibliche Jugend eingerichtetes Lager.

Anfang April 1945 kamen die Amerikaner. Wir waren natürlich in dem schon erwähnten Bunker und haben da gar nicht so richtig mitbekommen, dass die Camsdorfer Brücke durch deutsche Pioniere gesprengt wurde, obgleich diese Sprengung völlig sinnlos war, da die Amerikaner bereits an anderen Stellen die Saale überquert hatten. Sie kamen nicht, wie der Frontverlauf es vermuten ließ, von Westen auf Jena zu, sondern von Nordosten. Und die Überquerung der Saale bereitete auch keine Probleme, schnell war eine Pontonbrücke erstellt, die auch später noch als Ersatzbrücke diente.

Beim ersten Einmarsch der amerikanischen Truppen in die eigentliche Innenstadt wurden diese von fanatischen Jugendlichen beschossen. Es sind bestimmt keine regulären Soldaten gewesen, denn diese waren rechtzeitig getürmt. Jedenfalls zogen sich die amerikanischen Soldaten schlagartig wieder über die Saale zurück und übermittelten ihrer Artillerie die genauen Ortsangaben, sodass noch mal auf die Stadt geschossen wurde, natürlich auf ein vom Bombenangriff verschontes Wohngebiet. Die Ruinen um die Fleischerei Schalling herum erinnerten noch Jahre später an dieses Ereignis.

Wie schon erwähnt, waren wir in der Zeit, als der Einzug der Amerikaner erwartet wurde, was durch einen Daueralarm angemahnt wurde, in dem Bunker, und das über mehrere Tage hinweg. In kurzen Pausen ging es auch jetzt immer mal kurz nach Hause.

Bei einem der letzten Male waren an der Böschung zwischen Burgweg und Oberen Burgweg Gräben ausgehoben – hatten da die rückziehenden Soldaten noch Schützengräber angelegt? Jedenfalls lagen diverse Patronen am Grabenrand.

Den eigentlichen Einzug der Amerikaner erlebten wir dann auch vom Bunker am Burgweg aus. Wir standen vor dem Eingang und staunten über die in endloser Kolonne fahrenden Autos, darunter viele offene Jeeps, sodass man den Soldaten quasi in die Augen sehen konnte. Wohin die Kolonne fuhr, bleibt fraglich, der Burgweg führt letztendlich ins Ziegenhainer Tal und damit strategisch in eine Sackgasse.

Bei der Einmündung des Burgwegs vom Camsdorfer Ufer aus standen dann zwei Panzer mit schwarzer Besatzung. Hier fielen wir Kinder aus allen Wolken, denn die Schwarzen sahen auch nicht anders aus als wir, wo wir doch in der Schule gelehrt bekamen, dass nur wir Deutschen wie richtige Menschen aussehen. Und diese Schwarzen verteilten sogar Schokolade, von der wir anfangs glaubten, solche sei vergiftet.

In besonderer Erinnerung ist auch die Änderung des Gruß-verhaltens mit Ende des Krieges. Von einem Tag zum anderen durfte nicht mehr der Arm zum Gruß erhoben und „Heil H…" gebrüllt werden. Jetzt hieß es plötzlich „Guten Tag" oder Guten Morgen". Es dauerte lange, bis dies zur Selbstverständlichkeit wurde.

Aus der Gustloffstraße war übrigens eine Maurerstraße geworden.

Eine Maßnahme, die von den Amerikaner durchgeführt wurde, war so eine Art Umquartierung von Wissenschaftlern und leitenden Angestellten der weltbekannten Firmen Carl-Zeiss-Jena und Glaswerk Schott. Umquartierung insofern, dass die gesamte Familie in den Westen umgesiedelt wurde. Aus unserem Bekanntenkreis war aber niemand davon betroffen.

Am 1. Juli dann kamen die Russen. Weil die Amerikaner unbedingt auch die deutsche Hauptstadt Berlin besetzen wollten, die die Rote Armee vorzeitig überrollt hatte, wurden Thüringen und Teile Sachsens, wo die Amerikaner die deutsche Armee vertrieben hatte, gegen die westlichen Bezirke der Stadt Berlin getauscht, sodass wir in Jena seitdem unter russischer Besatzung waren.

Und dieser Einmarsch der russischen Truppen verlief so gänzlich anders als bei den Amerikanern. Vielleicht war auch das regnerische Wetter schuld, dass die Truppen so kläglich daherkamen. Wir waren vorher darauf aufmerksam gemacht worden, dass wir nicht aus Neugier am Straßenrand stehen sollten und möglichst auch nicht vom Fenster aus die Truppen beobachten sollten. Jedenfalls kam keine motorisierte Truppe des Weges, sondern müde Soldaten in Regencapes trotteten hinter mit Planen bedeckten Wagen daher, die von Pferden gezogen wurden.

Eine der ersten Amtsbekanntmachungen beinhaltete die Abgabe vieler Gegenstände: Waffen natürlich, aber auch Radiogeräte, jede Art von Fotogerät, Ferngläser und so fort. Meine Mutter hielt sich natürlich strengstens an diese Verordnung. Wir hatten nur einen kleinen Fotoapparat mit aus Ostpreußen gerettet, weg war er.

Einige Zeit später fand man diverses Material dieser Sammlung auf einer Müllhalde. Viele Jungen brachten so optische Geräte, meistens nur davon Einzelteile, wie Linsen und Ähnliches, nach Hause. Meine Mutter verbot mir selbstredend diese Sammlermöglichkeit und so konnte ich nur neidvoll zu sehen, wie andere Spielkameraden mit den Linsen Ferngläser oder Mikroskope zu bauen probierten.

Eine weitere Sammlermöglichkeit für uns Kinder bestand darin, nach alter Munition oder gar Blindgängern vom Bombenangriff zu suchen. Die Munition, also nicht nur Gewehrpatronen, wie wir sie am Burgweg gesehen hatten, sondern auch größeren Kalibers.

So fanden wir am Saaleufer mal eine wohl noch scharfe Panzerfaust. Machten aber einen großen Bogen um dieses Ungetüm.

Ein paar Jungen aus einer älteren Klasse der Talschule hatten sogar Granaten gefunden und wollten diese zur Sprerrung bringen, indem sie ein Holzfeuer machten und die Granaten dort hineinwarfen. Die Explosion muss diesen Jungen höllisch Spaß gemacht haben, denn es wurde mehrfach ausprobiert. Nur einmal wollte die Granate einfach nicht explodieren, obgleich sie schon eine Weile in dem Feuer gelegen hatte. Also machte sich ein Junge mit einem Stab daran, die Granate etwas näher an die Flammen zu bringen. Das aber nahm die Granate übel: Sie explodierte und riss den Jungen in Stücke. Durch dieses Unglück wurde dieses Tun dann auch bekannt und wir wurden strengstens darauf hingewiesen, solches Tun zu unterlassen.

Die Zeit wurde geprägt durch die Suche nach Nahrung. Die Zuteilungen auf Karte waren nicht gerade üppig und nicht mal immer garantiert. Zwar gab es auch schon zu Kriegszeiten Lebensmittelkarten und dazu gelegentlich Sonderzuteilungen, wie Eierkarte oder Bezugscheine für Schuhe oder wie meine Mutter mal einen Bezugsschein für eine warme Jacke beantragte. Aber jetzt unter russischer Besatzung lief das alles noch viel unregelmäßiger.

Manchmal fand man eine Kartoffel auf der Straße, von irgendeinem LKW gefallen, die durfte dann extra gegessen werden. Die LKW fuhren außerdem nicht mit Benzin, sondern waren sogenannte Holzvergaser, d. h., als Antriebsmotor diente eine mit Holz beheizte Dampfmaschine. Das Holz wurde dann bei Bedarf aus der Landschaft entnommen.

Zur Stärkung der Gesundheit von uns Kindern gab es Lebertran[1]. Davon musste man jeden Tag einen Löffel voll schlucken. Für welchen Zeitraum weiß ich nicht mehr, aber in Erinnerung ist immer noch der stark tranische Geschmack.

Eine der ersten Wiederaufbaumaßnahmen war der Neubau der Camsdorfer Brücke. Schließlich war diese Brücke auch eines der sieben Wunder der Stadt, eine der wichtigsten Saaleüberquerungen vor allem für den Fern- und Güterverkehr. Die Autobahnbrücke bei Lobeda war schon längere Zeit kaputt und deren

---

1 Lebertran, aus Fischöl gewonnen auf Basis von Vitamin B3, wird als Stärkungsmittel bei Kinderkrankheiten und Unterernährung sowie zur Verhütung von Rachitis eingenommen

Wiederaufbau wäre zu kompliziert gewesen. Als Erstes mussten aber die Reste der alten Brücke gespengt werden.

Während dieser Sprengungen waren wir Bürger auf besondere Vorsicht aufmerksam gemacht worden. Irgendwie hatte aber Mutter bei ihrem Gang zur Ostschule diese Warnung nicht ernst genommen und so traf sie einmal ein Stein, der bei der Sprengung losflog, am Fuß und bereitete ihr für längere Zeit Beschwerden.

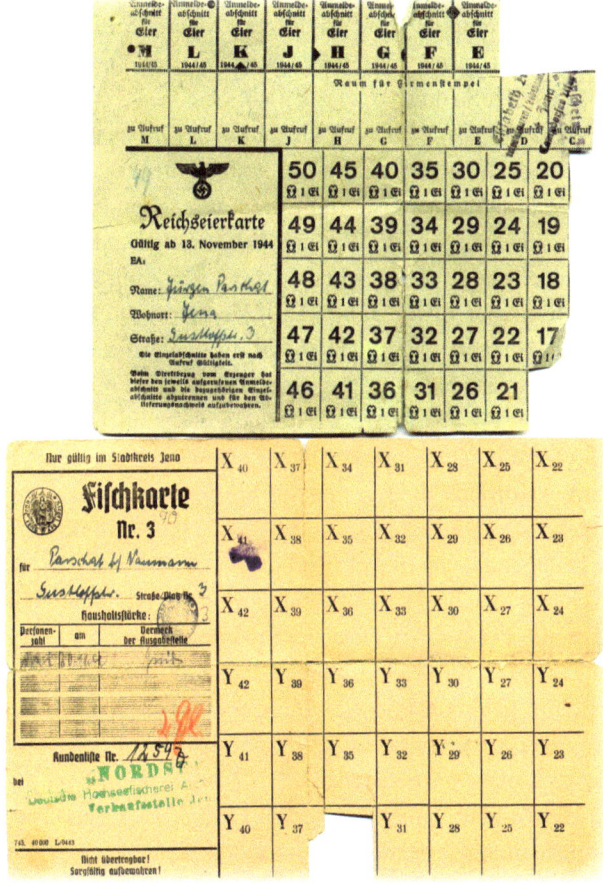

Beispiel für Zuteilungskarten zu Ende des Krieges

Der Bau der Brücke erfolgte durch die Firma Dyckerhoff & Widman, die im Westteil Deutschlands zu Hause war. Die einzelnen Fortschritte des Wiederaufbaus habe ich von Woche zu Woche zeichnerisch festgehalten und Opa nach Demmin geschickt. Schließlich war Großvater ja mal Brücken-Baumeister gewesen.

Und dass westdeutsche Firmen noch lange Zeit in Jena, also in der russisch besetzten Zone, aktiv waren, zeigte auch die noch lange anwesende Fisch-Verkaufsstelle „Nordsee" am Holzmarkt. Der Holzmarkt, ein recht zentraler Platz der Stadt, war vom Bombenangriff weitgehends verschont geblieben. Damals hieß es, man könne vom Holzmarkt auf vier Meere sehen: gegenüber die Nordsee, dahinter ein Häusermeer, abends ein Lichtermeer und nachts, bei Stromsperre, gar nichts mehr.

Außerdem gab es in dem Geschäft „Nordsee" manchmal ohne Bezugsschein Heringe, wenn man rechtzeitig vor Ort war. Sämtliche anderen Lebensmittel waren, wie schon vor Kriegsende, strengstens rationiert. Wie viel Lebensmittel, also vor allem Brot, Butter und Eier, jeder Person zur Verfügung standen, entzieht sich meiner Erinnerung. Außerdem war die Menge noch von der beruflichen Tätigkeit abhängig. Ich erinnere mich nur daran, dass es auf jeden Fall nie zum Sattwerden reichte.

Beim Spielen am Saaleufer unterhalb der Straße „Camsdorfer Ufer", einem urigen Gelände (heute würde man Biotop sagen), kam einer von uns Jungen mal auf die Idee, dass man Froschschenkel braten und essen könnte. Frösche gab es in diesem Gelände genügend, auch hinreichend große. Also wurde ein kleines Feuerchen gemacht, Frösche gefangen und deren Beine einfach abgerissen – der Begriff Tierschutz war ja noch unbekannt. Die Schenkel wurden mit einem Stock über die Flamme gehalten, später dann gehäutet und was dann noch übrig blieb verspeist. Naja, wie es geschmeckt hat, weiß ich nicht mehr, aber oft habe ich da auch nicht mitgemacht.

Irgendwo hatte einer Hühner im Hof oder Garten entdeckt. Da konnte man mit Geduld auch mal ein Ei klauen, das wurde dann roh ausgetrunken.

Als Belohnung für das Freischwimmen erhielt ich ein Dreipfundbrot, ganz allein für mich. Meine Mutter hatte dafür auf dem „Schwarzen Markt" fünfzig Mark bezahlen müssen. Aber Mutter hatte Arbeit gefunden, als Lehrerin an der Ostschule. Meiner Schwester habe ich aber von dem Brot abgegeben: Die Schnitten wurden auf dem Küchenherd braun gebacken und mit Senf bestrichen. Schmeckte hervorragend!

Das Schwimmen lernten wir in einem Freibad an der Saale: Von einem Ufer aus waren so an die zweihundert Meter Fluss oberhalb eines Wehres durch bis zur Mitte des Flusses führende Holzstangen zum Baden abgegrenzt. Die Begrenzungsstangen wurden durch schwimmende Bojen im Fluss gehalten. Und bei einem Schwimmversuch von mir hatte ich persönliches Pech. Ich hoffte, von der Einstiegsleiter bis zur Boje zu kommen, mich dort kurz auszuruhen und dann zurückzuschwimmen. Aber die Boje war besetzt und die Begrenzungstange war mit Stacheldraht gesichert, damit man sich daran eben nicht festhält. Was sollte ich aber tun? Ich erfasste die Stange mit einer Hand vorsichtig zwischen dem Stacheldraht, aber wie sollte ich davon wegkommen? Rückenschwimmen war noch nicht im Programm. Also verrenkte ich den rechten Arm, um ins Brustschwimmen zu kommen, und blieb natürlich prompt mit dem rechten Oberarm am Stacheldraht hängen, ein tiefer Riss entstand, der mörderisch wehtat und blutete. Ich hatte große Mühe bis zur Ausstiegsleiter zu kommen. Was weiter geschah, ist nicht mehr in Erinnerung. Nur die Narbe am rechten Oberarm erinnert mich heute noch an diesen Schwimmversuch.

Wir wohnten noch nicht lange allein in der 4-Raum-Wohnung. Ich glaube, nicht mal jedes Zimmer hatte schon die notwendigen Möbel. Da besorgte Mutter uns ein Klavier, erst zur Miete, später dann gekauft. So begannen wir schon überaus zeitig mit Klavierunterricht. Meine Schwester hatte damit schon in Ostpreußen angefangen und Mutter wollte die Zeit ohne musische Ausbildung nicht zu lange ausdehnen. Jetzt war ich auch mit dabei. Die Lehrerin, Frau Gebhardi, ihr Mann war Konzertpianist, war streng und klassisch geprägt: Bach, Haydn, Mozart,

Beethoven, Schubert und zur Übung gerade mal Czerny. Was anderes kam nicht infrage. Wen wundert es da, dass dadurch unser Musikempfinden klassisch geprägt wurde, was bis heute gehalten hat.

Dann ist noch etwas in Erinnerung geblieben, was für mich diesbezüglich auch lebensprägend war. Es muss eines der ersten Weihnachten nach dem Krieg gewesen sein. Mutter war aber bereits in der Ostschule tätig. Da entdeckte ich im Wohnzimmerschrank leicht versteckt ein herrliches großes Spielzeugauto aus Holz. Der Wunschtraum eines jeden kleinen Jungen. Weihnachten kam – aber kein Auto für mich. Wahrscheinlich hatte Mutter das Spielzeug für eine Kollegin aufbewahrt.

Seitdem habe ich nie wieder Neugierde für eventuelle Geschenke verspürt.

Überdies war in die Wohnung, wo vorher die Familie Glas gewohnt hatte, eine neue Familie Siewert eingezogen, eine Mutter mit zwei Mädels in unserem Alter. Sie kamen ebenfalls aus Ostpreußen, der Vater war im Krieg gefallen. Und diese Familie hatte Kontakt zu so einer Art ostpreußische Landsmanschaft (die offiziellen Landsmanschaften wurden erst 1948 gegründet). Und zu den Vereinsabenden wurden auch wir mit hinzugezogen, meines Erachtens ohne unsere Mutter. Einmal war für eine Veranstaltung so eine Art Volkstanz „wenn der Toni mit der Vronie ..." vorgesehen, was ich mit Christa Siewert tanzen sollte.

Ob es zu einer Veranstaltung gekommen ist, weiß ich nicht mehr. Aber die Melodie geht mir heute noch im Kopf herum.

In den Jahren 1946 oder 1947 kamen meine Großeltern zu uns nach Jena. Ihre Flucht aus Tapiau gelang mit dem letzten Schiff über das Kurische Haff. Parallel zu ihrem Dampfer legte die „Wilhelm Gustloff" ab, mit welchem die Urgroßmutter eigentlich mitfahren sollte, da dieses Schiff, ein ehemaliger Luxusdampfer, als Sanitätsschiff eingestuft war. Aber die Großeltern durften nicht beide als deren Begleitung mit. Zum Glück, denn die „Gustloff" wurde durch russische Torpedos versenkt, mit Tausenden von Toten!

Die Flucht führte die Großeltern nach Demmin in Pommern. Jetzt war die Urgroßmutter gestorben, damit waren Oma und Opa unabhängiger.

Als Erstes überreichte mir Opa einen Karton mit Karten: Landkarten und vor allem Ansichtskarten. Es wird zwar unverständlich bleiben, wieso man bei der Flucht mit einer gebrechlichen alten Dame, wie Opas Schwiegermutter doch war, und dem wenigen Handgepäck, welches man mitnehmen durfte, ausgerechnet einen Karton mit doch eigentlich nicht lebensnotwendigen Dingen mitnimmt. Ich glaube, es war wohl eine kleine Zigarrenkiste, denn mein Opa war leidenschaftlicher Zigarrenraucher. Ich erinnere mich noch, dass wir die ersten Jahre Tabakpflanzen in unserem kleinen Garten am Haus anpflanzten, die Blätter dann auf dem Boden zum Trocknen aufhängten und dann später zu Zigarren drehten.

Aber zurück zu den Ansichtskarten. Diese wurden meine erste Freizeitbeschäftigung und begründeten zum einen eine Sammlerleidenschaft – Jahre später war diese Sammlung auf über zwanzigtausend Exemplare angewachsen. Und die Landkarten begründeten fast die Berufswahl. Es war sogar später mal der Landkartenverlag Haack in Gotha im Gespräch. Und jetzt im Rentenalter findet diese Landkarten-Leidenschaft ihre Vollendung mit der alleinigen Verantwortung für die Karten-Sammlung unserer Bergsteigerbibliothek.

Die weiteren Jahre waren durch das Zusammenleben mit den Oma und Opa geprägt. Oma war für die Essenzubereitung zuständig. Bei den Speisen erinnere ich mich insbesondere an Bechamelkartofffeln und Möhrenkarbonade. Natürlich waren Mehlplinsen oder Eierkuchen nach ostpreußischer Art gang und gäbe. Und dann nicht zu vergessen: Weißkraut, entweder als Suppe oder als Krautwickel. Jedenfalls waren Weißkrautköpfe alle Zeit verfügbar.

Mit Opa konnte man sich über Gott und alle Welt unterhalten. Auch berichtete er viel von seinen Aktivitäten im Brückenbau.

Mutter hatte für uns keine Zeit, die Schule forderte ihre Nerven und die häuslichen Vorbereitungsarbeiten, Arbeitskorrekturen und Ähnliches ihre Zeit. Wenn sie abschalten wollte spielte sie Patiencen, nicht mit uns.

Im Jahr 1948 kam Vater aus der russischen Gefangenschaft. Ergebnis von Verhandlungen des westdeutschen Kanzlers Adenauer mit der sowjetischen Regierung. Vater war alles andere als ein Familienmensch, schließlich war er durch russische Kriegsgefangenshaft geistig und körperlich geprägt, d.h. ziemlich am Ende. Er hätte zwar gleich, zumindest nach einer ersten Erholungsphase, in den Schuldienst einsteigen können, Mutter hatte wohl damals schon einen gewissen Einfluss auf solche Dinge. Aber Vater wollte mit dem neuen Zeitgeist, der ja auch russisch geprägt war, nichts zu tun haben So ging er, ein ausgebildeter Lehrer, als Hilfsarbeiter ins Glaswerk Schott, wo er auf dem Werkhof im Prinzip den ganzen Tag Arbeiten als eine Art Straßenfeger verbrachte. Und Mutter war eine angesehene Lehrerin in der Ostschule! Dieses Missverhältnis prägte fürderhin beider Zusammenleben. Selbst dann noch, als mein Vater in die Fahrbereitschaft als Sachbearbeiter wechselte. Es sorgte fürs täglich Brot, Wäschewaschen, was durch eine Fremdfirma erledigt wurde, Sonderzuteilungen an Heizmaterial, hatte Bekannte mit Obstgarten, so dasshin und wieder frisches Obst, manchmal sogar frische Erdbeeren, ins Haus kamen. Mutter spielte, wie schon gesagt, Patiencen, oder verkroch sich hinter Vorbereitungsarbeiten für die Schule.

Da mein Vater in ungeheurer Stärke schnarchte, bezog er die kleine Kammer. Ulla hatte ein Klappbett im Klavierzimmer und ich schlief auf einer Liege vor den Ehebetten, worin meine Mutter alleine schlief.

Und über seine Kriegserlebnisse hat Vater auch nur sehr sporadisch berichtet. Wie er als Oberzahlmeister des Heeres für die Verpflegung verantwortlich war und was er unternommen hat, um die Truppen direkt an der Front zu versorgen. War das Benzin für die eigentlichen Versorgungsfahrzeuge alle, so requirierte man vom nächsten Bauerhof die Pferde, die dann, so wieder Benzin da war, als zusätzlich Fleischration dienten.

Ein besonderes Erlebnis hatte er in Großklingbeck, wohin irgendwann einmal die deutsche Wehrmacht einzog. Und da war er auch in unserer Wohnung und berichtete, dass er beschämt gewesen wäre, wie deutsche Offiziere, die sich hier einquartiert hatten, in der Wohnung gehaust hätten. Der wunderschöne Tisch im Wohnzimmer hatte als Unterlage für das Schlachten der Gänse gedient! Wenige Tage später rollte die Front über die Gegend und von dem ganzen Ort sind kaum noch Ruinen übrig geblieben.

Über die Zeit in der russischen Kriegsgefangenschaft verlor er kein Wort, durfte er nicht oder waren da zu brutale Erlebnisse, an die er sich lieber nicht erinnern wollte?

So sind die Erinnerungen an diese Zeit im Wesentlichen durch die Großeltern geprägt. Und unsere Freizeit wurde durch Tätigkeiten mit Oma bestimmt. Sie war, wie schon gesagt, für die Essenzubereitung zuständig, d. h. im Wesentlichen für das Mittagessen. Und da die doch recht dürftigen Tageszuteilungen an Lebensmittel, durch Lebenmittelkarten strengstens reglementiert, nicht zum Sattwerden reichten, mussten diese etwas ausgeweitet werden.

Wir fuhren mit Oma aufs Land, um auf irgendwelchen Feldern Weizenkörner zu sammeln, in dritter oder vierter Nachlese, denn die Bauern sammelten selber alles Verwertbare auf. Einmal waren wir am Rande von Jena-Ost auf einem Feld, wo Mangold angebaut wurde. Mangold galt als Ersatz für Spinat. Und da kam doch ein Aufpasser, ich glaube, er hatte sogar ein Gewehr umgehängt, und erwischte uns beim Mangoldklauen. Ich weiß nur noch, dass ich mir aus Angst in die Hosen gemacht habe. Den geklauten Mangold mussten wir abgeben. Weiter ist nichts passiert.

Wo es irgendwo einen Kartoffelacker gab, wo vor Kurzem geerntet worden war, wurde nach Resten von Kartoffeln gesucht, meistens noch gegraben. Oder auf ehemaligen Getreideäckern wurde nach einzelnen Körnern gesucht, auf sogenannten Stoppelfeldern. Hatte man eine Handvoll zusammengelesen, war die Freude groß.

Das Feuer im Küchenofen wurde durch Holz genährt. Dazu diente alles, was wie Holz aussah. Alte Bretter sowieso, die Nägel wurden daraus entfernt. Opa klopfte diese dann gerade, zur Wiederverwendung. Und das geschah in unserem Keller, der auch als Kohlen- und Kartoffelkeller diente.

Oft fuhren wir mit Oma zum Reisigsammeln in den Wald. Reisigsammeln, d. h. das Auflesen von heruntergefallenen Ästen, war erlaubt. Ich erinnere mich noch genau, wie wir in den Wäldern oberhalb von Winzerla, einem Vorort von Jena, den Wald mit einem Handwagen durchforsteten. Manchmal halfen wir den Ästen auch beim Runterfallen etwas nach. Oma hatte ja einen Krückstock dabei, der sich hervorragend dafür eignete. Und mit dem vollen Handwagen ging es dann heim. Heute frage ich mich, wie kamen wir denn nach Hause? Wir wohnten in Jena-Ost, das ist über sieben Kilometer von Winzerla entfernt. Straßenbahnen fuhren noch nicht und überdies wären wir mit dem Handwagen nie mitgenommen worden, das hätte die Schaffnerin bestimmt verhindert.

Zu besonderen Anlässen wurde sogar Kuchen gebacken. Als Grundlage für den Teig diente selten echtes Mehl. Manchmal wurden Kartoffelschalen so zerkleinert, dass das Ergebnis dann irgendwie nach Teig aussah. Besser war dann jedenfalls der Kaffekuchen: der Kaffeesatz, nicht von Bohnenkaffee sondern von Kaffeeersatz, z. B. gebrannter Gerste, der für diese Zwecke von Mal zu Mal aufbewahrt wurde, wurde zu Teig hergerichtet.

Da man zu Hause keine Möglichkeit hatte, den Kuchen ordentlich zu backen, erfolgte dies beim Bäcker. Damals hieß es: „Wo du bäckst den Kuchen fein, da kauf auch Brot und Brötchen ein!"

Fleisch gab es manchmal als Sonderzuteilung: Hinter dem Saabahnhof war so eine Art Fleischerhof, von dem einmal im Monat Pferdefleisch verkauft wurde. Opa fuhr mit einem alten Armeerucksack dorthin und kam mit dem Rucksack voll Pferdefleisch zurück – nicht dass das Fleisch in irgendwas Hygienisches gepackt war, höchstens in einen alten Kartoffelsack oder in Zeitungspapier. Der Rucksack hat dann auch entsprechend gerochen und konnte nur im Keller aufbewahrt werden. Zeitlich zuordnen kann ich das aber bei bestem Willen nicht mehr.

Unsere Grundschulzeit verbrachten wir vorwiegend in der Talschule. Vorwiegend deshalb, weil während der Zeit des Kriegsendes der Unterricht in das Maidenlager unterhalb der Kernberge verlegt war. Natürlich fand der Unterricht nicht nach üblichem Lehrplan statt, sondern wurde durch ständige Luftalarme geprägt, und von dem Maidenlager war es nicht weit bis zu einer Höhle in den Kernbergen, die als Luftschutzkeller genutzt wurde. Oft gab es schon frühmorgens Luftalarm. Dann fiel der Schulgang überhaupt aus.

Zeugnis aus der Zeit des unregelmäßigen Schulbesuches infolge der Luftalarme

Nach Kriegsende erfolgte der Unterricht in unterschiedlichen Schulen der Stadt, je nachdem, wie weit sie wieder hergerichtet waren.

Zumindest mein erstes Schuljahr in Jena, d. h. also die 2. Klasse, besuchte ich regulär die Talschule, von den Zeiten der Fliegeralarme mal abgesehen.

Ich erinnere mich noch an eine Weihnachtsfeier, wo wir, ob alle oder nur wir Flüchtlingskinder weiß ich nicht, kleine Geschenke erhielten.

Weihnachten 1945 in der Talschule – Geschenke für Flüchtlingskinder

Im Unterricht mussten hin und wieder bei Unachtsamkeiten die Hände vorgezeigt werden und der Lehrer schlug mit dem Lineal mehrfach drauf.

Ein Lehrer hatte die Angewohnheit, nicht mit einem Lineal zu strafen, sondern er packte ein kleines Büschel Haare kurz oberhalb des Ohres und drehte diese dann mit seinen Fingern, was höllisch wehtat. Einmal rutschte ich bei dem Versuch des Lehrers, an mein Ohr zu kommen, einfach unter die Bank. Er versuchte es zwar mehrfach, mir hinterherzukommen, gab dann aber schließlich auf.

Irgendwann wurde so eine Art Schulspeisung eingeführt: Zur großen Pause erhielten wir kostenlos eine Tasse Milch, später dann dazu noch ein dunkles Brötchen. Wie lange das ging, weiß ich nicht mehr.

Kurz nach der Gründung der DDR fanden die ersten Wahlen statt. Man wurde aufgefordert, die Kandidaten der Nationalen Front zu wählen.

Eigentlich ging uns die Wahl als Kinder noch nichts an, aber Folgendes ist noch in Erinnerung: ein Werbeplakat an der Eisenbahnbrücke.

Unter der Eisenbahn-Brücke fuhr die Straßenbahn über die neu gebaute Camsdorfer Brücke kommend, stadtwärts. Und da die Stromleitung nicht abgesichert war, befand sich ein Schild: „Vorsicht – Hochspannung – Lebensgefahr" oberhalb der Stromleitung. Und sinnvoller Weise hing genau darüber das Werbeplakat: Wählt die Kandidaten der Nationalen Front, sodass man lesen konnte: Wählt die Kandidaten der Nationale Front – Vorsicht Lebensgefahr.

Wir empfanden das entweder als Dummheit, was nicht gerade für die Kandidaten sprach, oder aber als Provokation, was uns damals schon irgendwie auffiel.

Es war in der Zeit meines sechsten Schuljahres, wo wir in der Paradiesschule Unterricht hatten. Wir waren 64 Schüler, Mädels und Jungen, die zusammen in dem ehemaligen Chemie-Unterrichtssaal saßen. Auch für damalige Verhältnisse die größte je existierende Klassenbesetzung. Ich weiß noch, dass ich mit in der hintersten Reihe saß und zwar auf der rechten Seite – links saßen die Mädels. Und mit uns in der Klase waren einige, die die Schule, d. h. achte Klasse, eigentlich schon beendet haben müssten. Und von denen lernten wir natürlich jede Menge Blödsinn. So spielten wir während des Unterrichts Karten – der Lehrer vorn war zu weit weg, um das mitzukriegen. Dann lockerten wir das Linoleum, mit welchem der Fußboden bedeckt war. Einmal erreichten wir dadurch derart viel Staub in dem Raum, dass der Unterricht unterbrochen werden musste.

Zum 14. Geburtstag meiner Schwester hatte Mutter für diese ein Fahrrad aufgetrieben, kein neues, sondern ein altes Damenrad, sogar noch mit Vollgummireifen. Und voller Stolz übte sie, anfangs mithilfe von Opa, auf unserer Straße vorm Haus. Dann aber auch in der näheren Umgebung. Ich traf sie mal, wie sie mit ihren Schulfreundinnen in dem Parkgelände vor der Reichwein-Schule spazierenfuhr. Und in meinem jugendlichen Übermut wollte ich vor den Mädeln beweisen, wie einfach doch das Radfahren wäre und man nicht erst viel Übung brauchte. Meine Schwester überließ mir das Rad – ich war noch nie auf einem gesessen. Und ohne Probleme fuhr ich los, zum großen Erstaunen von Schwester und ihren Freundinnen. Bloß als ich anhalten sollte, gab es Probleme. Keiner hatte mir etwas von einer Bremse, also einer Rücktrittsbremse, gesagt. Letztendlich konnte ich nur durch einen Sturz das Radfahren beenden.

Es waren schöne Sommerabende, wo ich auf dem dunklen Balkon unserer Wohnung stand und so vor mich hindöste (Fernsehen gab es ja noch nicht). Meine Mutter zog daraus die Schlussfolgerung, ich würde mich für den Sternenhimmel interessieren, und schenkte mir bei der nächstbesten Gelegenheit Bücher über Astronomie, angefangen von einem Büchlein von Bruno H. Bürgel („Astronomie für jedermann") bis zu einem dicken Wälzer mit schon fast wissenschaftlichem Inhalt. Und seltsamer Weise las ich die Bücher, fand Interesse an der Astronomie und wurde Mitglied in einer entsprechenden Pionierarbeitsgemeinschaft, wie sie derzeit allenhalben entstanden.

So trafen wir uns, vielleicht ein halbes Dutzend Schüler meines Alters, jede Woche einmal abends in der Sternwarte der

Universität (in der Jenaer Innenstadt am Schillerplatz). Dort bekamen wir die Grundlagen astronomischer Beobachtungen erläutert und erhielten sogar als ernsthafte Aufgabe, die Konjunktion (oder Rektaszension?) einzelner Fixsterne zu dokumentieren. Es war sogar einmal eine Exkursion in die bedeutende Sonneberger Sternwarte geplant, wo jährlich ein hochinteressanter astronomischer Kalender herausgegeben wurde. Aber unser jugendlicher Leichtsinn machte dem alles ein Ende. Abends bzw. nachts beim Heimweg führten wir hin und wieder sogenannte Klingelpartien durch, d. h., wir klingelten an irgedwelche Wohnungstüren und hauten dann ab, hoffentlich unerkannt. Dieses Tun wurde aber doch erkannt, der entsprechenden Arbeitsgemeinschaft gemeldet und aus war es mit dieser Tätigkeit.

Übrig geblieben von dieser Freizeitbeschäftigung ist nur eine gewisse Grundkenntnis über die Anordnung der Sternbilder, was mich heute noch von den meisten Mitmenschen unterscheidet.

Im Winter fuhren wir Ski auf unser Straße und dem Oberen Burgweg, der die Hausbergstraße mit unserer Maurerstraße verband. Woher wir die Ski hatten, ist nicht in Erinnerung. Jedenfalls waren die Ski, wie damals allgemein üblich, mit einer Seilzugbindung, sodass man beliebige hohen Schuhen darauf befestigen konnte. Da dieser Obere Burgweg relativ steil war, konnten bei Schnee keine Autos dort langfahren, was unser Skifahren erleichterte. Straßenwinterdienst wurde nur an wichtigen oder Hauptstraßen durchgeführt. Und privat gab es kaum PKWs, jedenfalls auf unserer Maurerstraße bis Mitte der Fünfzigerjahre auch nicht.

Dieser Obere Burgweg hatte noch eine Besonderheit, die mir im Gedächtnis geblieben ist. Auf halber Höhe war hochwärts links ein Grundstück mit Garten und direkt am Gartenzaun stand ein Birnbaum mit herrlich schmeckenden Birnen, die wir dann auf dem Weg in die Talschule auch ernteten. Nur einmal erwischte uns der Hausbesitzer und verbot weiteres Birnenklauen – schade. Er drohte sogar mit Polizei, sollte er uns noch mal erwischen, und das war uns dann doch zu gefährlich.

Ich besuchte auch, wie es üblich war, den Religionsunterricht in Vorbereitung auf die Konfirmation. Diese erfolgte dann am

Palmsonntag, dem 18. März 1951 in der wiedereröffneten Luther-kirche. Aber an mehr kann ich mich hier auch nicht erinnern, auch hat mich diese Christenlehre alles andere als überzeugt. Nur die Mär von der Erschaffung der Welt, wie sie im Alten Testament beschrieben wurde, hat mich berührt. Wie konnte man vor Tausenden von Jahren schon die noch heute gültige Reihenfolge der Entwicklung kennen, von der Zeitspanne mal abgesehen.

Konfirmation

Die achte Klasse jedenfalls war ich wieder in der Talschule. Gegen Ende des Schuljahres war es. Wir sollten eine Russischarbeit schreiben und die Hausaufgaben in Mathe hatte ich auch nicht gemacht, als ich meinen Banknachbarn bat, er möge der Klassenlehrerin melden, dass ich starke Kopfschmerzen hätte und mich nicht für den Unterricht gesund genug fühlte. Gesagt, getan. Ich konnte nach Hause gehen, wurde natürlich gleich von Oma fürsorglich behandelt.

Dann kam aber auch meine Mutter vorzeitig nach Hause, man hatte sie von Schule zu Schule aus telefonisch über meinen Zustand informiert. Am nächsten Tag fuhren wir also in die

Uni-Klink zur HNO-Abteilung, um mich untersuchen zu lassen – ich hatte immer noch keinerlei Beschwerden.

Dort stellte man eine chronische Kieferhöhlenvereiterung fest. Man begann die Behandlung mit einer äußerst unangenehmen und schmerzhaften Nasennebenhöhlenspülung, und das dreimal die Woche. Damit war ich bis auf Weiteres vom Schulbesuch befreit.

Als das Spülen keine Wirkung zeigte begann man mit Penicillin[2] zu spritzen, ebenfalls dreimal die Woche. Und da es offensichtlich immer noch keine Besserung gab, wurde ich in die HNO-Klinik eingewiesen mit Operation und Nachbehandlung. So endete meine Grundschulzeit.

Im Sommer fuhren meine Klassenkameraden nach Berlin zu den Weltfestspielen – ich lag immer noch im Krankenhaus: Nach erfolgreicher Kieferhöhlenoperation kam erst eine Erkältung hinzu mit leichtem Fieber, ich blieb bettlägrig. Dann hatte ich wahnsinnige Ohrenschmerzen, ein Idealfall für die HNO einer Universitätsklinik. Ich wurde in den Hörsaal gebracht und die Studenten fummelten an dem schmerzenden Ohr herum, als wäre es ein Spielzeug. Ich erfuhr dabei, wie das Trommelfell bei einer Mittelohrentzündung auszusehen hat. Aber die Ursachen der Schmerzen im Ohr fand man nicht. Letzendlich schaute auch der Herr Professor mal in mein Ohr:

„Meine Herren, das ist ein Geschwür im Gehörgang."

Das wars. Und mit dieser Diagnose verschwanden auch die Beschwerden.

Zwischenzeitlich war es aber schon September, die Schulferien waren vorbei, und den Beginn der Oberschulzeit hatte ich damit verpasst.

Und mit dieser Begebenheit endete auch meine Kindheit.

---

2 Penicillin: ein Antibiotikum, 1930 entdeckt, erst seit Kurzem in ziviler Anwendung

Jugendzeit

Viel Spaß hatte ich nicht gerade in der Schule. Ob es an dem etwas verspäteten Einstieg in das Oberschulleben lag, weiß ich nicht. Aber vor allem für meine Mutter war Oberschule und Abitur Pflicht.

Ein klein wenig war ich zwar auf meine Schwester neidisch, die im Orchester der Adolf-Reichwein-Oberschule Cello spielte. Ein gewissen Herr Prof. Grosch, Musikprofessor an der Universität, hatte in der Oberschule Orchester und Chor in Leitung, wo man sogar Haydns „Schöpfung" aufführte. Und da ich ja streng klassisch geprägt war, hätte ich gar zu gerne dort mitgemacht. Aber welches Instrument für mich infrage käme, war unbestimmt. Ich dachte ein wenig an Oboe. Das Instrument kannte ich ja schon ein wenig von Helmut Oertel, der ja über unserer Tante Else wohnte und also auch übte.

Unter welchem Zwang meine Schwester Cello spielen musste, hat sie mir erst jetzt verraten: Prof. Grosch leitete auch den Jenaer Liederkranz, wo meine Eltern beide mitmachten, Sopran und Tenor. Und ihr Chorleiter, also Herr Grosch, hatte sie überredet, dass die Tochter doch bitte Cellospielen erlernen soll, da so ein Instrument in seinem Schulorchester fehlte.

Vielleicht trieb ich mich auch zu oft in der Stadt herum, mit zum Teil zweifelhaften sogenannten Freunden. An Genaues kann ich mich aber auch hier nicht mehr erinnern. Jedenfall wurden meine schulischen Leistungen immer schlechter. In mehreren Fächern erwartete ich für eine mögliche Versetzung in die nächste Klasse ungenügende Zensuren. Das wäre vor allem für meine Frau Mutter eine Katastrophe gewesen: ihr Sohn – ein Sitzenbleiber.

Da empfahl einer dieser sogenannten Freunde den Weg in den Westen. So was war damals nicht gänzlich ungebräuchlich: Viele Jugendliche unternahmen so etwas, um von Westdeutschland aus ein bisschen die Welt zu erkunden.

Bei mir aber überwog die Angst vor zu Hause. Also machte ich mich Anfang Dezember auf den Weg ins Ungewisse, bei miesem Wetter, es war neblig, kalt und regnerisch, und fuhr nach Hildburghausen nahe der westdeutschen Grenze. Wie ich dahingekommen bin und woher ich das Geld für die Fahrt hatte, entzieht sich meiner Erinnerung. Von dort ging es nach Streufdorf unmittelbar an der Grenze gelegen. Ich fuhr sogar mit einem Bus, was später kaum noch möglich gewesen wäre. Aber 1951 war die Grenze zu Westdeutschland zwar durch Grenzer der Volkspolizei bewacht, aber noch nicht richtig abgesichert. Man hatte mir genau erklärt, welchen Weg ich von Streufdorf aus gehen müsste, an welcher Stelle ich in den Wald abbiegen muss, um dann nach wenigen Kilometern in das westdeutsche Dorf Roßfeld, einen Vorort von Rodach, zu gelangen. Woher mein Bekannter diese Kenntnis hatte, ist unbekannt und hat mich seinerzeit auch nicht irgendwie verwundert.

Ich stampfe also durch den Wald, bei Nacht und Nebel – hatte ich eigentlich irgendwelches Gepäck mit, keine Ahnung mehr. Wahrscheinlich nur einen kleinen Campingrucksack, was anderes stand ja zu Hause nicht zur Verfügung. Dann stieß ich auf eine Straße, wendete mich nach links – diesen Hinweis hatte man mir nicht gegeben, aber von zwei Möglichkeiten muss man schließlich eine wählen. Da eine Straßenlaterne, ein Mensch. Den fragte ich, wo ich bin, und offensichtlich war die Frage nicht abwegig. Jedenfalls erfuhr ich, dass ich im Westen war! Ich ging in die Dorfgaststätte, gab mich dem Wirt als „Flüchtling" zu erkennen und erhielt sogar etwas zum Abendbrot. Auf seine Frage, ob ich eventuell Klavierspielen könne, antwortete ich mit „Ja", setzte mich ans Klavier und spielte von Schubert das As-Dur Impromptus, das Einzige, was ich fehlerfrei auswendig spielen konnte. Aber auf so einen musikalischen Beitrag legte der Wirt keinen Wert. Trotzdem durfte ich im Gasthaus übernachten und am nächsten Morgen mit dem Milchauto mitfahren, weiter ins Land hinein bis nach Coburg. Dort stand ich erst mal eine Weile ratlos rum, irgendwie getraute ich mich dann, einen LKW-Fahrer anzusprechen, wohin er fahren würde und ob er mich mitnehmen könnte.

Aber dieser Fahrer brachte mich nur nach Lichtenfels, einem kleinen Städtchen nur zwanzig Kilometer von Coburg entfernt.

Ich stieg bei so einer Art Rastplatz aus und erwischte doch tatsächlich kurze Zeit später einen LKW, der in Richtung Frankfurt fuhr. Ich erinnere mich hier an einen sehr netten Kraftfahrer, der mit mir sein Frühstücksbrot teilte und auch irgendetwas zu trinken besorgte. So kam ich bis Hanau, hier fuhr ich mit der Straßenbahn, das Fahrgeld hatte mir der Kraftfahrer gegeben, nach Frankfurt. An irgendeiner Haltestelle stieg ich aus und suchte eine Telefonzelle. Ich wollte einen ehemaligen Klassenkameraden anrufen, der mit seinen Eltern vor Kurzem in den Westen gegangen war. Das Geld für den Anruf musste mir ebenfalls dieser nette Kraftwagenfahrer gegeben haben. Ich schaute also ins Frankfurter Telefonbuch und suchte den Namen Knoll, so hieß mein ehemaliger Schulkamerad und fand: eine ganze Seite voll mit diesem Namen. Das war natürlich eine Katastrophe für mich. Was sollte ich jetzt machen?

Woher ich den Hinweis auf das Flüchtlingslager in Gießen erhielt, weiß ich auch nicht mehr. Jedenfalls machte ich mich dahin auf: Erst gelangte ich irgendwie auf die Autobahn, damals war das Trampen auf der Autobahn noch allgemein üblich. Da hielt doch tatsächlich so ein großer Schlitten, vielleicht sogar Mercedes, mit schwarzem Fahrer, lässt mich zusteigen und bringt mich bis in die Nähe von Gießen. Ich sehe noch heute die Unmengen von Tafeln Schokolade auf dem Rücksitz. Aber meinen begehrlichen Blick hat er nicht bemerkt – ich erhielt keine.

Im Lager Gießen teile ich mit etlichen ungefähr gleichaltrigen Jungen ein gemeinsames Zimmer. Unterhalten haben wir uns kaum, und wenn, dann über nichts Bemerkenswertes. Weihnachten kam und ich erinnere mich noch, wie ich am ersten Weihnachtsfeiertag bei einem Ehepaar in Gießen zu Gast war und wir gemeinsam zur katholischen Weihnachtsmesse in die Kirche gingen. Für mich ein völlig ungewöhnliches Erlebnis.

Zur Arbeit wurden wir als Waldarbeiter eingesetzt und mussten von frisch gefällten Bäumen die Äste abhacken oder sägen, eine recht mühevolle Arbeit und dazu noch im Winter.

Irgendwann hat mich auch mal einer gefragt, ob ich nicht mal an meine Eltern schreiben würde, vielleicht zu Weihnachten oder eine Karte zu Neujahr. Ich habe nicht darauf reagiert. Heute frage ich mich, ob man als 14-Jähriger überhaupt nachvollziehen kann, was denn in den Eltern vorgeht, wenn ihr Sohn so mir nichts dir nichts verschwindet? Vielleicht habe ich auch die Gedanken an meine Eltgern gewaltsam verdrängt, zusammen mit dem Gedanken an meine Zukunft. Zum Glück sind auch hierzu die Erinnerungen verblasst.

Noch im Januar werde ich mit Begleitperson in den Zug verfrachtet und ins Flüchtlingslager Friedland verlegt. Und auch dort lebte ich einige Tage mit gleichaltrigen Jungen zusammen, und ich glaube, wir schmiedeten sogar Pläne für unsere Zukunft im Westen. Dabei war die Verlegung nach Friedland organisiert worden, weil das Lager Gießen meine Eltern über meine Flucht als noch Minderjähriger informiert hatte und aus dem Lager Friedland direkt an der innerdeutschen Grenze gelegen, erfolgte die Rückführung in die DDR.

So geschah es dann.

Meine Eltern waren mit einem Betriebsauto von Schott gekommen, Vater arbeitete ja in der Fahrbereitschaft des Werkes. Sie nahmen mich in Empfang, sogar ohne jeglichen Kommentar, weder vorwurfsvoll, aber auch nicht liebevoll als Heimkehr des verlorenen Sohnes.

Und zu Hause wurde mir eröffnet, dass ich unverzüglich nach Stadtroda in das dortige Oberschul-Internat einziehen sollte.

Also wechselte ich Anfang 1952 meinen Schulort in das von Jena ungefähr 15 Kilometer entfernte Städtchen Stadtroda. Hier in dem Internat waren Schüler aus der gesamten Umgebung zu Hause: aus Kahla, Orlamünde, Eisenberg und wer weiß wo noch alles her. Nie hat einer gefragt, wieso ein Schüler aus Jena in das Internat gezogen war, wo es doch in Jena jede Menge Oberschulen gab. Ich wurde in die Klassengemeinschaft aufgenommen, als hätte ich von Beginn des Schuljahres dazugehört. Ebenso verspürte ich bei den Lehrern keinerlei Vorurteil. Oder hat dort keiner was von meinem Westausflug gewusst? Zumindest Direktor Unger hätte es wissen müssen, denn über ihn lief ja sicher meine Schuleinweisung.

Das Internat war anfangs im Obergeschoß des eigentlichen Schulgebäudes. Pro Klasse ein Schlafraum. Für meine Klasse sechs Doppelstockbetten, nach meinem Zuzug ein Bett mehr. Gegessen wurde in einem etwas größeren Klassenzimmer. Die Heimleiterin, Fräulein Peterson, eine etwas ältliche Dame auch aus Ostpreußen, war für das Essen zuständig, nur mittags von einer weiteren Frau unterstützt. Überdies achtete sie auch auf Einhaltung der Internatsdisziplin. Nur Schüler der 12. Klasse durften sich Extras erlauben, wie Zigaretten zu rauchen oder abends ins Städtchen zu gehen.

Natürlich wollten auch wir mal den Rauch der Zigaretten ausprobieren. Und damit man dann anschließend nicht den Geruch der Zigarette aus dem Mund merkte, wurden die Zähne geputzt. Prompt kam Frl. Peterson:

„Warum putzt ihr eure Zähne. Habt ihr etwa geraucht?"

Unser Klassenlehrer war Herr David, in unseren Augen schon ein etwas älterer Herr. Jahre später, zu unserem 40-jährigen Abiturjubiläum gratulierten wir ihm zum 80. Geburtstag. Er gab Chemie und Physik, wobei wir den Eindruck hatten, dass er sich im Unterricht nur so weit vom aufgeschlagenen Lehrbuch entfernte, wie er noch die Buchstaben lesen konnte. Außerdem gab er so eine Art Religionsunterricht. Zumindest brachte er uns die Grundlagen des Christentums nahe, auch des Judentums. Islam war nicht mit dabei.

Deutsch hatten wir bei Herrn Kaiser, ein von allen hochgeachteter Lehrer, der kurz vor seiner Pensionierung stand.

In Erinnerung ist folgendes Ereignis: Für die Wohnung von Herrn Kaiser wurde alljährlich das für die Heizung erforderliche Holz in Form von meterlangen Baumstämmen vors Haus angeliefert. Und dieses Jahr waren die Baumstämme am Morgen verschwunden. Große Aufregung auch in der Schule, sollte man die Polizei einschalten? Aber wenige Tage darauf war das Holz wieder da, zersägt und gehackt und fein sorgfältig aufgestapelt.

Die Schüler der 12. Klasse hatten sich über Nacht dieser Tätigkeit gewidmet.

Meine persönlichen Erinnerungen an diesen Lehrer sind anderer Art: Wir sollten so eine Art Rezension über die Trilogie

„Krieg und Frieden" von Tolstoj verfassen, und ich war mit dem ersten Band dran. Aber ich kam mit dem Text nicht klar, ich las und las und vom Inhalt ging nichts in den Kopf hinein. Was sollte ich also machen? Kurzentschlossen nahm ich für den mündlichen Vortrag die Kurzbeschreibung der Buchhülle. Teilte deren Inhalt in ungefähr drei gleiche Teile und nach jedem Teil schlug ich das Buch an einer beliebigen Stelle auf und las diese vor. Ganz so, wie es verlangt wurde. Nur bezog sich der Text überhaupt nicht auf die Kurzbeschreibung nach der Buchhülle, sodass die mir nachfolgende Klassenkameradin, die ja auf meinen Einführungsvortrag aufbauen wollte, völlig aufgeschmissen war. Meine Benotung war dann auch entsprechend und die Aufgabe musste von jemand anderes wiederholt werden.

Mathematik hatten wir anfangs bei einer auch etwas älteren Lehrerin, Frau Wilke, die im Jahr darauf zu ihren Kindern in den Westen zog. Ab da war unser Mathe- und Physiklehrer ein Herr Fiedler, ein Neulehrer, d. h., er hatte nur eine verkürzte pädagogische Ausbildung hinter sich. Uns erzählte er des Öfteren von seinen Kriegserlebnissen als Matrose auf einem U-Boot.

Irgendwie bekamen meine Klassenkameraden mit, dass ich jahrelang Klavierunterricht gehabt hatte. Da sollte ich natürlich auch mal bei einer Klassenfeier zum Tanz aufspielen. Ich übte ganz schnell „Ìn the Mood", was damals ganz aktuell war, und spielte damit auf. Aber man lachte mich aus und empfahl mir, bei klassischer Musik zu bleiben.

Zwischenzeitlich wurde das Internat gegenüber in ein größeres Gebäude auf dem Schloßberg verlegt, d. h. nur wir Jungen. Die Mädels wohnten schon vorher dort. Unsere alte Heimleiterin wurde durch einen neuen, jüngeren Mann, Herrn Sommer, ersetzt. Dieser zeigte natürlich auch andere Strenge als die etwas ältliche Dame. So wurde strengstens darauf geachtet, dass die Schlafenszeiten eingehalten wurden, abends kontrollierte er das Lichtausschalten. Natürlich war jeglicher Kontakt mit dem Obergeschoss, wo ja die Mädels wohnte, untersagt.

Irgendwann kam mal einer von uns auf die Idee, morgens Frühsport zu betreiben. Ich war natürlich aktiv mit dabei. Pünktlich um sechs, also ungefähr eine halbe Stunde vor dem eigentlichen Wecken, fanden wir uns auf dem Hof zusammen, machten so an die 2 bis 3 km Dauerlauf, etwas Gymnastik und waren dann halb sieben wieder pünktlich zur Stelle und das quasi jeden Morgen.

Nach ein paar Wochen aktiven Frühsport fängt uns der Heimleiter Herr Sommer ab:

„Was streibt ihr denn so in aller Herrgottssfrühe?"

„Wir machen Frühsport."

„Aber das ist doch prima. Ab nächsten Montag setze ich das für alle an. Du übernimmst die Leitung!"

Gesagt, getan, nicht dass am Montag alle Internatsschüler angetreten wären, aber Herr Sommer kontrollierte, ob wir auch pünktlich starteten. Das taten wir, rannten los bis um die nächste Ecke, außer Sichtweite des Heimleiters. Beendeten die Aktivitäten, rauchten eine Zigarette und rannten dann pünktlich die paar Hundert Meter wieder zurück ins Internat. Das war's mit dem Frühsport.

An ein besonderes Erlebnis erinnere ich mich zu einem Himmelsfahrtsausflug. Für viele aus dem sogenannten Holzland, also der Gegend um Hermsdorf herum, war es Pflicht, zu Himmelfahrt durch das Mühlental zu pilgern, ein Tal zwischen Eisenberg und Hermsdorf mit vielen ehemaligen Mühlen, die jetzt als Gaststätten dienten. Und dieses Mal machte ich mit, vor allem, weil ein gewisser Emil Barth eine Mühle als Gaststätte übernommen hatte.

Emil Barth, oder Milo Barus, wie er sich nannte, galt als stärkster Mann der Welt. Es hieß, er könne einen ausgewachsenen Ochsen, über die Schulter gehängt, eine Treppe hochtragen. Ein entsprechendes Foto in der Gaststätte belegte dies. Bei einem Volksfest legte er sich auf den Rücken, stellte ein Karussell auf seine Brust und ließ ein halbes Dutzend Kinder darauf Karussell fahren.

Er war erst vor kurzem von seiner Weltreise aus Argentinien kommend in die DDR eingereist. An der Grenze, wo er sich etwas störrisch benahm, wurde er in Ketten gelegt, die er kurzerhand zerriss.

Der Besuch bei ihm war natürlich etwas Besonderes. Er schenkte uns dann auch eine Gabel, die er nur so mal zwischen seinen Fingern zu einem Korkenzieher verdreht hatte.

Im Frühjahr 1954 wurde ein neuer Speiseraum eingeweiht. Bis dahin waren ja Küche und Speiseraum noch im alten Schulgebäude und genügten kaum den Ansprüchen einer gestiegenen Schülerzahl – von Hygiene mal abgesehen.

Ich war in der 11. Klasse und muss schon einen gewissen Ruf als Sprecher gehabt haben, denn die Rede zur Einweihungsfeier wurde von mir gehalten, in der damals üblichen Form natürlich:

„Liebe Schulkameraden! Heute wollen wir nun die Einweihung unseres schönen neuen Speiseraumes, den wir zwar schon seit 14 Tagen benutzen, begehen. Schon lange waren Schulleiter und Kolleginnen bemüht, eine Änderung in den Internatsverhältnissen zu erreichen. Wir hatten zwar wenig Hoffnung auf eine Änderung. Als aber unsere werte Stellvertrerin des Schulleiters, Frau Wilke, die Vermutung aussprach, dieses Gebäude, damals noch ein Kohleschuppen, in einen freundlichen Speiseraum mit Küche zu verwandeln, war der erste Lichtblick gegeben. Nun fehlte nur noch das Geld. Hier fand unser Herr Direktor Unger mit unserem Heimleiter Herrn Sommer eine Lösung der Frage.

Ein großer Teil der Mittel wurde durch die aufopferungsvollen Einsätze der Schüler und auch der Lehrer eingespart. Aber den Hauptprozentsatz der Unterstützung für den Bau des Speiseraumes verdanken wir unserer Regierung, der es wiederum nur durch die Hilfe der Sowjetunion ermöglich wurde, uns zu helfen. Denken wir gerade jetzt in dem Monat der Deutsch-Sowjetischen Freundschaft daran, dass unsere neue Anschaffung im Grunde genommen ein Geschenk der Sowjetunion ist. Nehmen wir es nicht als Selbstverständlichkeit hin, dass der Speiseraum aufgebaut wurde. Sehen wir zu, dass wir ihn noch verschönern, zumindest aber so erhalten wie er jetzt ist."

Diesen gewissen Ruf als Redner verdanke ich vielleicht auch meinem Auftritt im Deutschunterricht bei Herrn Voigt. Er war Germanistik-Professor an einer Schule irgendwo in der Tschechoslowakei und musste diese Anfang der Fünfzigerjahre verlassen. Jetzt kam er an unsere Schule und wurde in unser 11. Klasse Lehrer für Deutsch und Latein. Er wendete etwas ungewöhnliche

Lehrmethoden an. So fragte er schon in der ersten Stunde: „Wer von Ihnen kann ein Gedicht aufsagen? Wir wollen einmal die Woche mit so einem Vortrag beginnen."

Ich meldete mich: „Ich kann den Zauberlehrling auswendig."

Also trug ich die Ballade am folgenden Mittwoch vor, in der für die Schule gewöhnlichen Art und Weise, ohne zu stocken und natürlich ohne jegliche körperliche Darbietungen. Anschließend Herr Voigt:

„Ist ja ganz nett aufgesagt, aber wo bleiben die persönlichen Emotionen? So eine Ballade muss man erleben, nicht bloß auswendig dahersagen. Nächsten Mittwoch bitte noch einmal, dann aber mit etwas mehr persönlichem Engagement."

„Soll er haben", dachte ich mir.

Und so spielte ich den Zauberlehrling in der nächsten dafür vorgesehenen Stunde in einer Art, dass sich meine Klassenkameraden vor Lachen in den Bänken schüttelten.

„Oh du Ausgeburt der Hölle …" Ich drohte mit den Fäusten wild um mich her, „seh ich über jede Schwelle doch schon Wasserströme laufen." Ich krempelte mir die Hosenbeine hoch.

„Krachend trifft die blanke Schärfe. Wahrlich brav getroffen …" Ich haute mit der Faust auf den Tisch, dass die Wände wackelten.

„Herr und Meister, hör mich rufen: „Ich sank in die Knie, die Hände zum Himmel gefaltet.

Herr Voigt war begeistert. „Genau so muss eine so tragische Ballade vorgetragen werden!" Im weiteren Verlauf legte er aber keinen Wert mehr auf das Vortragen von Gedichten. Aber der positive Eindruck bei Herrn Voigt wirkte sich auch auf meine Zensur in Latein aus, unabhängig von meiner tatsächlichen Leistung.

Für mein weiteres Leben muss ich diesem etwas außergewöhnlichem Lehrer dankbar sein: die freie Rhetorik. Nicht nur, dass wir ellenlange Zeitungsartikel in eine verständliche Form bringen mussten. Beispielsweise verteilte er eines Montags die Zeitung „Das Neue Deutschland" mit einem mehrere Seiten langen Referat von Walter Ulbricht, seinerzeit Erster Vorsitzende des Staatsrates der DDR und forderte uns auf, sozusagen als Klasenarbeit:

„Schreiben Sie darüber eine A4-Seite mit gleichem Inhalt, die dann jeder Arbeiter versteht!"

Bei Gedichten, die zur Pflichtlektüre gehörten, sollten wir unseren Gedanken darüber einmal freien Lauf lassen, was der Dichter uns eventuell in versteckter Form hätte sagen wollen. Und das regte natürlich unsere Fantasie an und führte zu den wunderlichsten Auslegungen und Bgründungen.

So wurde aus dem lyrischen Gedicht von Gottfried Keller: „Augen, meine lieben Fensterlein gebt mir schon so lange holden Schein …" ein Liebesgedicht, wo die „lieben Fensterlein" die holde Geliebte darstellten.

Und noch ein Lehrer ist in besonderer Erinnerung: Herr Dietrich, unser Lehrer für Geschichte. Er legte nicht besonderen Wert auf auswendig gelernte Geschichtszahlen, sondern legte Wert auf den Inhalt und die geschichlichen Zusammenhänge.

Wir bekamen eine neue Klassenkameradin, Liane, die von unserem Herrn Direktor als besonders oberschulreif hervorgehoben wurde: „Siehste, du Schusterjunge", gemeint war ein Klassenkamerad, dessen Vater Schuster war, „so muss man an die Frage herangehen!" Und jetzt wurde diese Neue in Geschichte gepüft. Mit ihrer durch den Herrn Direktor betonten Art erzählte sie lang und ausführlich über alles Mögliche, ohne auf das eigentlich Gefragte einzugehen. Wir staunten alle über diese Vortragsweise, und Herr Dittrich stand daneben, leicht lächelnd, sodass wir alle der Meinung waren, er lässt sich von Liane umgarnen. Als diese dann nach unendlich langer Zeit mit ihrem Vortrag aufhörte und voll stolzer Erwartung auf die Beurteilung ihres Vortrages wartete: „Vier, setzen. Viel erzählt, aber am Thema vorbei." Er hatte sich von ihr nicht einlullen lasssen.

Noch ein besonderes Ereignis ist in Erinnerung: eine Russischarbeit. Es muss wohl irgend eine Prüfungsarbeit oder Vorbereitung darauf gewesen sein. Jedenfalls wurden wir, anders als üblich, an Tische gesetzt, die T-förmig angeordnet waren und jeweils auf der äußeren Seite saßen wir Schüler. Und wie das nun mal so üblich war, hatte fast jeder von uns einen gut vorbereiteten Spickzettel vor sich auf dem Schoß liegen und das war, durch die komische Sitzordnung bedingt, von vorne aus zu erkennen. „Ost, aufstehen!" Ost gehorchte dem Lehrer und prompt fiel der Spickzettel zu Boden. So geschah es von Schüler zu Schüler. Dann war ich dran. Und nichts fiel zu Boden. Allgemeine Verwunderung meiner Mitschüler und des Lehrers. Ich hatte meinen Spickzettel zwischen den Beinen eingeklemmt. Natürlich holte ich den Spickzettel dann hervor und legte ihn auf den Tisch. Aber es reichte doch zu einer allgemeinen Erheiterung auch des Lehrers. Wie es mit der Arbeit dann weiterging, ist nicht in Erinnerung.

Wir fuhren auch hin und wieder ins Theater nach Gera. Jena wäre zwar näher gewesen, doch das dortige Theater war vor Kurzem abgebrannt und die Jenaer mussten ins Weimarer Nationaltheater ausweichen, und das wäre für uns noch umständlicher gewesen.

Was wir in Geraer Theater gesehen haben, ist nicht in Erinnerung, wohl aber die Bahnfahrt, insbesondere die Rückfahrt. Die Strecke Gera–Jena, mit Halt in Stadtroda, war eine absolute Nebenstrecke der Deutschen Reichsbahn, d. h. noch einspurig (das zweite Gleis war von den Russen abgebaut worden) und mit Dampflok betrieben. Der Zug bestand aus sogenannten Abteilpersonenwagen, d. h., jedes Abteil war separat für sich mit Außentür und außen entlang führte ein Trittbrett über die gesamte Wagenlänge und sogar noch etwas darüber hinaus. Und da der Zug ungemein langsam auf der Rückfahrt fuhr (die Strecke hatte eine beachtliche Steigung zu überwinden), stiegen wir Jungens während der Fahrt aus, gingen außen entlang zu dem Abteil, wo die Mädels drinsaßen (Jungen und Mädels fuhren selbstredend getrennt!), und konnten diese natürlich herrlich erschrecken. Als man dann die Mädels bei der nächsten Fahrt in einen anderen Wagen verfrachtete, störte uns das nicht, wir balancierten von einem Wagen zum anderen und konnten unser böses Tun erstmal fortsetzen.

Auch ein politisches Großereignis während der Oberschulzeit hat sich ins Gedächtnis eingeprägt: der Tod von Josef Wissarionowitsch Stalin, dem „Vater aller Werktätigen" am 5. März 1953. Stalin war uns als Halbgott dargestellt worden und natürlich so auch von uns gefühlt. Hatte er nicht Hitler besiegt und seitdem für Frieden in Europa gesorgt? In jedem Klassenzimmer hing ein Bild von ihm, in einer sogenannten Friedensecke. Und so ein Übermensch sollte gestorben sein? Unglaublich.

Als dann nach wenigen Tagen Untaten diese Mannes bekannt wurden, verschwanden ganz schnell Bilder und Friedensecke.

Der 17. Juni[3] ein Vierteljahr später spielte bei uns in dem kleinen Städtchen keine Rolle. Man hörte zwar davon, dass in Jena die Parteizentrale am Holzmarkt gestürmt worden sei und alles Inventar, Schriftgut und Technik zum Fenster rausgeworfen sein soll – mehr aber auch nicht.

Zu Pfingsten 1954 fand zum 2. Mal ein Deutschlandtreffen in Berlin statt. Deutschlandtreffen hieß, dass sich die Jugend aus der Bundesrepublik und der DDR, hier also Mitglieder der Freien Deutsche Jugend, der FDJ, in Berlin trafen, um gemeinsam das Pfingstfest zu feiern, nicht als kirchliches Fest. Und diesmal war auch ich mit dabei, innerhalb der Delegation unserer Schule.

Ich erinnere mich noch, wie wir mit der S-Bahn in den Westsektor gefahren sind, nur so, um das mal kennenzulernen. In den Ohren klingt noch die Ansage am Bahnhof Friedrichstraße: „Achtung, letzter Halt im demokratischen Sektor!"

Offiziell besuchten wir Potsdam, den Cecilienhof, wo das Potsdamer Abkommen unterzeichnet worden war. Auch hier fuhr die S-Bahn auf kürzestem Weg durch Westberliner Gebiet.

Ich besuchte auch eine Tante von uns (welche Art von Verwandschaft vorlag, weiß ich heute nicht mehr). Ich weiß noch, dass ich als besondere Speise Krebssalat vorgesetzt bekam, auch für Westberliner etwas Außergewöhnliches – aber für den Verwandten aus dem Osten konnte es nicht fein genug sein. Aber ich esse solche Sachen nicht, auch heute noch nicht. Ich versuchte

---

3 Ein Volksaufstand in der DDR, wo gegen Maßnahmen von Partei und Regierung demonstriert wurde und der mithilfe sowjetischer Streitkräfte niedergeschlagen wurde.

anstandshalber einen Bissen, der aber partout nicht runtergeschluckt werden konnte. Ich gab also auf, sehr zur Verwunderung von der Tante.

Als Abschluss des Treffens fand ein Feuerwerk statt, und das in einer Größenordnung, wie es bislang für uns unbekannt war (und für längere Zeit auch blieb).

Und aus der Freizeit in Stadtroda sind auch einige Ereignisse in Erinnerung geblieben.

In Stadtroda gab es eine ehrwürdige Ruine eines ehemaligen Klosters. Und in diesem Jahr trafen sich zum 30. April eine Handvoll Schüler, in ein weißes Laken eingewickelt, und spukten dort um Mitternacht rum, verhältnismäßig laut, sodass die umliegenden Wohnungen die Lärmbelästigung und Klosterschändung der Polizei meldeten. Die Folge waren ein paar Verwarnungen, obgleich auch ein Verweis möglich gewesen wäre.

Bei einem anderen unlauteren Einsatz war ich mit dabei, wenn auch nicht aktiv.

Direkt neben unserem Internat auf dem Schlossberg lag die Stadtkirche. Und da kamen doch tatsächlich einmal Schüler der 12. Klasse auf die wahnsinnige Idee, in diese Kirche einzubrechen – irgendwer hatte ein offenes Fenster erspäht. Das wäre auch nicht weiter tragisch gewesen, wir hatten bei dem Einstieg ja nichts kaputtgemacht. Nur kam einer auf die grandiose Idee auf der Orgel zu spielen, nicht etwa Kirchenmusik, sondern irgendeine moderne Tanzmusik. Und das war dann doch zu viel des Guten. Es wurden Verweise angedroht, die aber nicht vollstreckt wurden, weil man der Täter nicht habhaft werden konnte, denn wir stelllten uns alle als völlig ahnungslos hin.

Wir hatten auch einen Klassenkameraden Bock, der in einem unweit von Stadtroda liegenden kleinen Dorf zu Hause war und täglich zur Schule fuhr.

Und in seiner Freizeit bastelte dieser Junge an Knallkörpern herum. So fand er heraus, dass man mit Unkrautex, das man in ein Papprohr presst und mit einer Lunte anzündet, herrliche Raketen basteln konnte. Was wir natürlich dann auch mal ausprobierten und einen Wettbewerb veranstalteten, wessen Rakete am weitesten fliegt.

Allerdings gab sich Bock mit der Wirkung von Unkrautex nicht zu frieden. Irgendwie handierte er mit Schwarzpulver herum, suchte die Wirkung mit irgendwelchen Zusätzen zu verstärken. Und das mit dem Erfolg, dass einmal die Wohnung mit explodierte. Seine Hände waren für längere Zeit in dicken Binden verpackt und es hieß, dass die Nachbarschaft glaubte, dass er ein Geschoß aus dem Zweiten Weltkrieg zur Explosion gebracht hätte.

In der elften Klasse bekamen wir zwei neue Klassenkameraden, die Goldmänner, wie wir sagten. Und die waren in ihrem Wesen unserem schulischen Gemüt irgendwie weit voraus. Jedenfall sagte man, hinter verstohlener Hand versteht sich, dass sie schon mal Sex mit Mädels gehabt hätten. Für uns damals völlig unvorstellbar.

Für uns war es ein außergewöhnliches Erlebnis, einmal in dem schwedischen Film „Sie tanzte nur einen Sommer" ein nacktes Mädel zu sehen, seitlich von hinten, wie sie mit ihrem Freund in den Sommerferien ins Wasser steigt. Den Film haben wir uns bestimmt mehr als einmal angesehen.

Natürlich gab es zur Oberschulzeit auch Ferien: im Februar die Winterferien, wo ich mit meiner Klasse sogar einmal für eine Woche zum Skilaufen im Thüringer Wald in Fehrenbach war und wir uns bei einem Skiausflug in dichtem Nebel tüchtig verlaufen haben. Wir kreuzten des Öfteren unsere eigenen Spuren.

Im Sommer dann fast zwei Monate lang die Sommerferien. Hier konnte ich, warum auch immer, nur einmal mit unserer Schule mitfahren, nach Crivitz, irgendwo in die Nähe von Schwerin.

Zweimal nahmen mich meine Eltern mit in den Sommerurlaub in Waltershausen im Thüringer Wald. Dort hatte der VEB Schott & Gen. ein Ferienheim und mein Vater hatte mit zwei Kindern in der Familie Anspruch auf einen FDGB-Ferienplatz.

Um mein Taschengeld etwas aufzufrischen, suchte ich mir in den Ferien der zehnten und elften Klasse einen Ferieneinsatz im

VEB Schott und Genossen, wo ja mein Vater in der Fahrbereitschaft tätig war. Ich wurde als sogenanter „Einträger" eingesetzt, eine Arbeit direkt am Glasofen. Die unterschiedlichen Glasbehälter, im Allgemeinen für Laboraufgaben oder auch Kunstgewerbe, wurden von Hand geblasen. Das bedeutet: Die Pfeife wurde in den Ofen gesteckt, wo sich das zähflüssige Glas anheftete. Dann wurde das Ganze in eine Form aus Holz gesteckt, dabei ständig gedreht und geblasen. Für die Betätigung der Holzform war der Einträger zuständig: rechtzeitig schließen für die Blasarbeit und öffnen, wenn die Pfeife wieder in den Ofen musste oder wenn die Form vollendet war. Dann wurde durch einen kurzen Hieb die Glasform von der Pfeife getrennt und mit einer Eisenstange musste der Einträger die fertige, aber noch glühende Form aufnehmen und zum Abkühlofen tragen, wo die Form dann auf einem Fließband von so an die 800 oder 900 Grad auf annähernd Raumtemperatur auskühlte. Insgesamt eine anstrengende, schweißtreibende Arbeit, die aber auch gutes Geld brachte, sodass ich mir anschließend ein schönes Fahrrad, sogar mit Gangschaltung, ich glaube für 450 Mark, kaufen konnte.

Anschließend bewährte sich das Rad in der folgenden Radtour mit meinem Klassenkameraden Götz Ihle, die uns erst nach Burgstädt bei Karl-Marx-Stadt zu einer Tante von ihm führte. Dann zelteten wir ein paar Tage in der Sächsischen Schweiz bei Rathen. Heimwärts fuhren wir dann bei meiner Tante Erna vorbei, wohl sogar eine Schwester meines Großvaters, die in Schildau eine Schneiderei betrieb.

Dieser Klassenkamerad Ihle verließ im folgenden Schuljahr unsere Schule und ging zur ABF nach Halle (ABF : Arbeiter und Bauernfakultät, eine Oberschule für besonders von Partei und Regierung geförderte Jugendliche. Götz Ihle war später Dekan in der Landwirtschaftlichen Fakultät in Dresden.).

Aber auch die längsten Ferien gehen einmal zu Ende. Das letzte Schuljahr begann. Und zu Beginn der zwölften Klasse machte einer den Vorschlag, wir könnten doch jetzt im Herbst Hagebutten sammeln und dies dann zu Weingärung bringen. Dann hätten wir guten Hagebuttenwein, um das Abitur zu feiern.

Dazu muss man wissen, dass zur damaligen Zeit eine Flasche Wein etwas ganz Besonderes darstellte: Erstens, gab es nur wenige Sorten und die waren für unsere Verhältnisse zu teuer. Wir hatten so an die 5 Mark Taschengeld im Monat. Das reichte für einen Kinobesuch (ungefähr 50 Pfennig), Schulhefte (für 10 Pfennig das Stück) und eventuell mal ein Glas Bier (für 50 Pfennig). Und bei uns im Internat wurde natürlich stengstens darüber gewacht, dass keine Jugendlichen Wein kauften, geschweige denn im Internat aufbewahrten.

Hagebutten hatten wir in einem Marmeladeneimer gesammelt und dann versteckt in der Stubenecke stehen (Marmelade wurde in einem Pappeimer für die Küche geliefert.)

Nach Neujahr fiel uns der Eimer wieder ein: Die Hagebutten waren schon in leichte Gärung übergegangen. Ein Klassenkamerad brachte von zu Hause einen Weinballon mit und bald stellten wir fest, dass herrliche Gärung im Gang war.

Nur war zum Abitur die Gärung noch nicht abgeschlossen, was uns aber nicht weiter störte, denn schließlich musste der Wein noch zur Schulzeit getrunken werden. Dass hatte aber zur Folge, dass wir nach wenigen Gläsern voll betrunken waren – leichte Allkoholvergiftung. Ich weiß noch, wie ich gegen Abend im Schulhof auf einer Bank munter wurde. Wie ich dahin gekommen bin, blieb fraglich.

Aber davor waren ja noch die Abiturprüfungen. Erst schriftlich: Deutsch-Aufsatz, Mathematik und Russisch war Pflicht. Mündlich konnte man sich ein Fach aus den Naturwissenschaften persönlich aussuchen, was bei mir natürlich Geografie war.

Deutsch-Aufsatz und Mathematik bedeuteten für mich keine Probleme. Deutsch aber bei meinem Schulfreund. Wir saßen zur Prüfung jeder allein an einem Tisch. Die Abstände hatten wir aber so eingerichtet, dass man bei ausgestrecktem Bein mit dem Fuß gerade noch an den Sitz des Vordermannes kommen konnten. So konnte ich meinem vor mir sitzenden Klassenkameraden kurz den Inhalt des Buches, über welches wir uns auslassen sollten, auf einem kleinen Zettel mitteilen.

Bei Russisch sah ich für mich ernsthafte Probleme. Also setzte ich mich hinter Raina, die in diesem Fach Klassenbeste war – ihr

Vater war Lehrer für Russisch. Und auf unsere eingeübte Weise schaffte ich auch die Russischarbeit.

Noch eine Besonderheit während der Abitur-Prüfungen ist in Erinnerung geblieben: die Sportprüfung. Dazu gehörten Schwimmen oder ein Kopfsprung von einem Dreimeterbrett. Und Dieter konnte weder schwimmen, geschweige denn, dass er jemals von einem Sprungbrett ins tiefe Waser gesprungen wäre. Damit hätte er das Abitur nicht bestanden! Also überwand er sich, stieg auf den Dreimeterturm und sprang. Wir standen neben dem Becken und sprangen sofort hinein, um ihn zu retten. Das war offensichtlich erlaubt. Aber der Mut zu so einem Sprung ist schon lobenswert.

Klassenbild nach dem Abitur
(mit Herrn Voigt unten Mitte und Direktor Unger oben links)

Eine Besonderheit der mündlichen Prüfung war für mich: Meine Mutter, eigentlich Lehrerin an der Ostschule in Jena, zwischenzeitlich aber dazu noch Kreisschulinspektorin, war Vorsitzende der Prüfungskommission in Stadtroda. Weiß der Kuckuck, wie sie das wieder hingekriegt hatte.

Abi-Prüfungskommission (von links: Herr Gentz, meine Mutter, Direktor Unger, Herr Fiedler, Herr Dietrich, der FDJ-Sekretär)

Nun hatte ich also das Abitur hinreichend gut abgeschlossen und bis zu meinem Eintritt in die Offiziersschule war noch ein Vierteljahr Zeit, Zeit für ausgiebige Ferien. Martin, ein Klassenkamerad, und ich planten einen Fahrradausflug an die Ostsee, vorher mit einem Besuch im Ferienlager unserer Oberschule in Crinitz bei Schwerin. Martins Eltern wohnten nördlich von Berlin in Schönow, von dort wollten wir gemeinsam starten. Der Termin wurde durch den Zeitraum des Schul-Ferienlagers bestimmt, für mich die letzten zwei Wochen Ferien.

Ich startete in Jena. Nicht auf dem Fahrrad, sondern auf einem LKW der Fahrbereitschaft von Schott, was mein Vater vermitteln konnte und wo ich das Fahrrad auch mitbekam. Leider fuhr dieser LKW aber erst am späten Vormittag los und auch bloß bis Dessau, was aber immerhin ungefähr die Hälfte der Strecke bis Berlin war.

Ich nahm von dort den kürzesten Weg nach Berlin: die Autobahn. Fahrradfahren auf dem Standstreifen der Autobahn war zur damaligen Zeit noch nicht verboten. Man musste nur die geltende Verkehrsregel „Mot vor Hot" berücksichtigen (Mot stand für motorisierte Fahrzeuge, Hot – Hotte Hüh für Pferdegespanne und muskelangetriebene Fahrzeuge).

Am späten Nachmittag kam ich in Babelsberg an die Grenze zu Westberlin mit entsprechender Pass- und Zollkontrolle.

„Haben Sie einen Fotoapparat dabei?"

Hatte ich, eine Puova-Start, eine einfache 6x6 Box.

„Nein, so was meine ich nicht."

Gemeint waren Pentagon-Kameras aus Dresden, die damals zu den besten Fotoapparaten der Welt zählten und ein begehrtes Mitbringsel für den Westen waren. Ich konnte also ungehindert weiterfahren, entlang der Avus, der ehemaligen Rennstrecke von Berlin. Kaum ein Auto war unterwegs oder fuhr ich doch auf einer Nebenstraße?

So gelangte ich in die Gegend vom Potsdamer Platz, hier war wieder die Grenze zwischen West und Ost. Also erstmal eine Limo gegen den Durst. Der erste Laden mit Getränken: West-Geld! Und das hatte ich nicht. Das Geschäft lag im Westsektor der Stadt.

Ein paar Häuser weiter, auf gleicher Straßenseite ein Konsum, also Ostsektor: aber keine Limonade im Angebot. Und so ging das noch eine ganze Weile weiter: eine Straße mit Häusern, die mal im Ostsektor, daneben im Westsektor lagen.

Gegen Abend war ich bei Martin und mein Wunsch nach Getränken konnte befriedigt werden.

Vom Urlaub selber ist nicht viel in Erinnerung geblieben. Wir zelteten noch irgendwo auf Usedom und schoben die Heimfahrt bis zum allerletzten Zeitpunkt hinaus, das war Freitag. Am Montag musste ich in Naumburg beim Armeedienst antanzen! Die Strecke von Usedom bis Schönow schafften wir ohne Probleme. Wir konnten gemütlich bei den Eltern von Martin zu Abend essen und ausgiebig Skat spielen.

Leider aber etwas zu lange.

Am nächsten Morgen, wo ich 270 km bis Jena geplant hatte, war ich hundemüde. Aber was soll's. Ich musste ja starten! Noch eine Handvoll Brote als Marschverpflegung spendete mir die Hausfrau und ab ging's. Gegen Abend war ich in der Nähe von Halle. Hier hatte ich eigentlich die Nase voll und erinnerte mich an meine Tante Lene, deren Anschrift ich sogar kannte. Leider war die Tante aber nicht zu Hause, ich musste also weiter radeln, noch 80 km weit.

Bei Weißenfels, noch an die 50 km bis Jena, an einer Straßengaststätte machte ich eine letzte Rast. Ich hatte noch 1 Mark im Portmonee, das reichte für eine Brühe mit Ei (ohne Brötchen!). Genau um Mitternacht erreichte ich Jena, ich höre noch die Mitternachts- Glocken der Stadtkirche wie zur Begrüßung schlagen.

So war ich also doch pünktlich zu Hause und hätte auch die Wette, in zwei Tagen von Jena bis an die Ostsee zu radeln, wenn auch in umgekehrter Richtung, gewonnen.

So endete meine Jugendzeit. Ab folgendem Montag begann dann der Ernst des Berufslebens.

Mein langjähriger Banknachbar war Norbert Gohla. Auch im Internat schliefen wir immer im gleichen Zimmer Bett an Bett. Vielleicht wäre daraus so eine Art Freundschaft fürs Leben geworden, aber nach der Oberschulzeit, seine Familie war in den Westen „abgehauen" und lebte jetzt in der Nähe von Aachen, endete unsere Bekanntschaft. In der ersten Zeit schrieb ich regelmäßig nach drüben, erhielt aber nie eine Antwort.

Zur 50-Jahrfeier unseres Abiturs war auch er einmal in Stadtroda zu Gast und er erzählte mir, dass auch er anfangs immer geschrieben hätte, aber nie eine Antwort auf seinen Brief von mir bekam. Da ich bei der NVA, der Nationalen Volksarmee, war, wo jeglicher Kontakt zum Westen strengstens untersagt war, hatte ich als Absender immer die Adresse meiner Eltern in Jena angegeben, sodass meine Mutter die Briefe wohl erhalten hatte, aber nicht an mich weiterleitete, leider auch nicht bis zu meinem nächsten Besuch aufbewahrte.

Schade.

Erster Berufsversuch – Erlebnis Nationale Volksarmee

Auch jetzt noch, nach vielen Jahren, entsinne ich mich jener seltsamen Gefühle, die mich überfielen, als sich das erste Mal die Kasernentore hinter mir schlossen. Gefühle, als würden sich Gefängnistore schließen. Aber irgendwie hatte die Jugend in mir die Hoffnung offen, dass dies alles nicht für ewig währen würde. Dabei hatte ich mich für zehn Jahre verpflichtet. Damals, als es noch keine allgemeine Wehrpflicht gab und die bewaffneten Organe noch zur „Kasernierten Volkspolizei" gehörten.

Eigentlich hatte ich nicht im entferntesten an eine militärische Laufbahn gedacht, als ich mich mit dem erfolgreichen Abitur an der Universität in Jena für Geografie bewarb. Irgendeine Fachrichtung mit Geo wollte ich auf alle Fälle studieren, aber diese wurden in jenem Jahr nicht immatrikuliert. Ich sollte mich im Jahr darauf erneut bewerben. Und was sollte ich bis dahin tun? Meine Mutter, immerhin Kreisschulinspektorin und demzufolge auch Parteimitglied, riet mir, mich in der FDJ-Kreisleitung vorzustellen. Für ein Jahr irgendeine Tätigkeit hierbei auszuführen, würde sich sicher positiv auf die Studienbewerbung auswirken.

Als ich bei der Kreisleitung vorsprach, war erst niemand kompetent, dann saß da ein Herr in Uniform: „Wie ich höre, interesssieren Sie sich für Kartografie? Bei uns heißt das Topografie. Für den Aufbau unserer Nationalen Volksarmee brauchen wir neue Kader. Sie besuchen erst die A-Kommandeurs-Schule, werden von dort auf die Militärakademie delegiert und studieren dann ihr Wunschstudium und dienen gleichzeitig ihrem sozialistischen Vaterland."

Ein Vierteljahr später zogen mit mir gleichermaßen durch das Tor der A-Kommandeurs-Schule in Naumburg Leute, die eigentlich zur See wollen „... Sie besuchen erst die A-Kommandeurs-Schule und werden dann ..." Andere wollten zum Nachrichtendienst, auch welche zur Raketenabwehrtechnik. Alle trafen wir uns auf der A-Kommandeurs-Schule, der Schule für den „Allgemeinen Truppenoffizier" wie die Infanterie-Offiziersschule in Naumburg genannt wurde.

Da die eigentliche Offiziersausbildung erst nach der Grundausbildung erfolgen konnte, mussten wir uns alle erstmal dieser Grundausbildung unterziehen. Also erst einmal in die Kleiderkammer. Unsere zivilen Sachen wurden unter Verschluss abgegeben, um ja nicht auf dumme Gedanken zu kommen, diese unerlaubt auzuziehen. (Zivile Bekleidung war nur im Urlaub und auch nur mit gesonderter Genehmigung erlaubt!) Dann erhielt man eine Uniform mit Koppel (Gürtel durfte man nicht sagen), dazu ein Käppi als Kopfbedeckung und Stiefel (richtige Botten). Im Schnitt ähnelte die KVP-Uniform der Heeresuniform der Sowjetarmee in der Grundfarbe Khaki. Und dann gab es noch, und das war gänzlich neu: Fußlappen – das Tragen von irgendwelchen Socken oder Strümpfen war untersagt. Dazu noch ein halbes Dutzend Hemdkragen, d. h. weiße Binden in der Größe des Kragens, die dann eingeknotet werden mussten.

Die ersten Stunden verbrachten wir mit Üben, die Fußlappen so um die Füsse zu wickeln, dass sich keine Druckstellen bildeten, die dann zu Blasen an den Füßen geführt hätten. Und im Weiteren wurde täglich beim Morgenapell geprüft, ob die Stiefel schön schwarz geputzt waren und glänzten (was mithilfe von Spucke erreicht wurde) und ob auch ein sauberer Kragen eingeknöpft war. Das heißt: Man musste fast täglich die Kragen waschen – nicht dass das in irgendeinem Waschautomaten erfolgt wäre. Alles Waschen, auch der Unterwäsche, erfolgte mit Hand im gewöhnlichen Handwaschbecken (Waschpulver?). Ach so, als Unterwäsche waren lange Unterhosen Pflicht (auch bei sommerlichen Außentemperaturen!).

Dann bezogen wir unser Quartier, zehn Mann in einer Stube (die Göße einer Gruppe – drei Gruppen ergaben einen Zug – drei Züge ergaben eine Kompanie). Die Betten musste jeder für sich beziehen, was mit Sicherheit bislang auch noch keiner von uns getan hatte. Aber man lernte schnell, dass das Bettenmachen zügig und doch ordentlich erfolgte. Schließlich kontrollierte der Spieß, der diensthabende Feldfebel oder dessen Beauftragter, ob die Betten auch ordentlich gemacht waren, der Spind, das persönliche Nachtschränkchen, ebenfalls ordentlich eingeräumt war.

Kaum hatten wir die Uniform, damals noch der kasernierten Volkspolizei, einigermaßen im Griff, wurde schon zum ersten Apell gerufen: zum Ablegen des Fahneneides. „Ich schwöre, meinem sozialistischen Vaterland, der Deutschen Demokratischen Republik, allzeit treu ergeben zu sein. Dienst- und Staatsgeheimnisse zu wahren und die Gesetze und Weisungen genau einzuhalten." Alle im Chor: „Ja, das schwören wir!" „Ich schwöre, dass ich ohne meine Kräfte zu schonen, auch unter Einsatz meines Lebens, die sozialistische Gesellschaftsordnung, das sozialistische Eigentum, die Rechte und das persönliche Eigentum der Bürger vor verbrecherischen Anschägen schützen werde." Alle im Chor: „Ja, das schwören wir!"

Und dann begann die Grundausbildung, täglich nach Frühsport und Frühstück.

Exerzieren: „Achtung! – In Kollonne angetreten – marsch! – Richt Euch! – Augen gerade aus! – Gewehr auf! – Im Gleichschritt marsch! – Links, zwei, drei, vier …"

„Kompanie Halt! – Stillgestanden! – Gewehr ab! – Rührt euch!"

Und das täglich, manchmal mehrere Stunden hintereinander.

Ein weiterer Höhepunkt der Grundausbildung war die Sturmbahn: ein mehrere Hundert Meter langes Geläuf, mit Kriechen unter einem vielleicht einen halben Meter hohen bzw. niedrigen Gitter, Sprung über einen Graben, balancieren über einen Balken und als Abschluss das Überqueren einer vielleicht so zwei Meter hohen Wand. Ach so und das alles mit Gepäck und Waffe!

Als Waffe beim Exerzieren diente ein Gewehr, ansonsten war es eine Maschinenpistole, wie sie die Rote Armee im Zweiten Weltkrieg angewendet hatte. Und die Schießübungen wurden auch mit der MPi durchgeführt: „Achtung! Zwei kurze Feuerstöße! Feuer!!!"

Kurze Feuerstöße hieß, den Abzugshebel nur kurz zu ziehen, dann flog so ein halbes Dutzend Patronen in Richtung Ziel und wenn man Glück hatte, wurde dieses auch von einer Patrone getroffen! Anschließend musste die Waffe gereinigt werden, bevor sie in der Waffenkammer abgegeben wurde, d.h., die Waffe wurde bis in jedes Einzelteil auseinandergenommen, gereinigt und abschließend geölt!

Weitere Höhepunkte der Grundausbildung waren die Alarme, meistens natürlich nachts. Innerhalb kürzester Zeit musste man aus dem Bett, sich anziehen und marschfertig vor der Kaserne stehen. Als Zeitvorgabe galt für alles zehn Minuten!

Dann begann ein Gepäckmarsch, manchmal bloß so innerhalb des Objektes, manchmal hinaus ins Gelände. Die Offiziersschule befand sich außerhalb der Stadt Naumburg.

Einmal mussten wir auf die andere Seite der Saale. Kurz vor der Brücke der Befehl: „Die Brücke ist gesprengt!" Also mussten wir ins Wasser, Rucksack und MPi mit Händen hoch über den Kopfe haltend den Fluss durchqueren, der an besagter Stelle aber nicht allzu tief war. Und am anderen Ufer hatte man gerade noch Zeit, die Botten auszukippen und schon ging der Marsch weiter.

Dreißig Kilometer waren keine Seltenheit. Machte einer schlapp, mussten sich die anderen um ihn kümmern: erstmal das Gepäck auf andere Genossen verteilen, das Gewehr oder die MPi als Letztes.

Übernachten mussten wir auch manchmal im Freien: im Gepäck eines jeden Genossen war eine Art Zeltplane, die dann als Unterlage oder als Dach diente, wenn man sie zwischen Bäumen befestigen konnte. Isomatten oder Luftmatrazen kannte man gar nicht.

Und das, wie gesagt fast täglich über zehn Wochen lang. Nur der Sonntag war davon ausgenommen, warum aber auch: Ausgang wurde wärend der Grundausbildung nur in Ausnahmefällen erlaubt und Urlaub überhaupt nicht gestattet. Der Sonntag wurde also hauptsächlich dafür genutzt, um Wäsche zu waschen, fehlende Knöpfe anzunähen und andere Missstände zu beseitigen.

Eine Tätigkeit, die auch über die Zeit der Grundausbildung hinaus getan werden musste, war der Stubendienst, d. h. das Reinemachen von Stube und gelegentlich auch dem wesentlich größeren Speisesaal. Eine Besonderheit war dabei: Der Fußboden musste gebohnert werden und der Spieß kontrollierte anschließend, ob auch gründlich geputzt wurde und der Fußboden glänzte. Nach anfänglicher normalen Reinigung, mit Staublappen und Schaufel und Besen, kam das Bohnern: erstmal gleichmäßig das Bohnerwachs auf den Fußboden auftragen und dann mit dem Schrupper bearbeiten, bis das Wachs gleichmäßig verteilt war und letztendlich glänzte. Um dies in dem goßen Speisesaal einigermaßen zu bewerkstelligen – schließlich hatte man auch nicht unendlich viel Zeit für diese Arbeit –, hatten wir die Idee, das Bohnerwachs auf die Kehrichtschaufel zu bringen, dieses anzuzünden und dann konnte man das tropfende Bohnerwachs schön gleichmäßig auf dem Boden verteilen. Natürlich war dieses unerlaubt und sogar gefährlich, denn es kam vor, dass das brennene Bohnerwachs auch brennend heruntertropfte und dann den Fußboden anzündete. Sicherheitshalber hatten wir einen Eimer Wasser daneben stehen, der auch machmal zum Einsatz kam.

Nach diesen zehn Wochen Grundausbildung begann die eigentliche Offiziersausbildung, auch mit dem Fach Topografie. Von unserem Lehrer erfuhr ich dann auch den Weg, der mich zur Topografie führen könnte: drei Jahre Offiziersschule, dann zwei Jahre Kompanie-Führer in irgendeiner Einheit und danach, bei Bewährung, die Delegation zum Studium an die Militärakademie nach Dresden oder gar nach Moskau.

Worauf hatte ich mich da eingelassen!? Hatte ich damit schon den Grundstein für ein bis dahin unvorstellbares Leben geschaffen? Schließlich hatte ich mich für zehn Jahre verpflichten müssen, der Mindestdauer einer Offiierslaufbahn. Aber wie rauskommen aus diesem unvorhergesehenen und ungewollten Weg?

Aber jetzt musste ich erstmal alles, was befohlen wurde, mitmachen! Der Unterricht bezog sich natürlich hauptsächlich auf militärische Probleme. So wurde am Sandkasten gezeigt, wie die einzelnen Gruppen einer Kompanie agieren sollen bzw. müssen, um einen Feind zu attackieren. Mit Feind waren natürlich Soldaten der NATO gemeint. Einzelangriffe wurden dann in der Praxis, d.h. im Gelände, geübt. Jede Menge Zeit wurde der Waffenkunde gewidmet, auch solchen Waffen, die wir nicht in die Hand bekamen.

Und ein Schwerpunkt der Ausbildung war selbstverständlich der Politunterricht, denn wenn das Hirn nicht vom Sieg des Sozialismus überzeugt ist, wird es nie zum Erfolg führen. Und das man dabei auch mal auf andere Gedanken kam, ließ sich kaum vermeiden.

Gedanken eines Schülers während des Unterrichts

Polit – welch scheußliches Gefühl in meiner Brust, weiß Gott, ich hätte zu was bess'rem Lust.
Zwar ist das Wetter nicht grad schön, trotz allem lieber im Regen steh'n als hier auf einem Stuhle sitzen und vor Erschöpfung oftmals schwitzen.
Nicht weil man eben viel gemacht, nein, weil man grad aus dem Schlaf erwacht.
Aus einem Schlaf, der einen schön entführte, sodass man von dem Lehrer vorn nichts spürte.
Gottlob, in fünfzehn Minuten ist es so weit, denn auch beim Nichtstun vergeht die Zeit.
Die Dialektik, so sagt man gerade, hielt mit dem täglich Brot die Waage.
Allein, die Weisheit kann ich nicht erkennen, denn wozu tut man noch nach dem Essen rennen.
Nun ja, ich bin ein fauler Strick und verstehe nichts von der Politik, Schon wieder fünf Minuten rum, das viele Geplapper macht mich noch dumm.
Doch hoff' ich, dass mein Geist nicht verende, denn vorher ist auch die Stunde zu Ende.

Natürlich musste man höllisch aufpassen, dass solche Abwegigkeiten vom Unterricht nicht offensichtlich wurden.

Gegen Ende des Jahres wurde die Offiziersschule von Naumburg nach Plauen verlegt. Dort hatte die Rote Armee ein riesiges Kasernengelände verlassen und wir sollten die Ersten sein, um dieses Objekt für die NVA vorzubereiten und zu beziehen.

Noch waren wir ja Kasernierte Volkspolizei, die Nationale Volksarmee, also NVA, wurde erst im März des folgenden Jahres gegründet.

Nur ein Kasernenkomplex war schon zum Einrichten vorbereitet, mit Schlafsälen für eine ganze Kompanie, also so an die fünfzig Doppelstockbetten in einem Raum! Das restliche Kasernengelände befand sich noch im Zustand, wie es die Rote Armee verlassen hatte. Und das war grausam verwahrlost, dreckig, Fußbodendielen waren für Heizung herausgerissen, Toiletten waren noch voller Unrat. Der Hausmeister, welcher zu Zeiten der Roten Armee hier Dienst hatte, erzählte von Erziehungsmaßnahmen bei Disziplinarverstößen von Soldaten, die an mittelalterliche Foltermethoden erinnerten. Er zeigte uns die Reste einer Arrestzelle, etwa ein Quadratmeter Grundfläche mit Gitter als Bodenbelag, wo von oben sogar noch Wasser getropft sein soll! Ein solcher Disziplinarverstoß war z. B., wenn die Soldaten aus dem Kohlendepot der Kaserne ein paar Stück Briketts entwendeten, um die Unterkunft etwas zu erwärmen.

Noch mal zurück zum Schlafsaal! Was es bedeutet, in einem Raum mit fünfzig Doppelstockbetten und dazwischen je zwei übereinanderstehenden Nachtschränken (sogenannte Spinde) zu schlafen, kann man sich heute kaum vorstellen. Abgesehen davon, dass von den hundert Schlafinsassen immer einer hustet oder schnarcht oder des Nachts mal auf die Toilette gehen muss. Es gab auch hin und wieder Alarm, selbstverständlich mitten in der Nacht, d. h., alle Mann mussten innerhalb kürzester Zeit marschfertig angezogen, das Bett gemacht werden und pünktlich vor dem Objekt in Marschformation stehen.

Am nächsten Morgen kam dann der Spieß (der diensthabende Feldwebel) und kontrollierte, ob die Betten ordentlich gemacht waren. Sonnabendfrüh waren die Kontrollen besonders genau: Da wurde unter der Matratze geprüft, ob nicht eventuell etwas Staub auf dem Matratzengestell zu finden war. Wenn ja bedeutete das, wenn er schlechte Laune hatte, fürs kommende Wochenende keinen Ausgang!

Da bot sich nach einem halben Jahr meiner Armeezugehörigkeit eine gewisse Chance, aus diesem Dilemma einer Zukunft als Allgemeiner Truppenkommandeur herauszukommem.

Die neu aufzubauenden Luftstreitkräfte, noch als Fliegerclub bezeichnet, sollten bevorzugt aufgebaut werden. Es wurden militärisch vorgebildete Kader gesucht, d. h. Offiziersschüler mit abgeschlossener Grundausbildung, für einen dritten Pilotenlehrgang bzw. einen ersten Lehrgang für Navigationsoffiziere. Mit verkürzter Ausbildungszeit von zwei Jahren. Navigation – bedeutet das nicht auch Arbeit mit topografischen Karten? Also bewarb ich mich. Überstand die unendlich langwierigen und sorgfältigen medizinischen Voruntersuchungen, die eine Voraussetzung für eine fliegerische Tätigkeit waren.

Im Frühjahr 1956 begann dann in Kamenz das Navigationsstudium. Meteorologie und Kartenkunde wurden Lieblingsfächer. Es waren Gleichgesinnte dabei, mit denen man sich auch außerdienstlich befreundete. Man gewöhnte sich nicht nur an die militärischen Dienste, sondern fand langsam Gefallen am Leben inmitten der Fliegerei. Na gut, es gab natürlich auch rein militärische Ausbildungs-Tätigkeiten wie Nachtalarme oder Wachestehen. Doch bei den Ausmärschen, die wesentlich kürzer als bei der Infanterie waren, fuhren LKWs mit, die die Genossen aufsammelten, so diese Schwierigkeiten beim Laufen hatten. Auf Notübernachtungen im Freien wurde gänzlich verzichtet, auf das sich keiner irgenwelche gesundheitlichen Schäden zuziehen könnte.

Ich arbeitete in der Kulturkommission des Objektes mit, betätigte mich an Kulturwettbewerben, erwarb sogar mal einen zweiten Preis mit dem Vorspielen einer Beethoven-Sonate.

Ehrenurkunde

Beim

II. Kultur- und Sportfest

der Luftstreitkräfte und Luftverteidigung vom
30. August bis 1. September 1957 belegte

als Instrumentalsolist
die Gen.-Offz.-Sch. Parschardt u. Rommel
im Solistenausscheid

den **2.** Platz

Stellvertreter des Ministers für Nationale Verteidigung
und
Chef der Luftstreitkräfte und Luftverteidigung

(Keßler)
Generalmajor

(LS/20) LR, HG 041 4930

Sonntagsausflug nach Dresden

Mit als gößtes Erfolgserlebnis empfandem wir, wenn sich das gesatme Objekt nach unserer individuellen Wettervorhersage orientierte. Wir waren zu dritt, alle mit Abitur, die wir zusammen das im Unterrichtsfach Meteorologie Gelernte diskutierten und in der Praxis auch anwendeten. Ließen wir in unserem Zimmer die Fenster offen stehen, auch wenn der offizielle Wetterbericht Regen und Wind vorhersagte, sah man allenthalben offene Fenster. Und anders herum war es ebenso. So wurde uns die Arbeit mit sogenannten Synoptischen Karten vertraut gemacht. Zur damaligen Zeit wurden mehrmals täglich von allen Wetterstationen die aktuellen Daten in einem Fünfer-Zahlenblock in die Welt hinaus gemorst. Jede Ziffer entsprach dabei einem Wettercharakteristikum, wie Temperatur, Luftdruck und Druckänderung, Windrichtung und Bewölkung. Wir lernten dadurch auch Morsen, konnten teilweise die gesendeten Zahlenblöcke auch lesen (so an die 500 Zeichen pro Minute). Dann erarbeiteten wir die dazugehörige Wetterkarte und konnten uns dadurch ein persönliches Bild für die Wettervorhersage machen. Durch die ständige Diskussion über meteorologischen Erscheinungen kannten wir uns im Wetter von Kamenz hundertprozentig aus. Ließ sich im schönsten Morgensonnenschein eine bestimmte Wolkenform blicken (Cumuli-castellati), wussten wir auf die Stunde genau, wann das Gewitter zu erwarten war.

Schöne Zeiten in Kamenz!? Es gab aber auch andere unangenehme Ereignisse während der Kamenzer Zeit. So bestand unser Leben nicht ausschließlich darin, Unterict als Offiziersschüler zu haben. Es gab auch, wie schon erwähnt, Alarme, wenn auch äußerst selten. Auch wurden wir zum Wachdienst des Objektes hinzugezogen. Das war zwar im Allgemeinen auch nicht weiter tragisch, wenn auch meist äußerst langweilig, vor allem in der zweiten Nachthälfte. Besonders unmangnehm war es, wenn wir außerhalb unseres Objektes Wachdienst machen mussten, wie manchmal auf dem Armee-Flughafen in Cottbus, wo sich die Zentrale der Lufstreitkräfte befand.

Die Objektwache

Für das kommende Wochenende hat man 'ne ganz besondere Spende:
Man wird nicht gerne übersehen, drum muss ich diesmal Wache
stehen.

Schon vorher hat man sich unentwegt den besten Posten ausgewählt.
Und so hab ich mir dann gedacht: Ich steh' 'nen Posten für die Nacht.
so hat man den nächsten Tag frei, was dann fürs Schlafen nützlich sei.

So zog ich dann auf Posten auf, auf einen Turm ganz hoch hinauf, von
dem man, ist das Wetter schön, die ganze Landschaft kann übersehn.

So muss man wachen stundenlang. Doch manchmal wird das Herze
bang, weil man zu der Erkenntnis kam und sich 'ne Zigarette nahm.

Dies durfte zwar keiner entdecken! Weshalb man sie stets tat ver-
stecken.

Allein wir lassen uns nicht erschüttern und uns das Leben nicht
verbittern.

So raucht man auf dem Hochstand heut' mit herrlicher Zufriedenheit.

Ganz nebenbei, das hätt' ich fast vergessen, kann man auch mal
etwas essen.

War dann noch schöner Mondschein da, sodass man etwas besser
sah, so konnte man, um nicht zu dösen, in einem guten Buche lesen.

So nebenbei, wie sich's auch frommt, guckt man mal nach, ob einer kommt.

Und denkst du auch einmal daran, dass auch mal was passieren
kann, so kommt auch schon mit großem Schwung die Leiter rauf
die Ablösung.

Und hast du zweimal dann gewacht, so endet schon dein Dienst
zur Nacht.

Und Stolz erwacht in deiner Brust bist du dir deiner Tat bewusst:
dass du mit deiner eignen Hand verteidigt hast dein Vaterland.

Am nächsten Tag, so denkst du dann mitnichten, erfüllst du wieder deine Pflichten, wobei du dich erst einmal Schlafen legst und
stundenlang dich nicht bewegst, um dann bereit zu sein, ganz ak-
kurat, zur nächsten Patriotentat.

Wie gesagt waren die Wache-Einsätze im Allgemeinen nicht weiter tragisch außer im Oktober 1956. In Ungarn hatte ein Volksaufstand stattgefunden, wo Studenten eine umfassende Demokratisierung forderten und den Abzug der sowjetischen Besatzungstruppen. Dieser Aufstand wurde durch die Armeen des Warschauer Paktes niedergeschlagen und bedeutete für uns Armeeangehörige erhöhte Alarmbereitschaft. Im Politunterricht wurde verstärkt auf den aggressiven westdeutschen Imperialismus hingewiesen, der auch in der DDR für Aufruhr sorgen könnte. Wir wurden zur besonderen Vorsicht während der Wache aufgefordert. Ich weiß noch, dass ich beim Kontrollgang um den Hangar überraschend auf einen anderen Posten stieß, der die Tour in entgegengesetzter Richtung vollzog und ich diesen Genossen beinahe für einen Klassenfeind gehalten hätte.

Einmal im Winter, bei viel Neuschnee und eisiger Kälte, hatte ich Wachdienst auf dem Flugplatz, direkt am Hangar. Die Genossen, die auf dem Flugplatzgelände Streifendienst hatten, vertrieben sich die Zeit teilweise damit, dass sie Jagd auf Hasen machten (die erkannte Bewegung im Gelände könnte ja auch ein heranschleichender Klassenfeind gewesen sein!).

Direkt am Hangar kamen keine Hasen vorbei, also betätigte ich mich diesmal mit dem Bau eines Schnee-Iglus. Der Schnee war herrlich fest und ließ sich bestens mithilfe des Bajonetts in größere Platten ausstechen – schließlich hatte ich vier Stunden Zeit. Das Iglu war fast fertig, ich musste nur noch im Inneren etwas ausbessern, da kam der OvD (Offizier vom Dienst) beim Kontrollgang vorbei, von mir unbemerkt! Das war natürlich fast ein Staatsverbrechen: Was hätte nicht alles passieren können, wenn statt des OvD ein Klassenfeind sich dem Flugzeug-Hangar genähert hätte? Als Strafe wurde ich sogar für einen Tag in eine Arrestzelle eingesperrt, und das natürlich zum Wochenende, sodass ich auch keinen Ausgang genießen konnte.

Bei unseren wöchentlichen Ausgängen ging man gemeinsam in die Gaststätte. Zu besonderen Anlässen wurde dann „Toter Mann" gespielt: ein Würfelspiel mit tödlichem, d. h. mit mehr oder weniger trunkenem Ergebnis. Es wurde mit zwei Würfeln gespielt, jeweils einmal würfeln. Erwürfelte man ein Sechserpaar, erhielt man einen Preis: erst eine Zigarette, dann eine Zigarre, dann einen Schnaps und dann musste man ein Glas Bier austrinken, bevor der nächste ein Sechserpaar würfelte, sonst musste man die Runde bezahlen. Wie das Ergebnis dieses Wettbewerbs aussah, kann man sich leicht vorstellen, obgleich es manchmal eine ganze Weile dauerte, bis die Runde zu Ende ging. Aber solche gemeinsamen Gaststättenausflüge führten auch zu bessseren Kontakten und besserem Verständnis untereinander.

Überdies hatten wir zwischenzeitlich neue Ausgangsuniformen erhalten, die an alt-deutsche Uniformen für Flieger erinnerte. Voller Stolz konnte man sich in dieser Uniform in der Öffentlichkeit sehen lassen, auch im Urlaub.

So nahm mich mein Vater sogar mal auf ein Brigadeversammlung seiner Fahrbereitschaft mit. Hier erinnere ich mich noch, dass ich recht verwundert war, wie die Kollegen ihre Unzufriedenheit über die Schwierigkeiten bei der Versorgung des täglichen Bedarfs äußerten. Wir bei der Armee kannten solche Sorgen nicht – und wir als Offiziersschüler der Fliegerei natürlich erst recht nicht, gehörten wir doch auch zum fliegenden Personal, was bedeutete, dass uns Sonderverpflegung zustand, z. B. mit zweitem Frühstück.

Und in dieser neuen Ausgangsuniform machten wir natürlich auch bei den Mädels positiven Eindruck, wenn wir Sonnabend oder Sonntagabend zum Tanz ins Städtchen gingen. Kamenz war seit jeher Garnisionsstadt und damit war es Tradition, dass sich viele junge Mädels den Armeeangehörigen für eine Liebschaft zur Verfügung stellten. Von manchen Mädels hatte man den Eindruck, dass sie bewusst ihre Liebesbereitschaft so lange verzögerten, bis die Ausgangszeit, im Allgemeinen Mitternacht, überschritten war. Was zur Folge hatte, dass eine Bestrafung erfolgte. Einmal war ich in so eine Lage gekommen, schaute dann aber auf meine Armbanduhr und sagte dann, dass mir alles Weitere leidtäte, ich müsse pünktlich ins Objekt zurück.

Ein besonderes Erlebnis hatte ich mit einem etwas abartigen Genossen, ein etwas langer, fast dürrer Körperbau und über alle Maßen schüchtern. So beteiligte er sich nie an irgenwelchen sonntäglichen Ausflügen. Bis auf einmal. Und da muss er an eine besonders beeindruckende Frau gekommen sein, jedenfalls wurde er sexsüchtig. Völlig entkräftet kam er ins Objekt zurück. Irgendwann dann überhaupt nicht mehr, d.h. nicht nur Ausgangsüberschreitung, sondern so eine Art Fahnenflucht, und das war strafbar. Er musste mit Gewalt ins Objekt zurückgeführt werden. Da ich gerade Bereitschaftsdienst beim OvD hatte wurde ich mit dieser Aufgabe betreut. Ich erhielt sogar eine Pistole, die als Schreckmittel benutzt werden sollte. Aber was sollte ich mit der Pistole anfangen, als ich in der Wohnung der Frau ihm gegenüberstand und er sich weigerte, mitzukommen. Wie die Sache ausging, weiß ich nicht mehr. Aber das Gefühl, mit einer Waffe in der Hand einen anderen Menschen zu bedrohen, ist hängen geblieben.

Dann wurde in Dessau, auf dem ehemaligen Gelände der Junkerwerke, die Transportfliegerschule eröffnet. Das Werksgelände war zwar weitgehends durch den Krieg zerstört, aber die Verwaltungsgebäude waren erhalten bzw. wiederhergestellt worden. Unsere Navigationsschule wurde dorthin verlegt. Aus einer Jagdfliegerei mit Fallschirmausbildung wurde nichts. Wir hatten nur das sorgfältige Zusammenlegen eines Fallschirms üben dürfen und in Praxis mit Schirm vom Dreimeterturm springen können.

Unsere fliegerische Ausbildung wurde auf die Maschine mit zwei Propellern, die IL14, verlegt, die als Transporflugzeug deklariert war. Der Unterschied zum zivilen Flugzeug des Typs IL14, wie sie von der Interflug verwendet wurde, bestand darin, dass die Inneneinrichtung der Kabine fehlte: Es standen nur ein paar Notsitze zur Verfügung und die Dämmung nach außen war auch entsprechend dürftiger! Aber für uns war wichtig, dass wir mit dieser Maschine unsere fliegerische Ausbildung begannen. Als Ausbilder standen uns sowjetische Offiziere zur Verfügung, die ihre Anweisungen selbstredend in Russisch erteilten, was uns aber nicht weiter störte. Außerdem flogen sie nur selten mit.

Was für ein herrliches Gefühl, über unser Land zu fliegen. Meist flogen wir Rundflüge im Umkreis von zehn/zwanzig

Kilometer um unseren Flugplatz herum. Als Flughöhe galt meist eintausend Metern Höhe und so konnten wir viele Einzelheiten der Landschaft gut erkennen. Als hätte ich schon jahrelang Erfahrungen in der Orientierung aus der Luft, korrespondierte alles auf der Karte mit dem Erscheinungsbild weit unter mir. Es war mir unverständlich, wie manche Mitschüler und auch erfahrene Piloten manchmal einen Fluss mit einer Straße verwechseln konnten. Bei so einer Verwechslung hat dann auch mal der mittlere Schornstein des Kraftwerkes Vockerode dran glauben müssen, leider auch mit Flugzeug und Insassen. Seitdem stehen nur noch zwei Schornsteine an der Anlage.

Solch eine Verwechslung war bei schlechter Sicht schon mal möglich, führte der Landeanflug doch meistens über die Stadt und dann zwischen zwei hohen Schornsteinen hindurch, jenem vom Zementwerk und dem von der Hefefabrik. Für mich auch ein besonderes Erlebnis, als wir bei plötzlich auftretendem Gewitter, d. h. plötzlich auftretenden dichten Wolken, links unmitelbar unter der Tragfläche eine solche Esse erkannten.

Dann gab es auch sogenannte Fernflüge und dies ebenfall nach Sichtorientierung. Während also andere Mitschüler verzweifelt auf der Karte nach irgendwelchen Punkten zur Orientierung absuchten, begeisterte ich mich an Sehenwürdigkeiten, die mir natürlich auch schon zum Teil vom Boden her bekannt waren. Da war das IGA-Gelände in Erfurt, wo wir die Kehre machen mussten, um nicht zu weit nach Westen in die Nähe der innerdeutschen Grenze zu gelangen. Dann die Leuchtenburg bei Jena, meinem Heimatort. Einmal erkannten wir über dem Bodennebel den Fichtelberg und den Keilberg im Erzgebirge. Unvergessen auch der Überflug über Dresden und Moritzburg.

Nach einigen Flügen mit Sichtorientierung wurden wir auch auf sogenannten Blindflug vorbereitet: Im Land standen z. B. in Zerbst Funkfeuer, die angepeilt wurden, und dann musste man mit Rechenschieber und Maßstab die Position bestimmen und wir als Navigatoren dann dem Piloten die einzunehmende Flugrichtung angeben. Ja, die Fliegerei konnte einen schon begeistern.

Wachdienst auf dem Flugplatz
(streng vertrauliches Foto)

Als Unterleutnant der Luftstreitkräfte

Nebenbei war ich Mitglied eines Betriebschores außerhalb unseres Objekte und leitete selbst einen kleinen, selber organisierten Objektchor. Einmal durften wir sogar am Wettstreit aller Chöre der Luftstreitkräfte teilnehmen: Wir belegten den 32. Platz bei 32 Teilnehmern! Doch das war nicht allein auf die Qualität des Gesanges zurückzuführen. Man hatte uns von der Objektleitung keinerlei Unterstützung gewährt, keine zusätzlichen Proben ermöglicht oder Ähnliches. Auch hatte man sich inhaltlich nicht mit uns beraten, sodass ich mit meinem Repertoire von deutschen und russischen Volksliedern so gänzlich vom allgemein vorgetragenen Arbeiter- und Kampfliederprogramm abwich. Ich entsinne mich noch der entrüsteten Blicke der Jury, als unser Ansager mit einer leichten Andeutung zur Eingangstür ansagte: „Sehen Sie, da kommt er schon: der Jäger aus Kurpfalz!" Viel Anerkennung brachte mir diese Chorarbeit also nicht ein.

Und so vergrämte mich solches immer mehr gegen die doch so hochtrabend sprechenden Parteigenossen. Da wurde in einer Parteiversammlung von verstärkter Kulturarbeit gesprochen: „Kultur als steigendes Bedürfnis der Arbeiterklasse." Zwei Skatabende wurden organisiert, genau an jenen Abenden, an denen wir Chroprobe hatten.

Überall wurden die Parteigenossen als Vorbild hingestellt – und kamen beispielsweise betrunken vom Ausgang zurück, belästigten die, die schon im Bett ruhten. Da wurde Unterwäsche rumgezeigt – Souveniers von leichten Mädchen, mit denen man sich in Kneipen herumgedrückt hatte. Und am nächsten Tag wurden wieder Phrasen über die gute Moral der Genossen gedroschen.

Als ein besonderes Erlebnis fand ich, wie mit den neuen Rekruten umgegangen wurde. Wir als zukünftige Offiziere wurden zu der Grundausbildung dieser Leute auch hin und wieder hinzugezogen. Und die in der Kaserne übliche strenge Disziplin wurde von diesen Neuankömmlingen auch nur schwer begriffen. Einmal wurde die Nachtruhe nicht ordnungsgemäß eingehalten, auch nach mehrmaliger Aufforderung nicht. Kurz entschlossen rief der OvD für diese Leute einen Alarm aus, scheuchte sie auf den Hof und ließ sie exerzieren. Wir mussten aufpassen, dass alle ordentlich mitmachten. „Im Laufschritt, marsch!!!" Dann der Befehl: „Hinlegen! Kriechen!" Ich weiß noch, das das Gelände feucht war, vor Kurzem hatte es geregnet. Dann musste im Entengang eine Strecke zurückgelegt werden. Und weil das nicht bei allen ordentlich funktionierte, das Ganze noch einmal von vorn. So ein Drill war doch alles andere als für Soldaten einer sozialistischen Armee angebracht.

Gesunder Lebenswandel wurde allenthalben betont und die Notwendigkeit von Frühsport beispielsweise. Früh kamen aber gerade die Parteigenossen nicht aus den Federn. Und das nicht nur nach nächtlichen Gelagen. Und da diese Genossen als Vorbild hingestellt wurden, blieben die Parteilosen natürlich erst recht in den Betten. Pünktlich zur festgesetzten Zeit stand ich zum Frühsport bereit, meist alleine, und versuchte mich ein wenig in Gymnastik und Laufen.

Zum Sportfest war ich der Einzige, der einschritt, als ein höherer Offiier betrunken die Inneneinrichtung der Sportgaststätte demolierte. Alle anderen ergötzten sich trunken, dass mal etwas Außergewöhnliches passierte (Soldaten war der Zutritt in die Gaststätte verboten). Mir aber ging es gegen den Strich, dass die Bevölkerung sagte: „Die Flieger saufen und randalieren!" Wenige Wochen später wurde ich zum Politoffizier des Objektes gerufen:

„Gen. Pa., solche Genossen wie Sie brauchen wir. Sie sind ein parteiloser Jungkommunist. Ich bitte Sie deshalb, wenn wir demnächst eine zentrale Parteikonferenz abhalten, einen Vortrag zu halten über das Thema ,Was erwarte ich von den Genossen meines Zuges'." Vierzehn Tage später wurde mir mitgeteilt, dass ich in die Reserve versetzt werde, sofort aus dem Dienst aussteigen und bis auf Weiteres in ein separates Quartier umziehen müsse.

Mit mir waren noch einige andere Mitschüler, die einer solchen Säuberungsaktion zum Opfer fielen, vor allem solche, wo Familienangehörige die Republik verlassen hatten. Für Achim, einen recht guten Bekannten von mir, auch Mitglied meines Chores, brach die Welt zusammmen. Er hatte sich vor vielen Jahren schon von seinem Bruder getrennt. Beide hatten eine zu unterschiedliche, vor allem politische, Meinung. So wusste Achim kaum, wo sich sein Bruder aufhielt. Nun war dieser republikflüchtig geworden. Achim wurde in die Reserve versetzt und er war nicht nur ein überzeugter Flieger, sondern einer der überzeugtesten Parteigenossen, die stets für Humaniatät und Gerechtigkeit des sozialistischen Staates eintraten. Er konnte die Welt nicht mehr verstehen.

Die Zeit zwischen Schulungsende und Entlassung gehört wohl zu den eigenartigsten Situationen meines Lebens. Anfangs mussten wir noch im Objekt übernachten. Natürlich irgnorierten wir jede Form einer Dienstvorschrift. Bei Alarm blieben wir erst recht in den Betten liegen – wir waren ja vom Dienst ausgeschlossen. Früh ging ich aus dem Objekt, zivile Sachen unter dem Uniformmantel an. In einem Betriebsclubhaus, dort, wo ich den Betriebschor besuchte, ließ ich den Armeemantel hängen und ging – in eine 12. Klasse einer Oberschule in Dessau. Mit Genehmigung des dortigen Direktor sogar. Schließlich wollte ich im zivilen Sektor endlich ein Studium aufnehmen und da wollte ich durch diesen Besuch meine Oberschulkenntnisse wieder etwas auffrischen.

Als das Gegammel unseres Haufens innerhalb des militärischen Objekte offenbar zu sehr auffiel, schickte man uns zum neuen Jahr alle auf unbestimmte Zeit in Urlaub – bei vollem Sold, versteht sich. Natürlich wurde nur der Dienstgrad bezahlt, doch der wurde im Laufe des Urlaubs auf Unterleutnant erhöht, seinerzeit der unterste Offiziersrang.

Im Heimatort mussten wir ständig mit dem Wehrkreiskommando in Verbindung bleiben. Dort war man über unseren Zustand natürlich etwas verwundert: ein Ofiziersschüler der Reserve, aber in Urlaub? Ich erläuterte in etwa meine Entlassungsgründe, jedenfalls wie ich sie vermutete. Und das wirkte erst recht unglaubwürdig. Man versprach mir aber jede Unterstützung bei der Studienbewerbung und empfahl mir sogar ein Medizinstudium. Doch mein Bekanntenkreis, mit dem ich einen großen Teil meines Wehrdienstsoldes umsetzte, studierte Physik, und das war nach dem Abitur auch schon in Erwägung gezogen gewesen. Aber bis zum Studienbeginn war ja noch über ein halbes Jahr Zeit.

DEUTSCHE DEMOKRATISCHE REPUBLIK

NATIONALE VOLKSARMEE

ZEUGNIS

Offz.-Schüler _Parschat_, Jürgen

hat vom _1. Jan. 1956_ bis _12. Dez._

an einem Lehrgang der _Transportflieger –_ Schule

für _Steuerleute_ teilgenommen

und diesen mit _gut_ bestanden.

Kommandeur der Schule

Major

Vorsitzender
der Zentralen Prüfungskommission

Obstltn.

Anfangs gammelte ich zu Hause weiter herum, d. h., ich tat keinerlei Nützliches. Meine Schwester äußerte sich dann auch mal diesbezüglich, wie sinnlos ich meine Zeit vertun würde, nicht mal im Haushalt würde ich der Oma helfen. Mein Vater, Sachbearbeiter im Glaswerk Schott, empfahl mir, im dortigen „Gasgenerator" als Heizer zu arbeiten. Warum er mir diese Tätigkeit empfahl, ist mir nicht bekannt, denn diese Arbeit entsprach eher einer Sklavenarbeitsstelle, die mit dem Kohlenbunker auf alten Dampfschiffen zu vergleichen war. Aber wahrscheinlich wurde für solche Tätigkeit dringend eine Arbeitskraft gesucht.

Ich begann dort also im Vierschichtbetrieb zu arbeiten, also gegenüber einem Dreischichtbetrieb begann die Arbeitszeit immer zur gleichen Uhrzeit, wie man am Tage vorher aufgehört hatte. Dazwischen waren somit 24 Stunden Pause, dafür aber ohne Änderung zum Wochenende.

Doch nach nach dem Motto „Was dich nicht tötet, härtet ab" gewöhnte ich mich an diesen eigenartigen Schichtbetrieb. Als Erstes, noch vor dem eigentlichen Schichtbeginn, musste dafür gesorgt werden, dass genügend Kohle, unsere Braunkohle der besonderen Qualität, bereitlag, d. h. unmittelbar vor den Öfen. Dann musste ständig der Ofen gefüllt werden, wie man das aus Filmen von alten Dampfschiffen her kannte. Der Druck im Gasgenerator musste stetig geprüft werden, um gegebenenfalls nachzulegen oder zu drosseln. Diese Prüfung wurde im Protokoll festgehalten. Ein Arbeitskollege, der des Schreibens unkundig war, malte dabei die Zeigerstellung auf. Spätestens zum Schichtende musste der Rost von der Asche befreit werden, um die teils noch glühende Asche mit einem Schubkarren hinaus auf eine Art Halde zu befördern. Übermäßiges Schwitzen und Trinken waren also selbstverständlich. Und das anschließende Reinigen, also im Wesentlichen Duschen, erforderte auch noch viel Zeit, sodass die eigentliche Schicht-Arbeitszeit über neun Sunden betrug.

Und doch war ich durch diese Arbeit nicht zu erschöpft, dass ich den Rest des Tages zur Ruhe gebraucht hätte. So lange noch Winter war, unternahm ich mit neuen Bekannten Skiausflüge in den Thüringer Wald, die Fahrkarten wurden von mir bezahlt, was bei den damaligen Bahnpreisen (nicht mal zehn Mark als Fahrkosten) für mich also kein Vermögen bedeutete.

Dann, im Frühjahr, unternahm ich ausgiebige Radtouren, alleine, die mich bis an die Saaletalsperren führten. Und, so ich einen freien Nachmittag oder Abend hatte, verbachte ich die Zeit mit Bekannten, teils ehemaligen Schulkameraden, eben auch solchen, die Physik studierten. Und in diesem Freizeitleben ging ich weiter recht großzügig mit meinem Geld um. Schließlich hatte ich zwei Einkommen. Ich weiß noch, wie ich mehrmals einen Fünfzigmarkschein zur Verfügung stellte, den wir dann unbekannten weiblichen Personen als Geschenk anboten. Aber wir sind nicht einen einzigen losgeworden. Wer weiß, was die Damen für einen bösartigen Hinterhalt vermuteten. Und zur Gartenfete sorgte auch mein Geld für die notwendige Trinkerei. Eigenartigerweise habe ich kaum einen Pfennig für etwas Sinnvolles ausgegeben. Doch halt, eine lederne Aktentasche blieb die einzige Ausnahme. Wie viel ich bei meinen Eltern zum Haushaltsgeld beigetragen habe, weiß ich nicht mehr. Aber viel wird es nicht gewesen sein.

In der Zwischenzeit waren wir Urlauber zum Offizier der Reserve befördert worden. Als dies der Kaderleiter von Schott mitbekam, schließlich mussten solche kaderpolitischen Veränderungen gemeldet werden, war dieser äußerst erstaunt. Als Offizier sah er es unter der Würde an, mit den doch etwas primitiven Kollegen am Generator zu arbeiten, und bot mir an, mit sofortiger Wirkung in die Verwaltung zu wechseln, was ich aber ablehnte. Im Übrigen war es ihm egal, ob ich noch irgendwelchen Sold erhielt. Es blieb bei dem regulären Lohn.

Einmal wurde ich in der Stadt mit Leuten bekannt, die Unterschriften gegen das neu im Angebot befindliche „echte" Kriegsspielzeug sammelten. Zur Erinnerung: Nach dem Krieg hieß es: „Niemals mehr eine Waffe in die Hand. Auf dass keine Mutter mehr ihren Sohn beweint". Später kam dann, als sich die Spielzeugindustrie etwas erholte, auch erstes harmloses Kriegsspielzeug in die Geschäfte, also Gewehratrappen oder Fahrzeuge, die der Farbe nach wie Armeefahrzeuge aussahen. Dann brachte der Westen Spielzeug heraus, das richtig schießen konnte. Und wir mussten dem natürlich gleichtun, wobei vorausgesetzt wurde, dass den Kinder schon der Unterschied zwischen den aggressiven NATO-Soldaten und den zur Verteidigung des solzialistischen Vaterlandes bereiten Soldaten bewusst war. Und gegen dieses der Realität mehr entsprechende Kriegsspielzeug für unsere

Kinder wurde durch Unterschriftsammlung protestiert. Und ich beteiligte mich an dieser Unterschriftsaktion! Aber bei meinem nächsten Besuch im Wehrkreiskommmando, wo man recht positiv auf meinen Arbeitseinsatz bei Schott reagiert hatte, empfahl man mir, noch überaus freundlich, schleunigst diese in der Öffentlichkeit durchgeführte Unterschriftsammlung abzubrechen, wenn ich nicht meine Chanse auf ein Studium vertun wollte.

Und dann kam, nach fünf Monaten Urlaub, der Entlassungsbescheid und dabei lag eine Abschlussbeurteilung über meinen Wehrdienst, welcher etwa folgenden Inhalt hatte:

„Gen.Pa. zeigt starke Oberschulmanieren, drückt sich vor schwerer Arbeit, leistet keinerlei gesellschaftliche Tätigkeit, nur einen Chor hat er aufgebaut. Es wird empfohlen, ihn vor Beginn eines Studium noch ein Jahr in die Produktion zu schicken."

Das wäre das erneute Ende eines Studienbeginns gewesen. Hatte ich doch sowieso schon drei Jahre durch die Armeezeit verloren.

Doch zum Glück war die Beurteilung derart widersprüchlich abgefasst worden und widerspiegelte trotzdem einiges von dem, was ich selber schon dem Wehrkreiskommando erzählt hatte. Vor allem die Schlussfolgerung, dass ich keinerlei gesellschaftliche Arbeit leisten würde, lediglich einen Chor aufgebaut hätte, zeigte, dass die Beurteilung inhaltlich unlogisch war. Wie oft wurde als überaus positiv gewertet, wenn man nur MItglied in einem Chor war. Und meine Drückebergerei vor schwerer Arbeit konnte, dank der Empfehlung meines Vater, als ad absurdum geführt werden. So endete meine aktive Armee-Laufbahn dann doch ohne negative Auswirkungen auf mein weiteres Leben, wenn man einmal von den drei vertanen Jahren absieht.

Doch bis zum Studienbeginn war ja noch viel Zeit, Zeit, mich von der harten Arbeit am Gasgenerator zu erlolen.

Im Juni nahm mich meine Mutter als Begleitperson mit für ihre Schülerreise. Sie hatte für ihre zehnte Klasse in Schmilka ein Massenquartier organisiert, in der Streckerbaude, wo wir auf einfachem Strohmatten übernnachten konnten. Natürlich Jungen und Mädels getrennt. Wie das Essen organisiert war, weiß ich nicht mehr. Ich war für die Wanderungen zuständig und die führten uns auf durchaus interessante Pfade durch die Felsenwelt der Sächischen Schweiz.

Irgendwie muss mein Ferieneinsatz für Schüler offiziell gewertet worden sein, wahrscheinlich hatte Muttter mich als offiziellen Reisebegleiter gemeldet. So wurde ich von der FDJ-Kreisleitung auch für Einsätze außerhalb meiner Mutter eingesetzt. Ein Jahr wurde ich als offizielle Begleitperson für das private Ferienlager einer achten Klasse eingeladen. Der Klassenlehrer war wohl in den Augen der FDJ-Leitung als nicht hundertpozent vertrauensvoll eingeschätzt gewesen. Ich sollte jedenfalls darauf achten, dass alles mit rechten Dingen zugeht, d. h. auch im Sinne von Partei und Regierung.

Die Fahrt ging an einen kleineren See in der Schleizer Seenlandschaft. Das Zeltlager war etwas leger aufgebaut (da nur Jungen dabei waren, brauchte man sich um getrennte Schlafmöglichkeiten nicht zu kümmern). Der Tag begann dann nicht mit einem Morgenapell, wie sonst bei den Pionier-Lagern üblich, sondern wir begannen mit einem kurzen Badevergnügen für diejenigen, die mitmachen wollten. Die anderen bereiteten das Frühstück vor.

Tagsüber ging es in die umliegende Natur, wo Pflanzen bestimmt wurden und Pilze gesammelt, die dann zu Abendbrot verspeist wurden. Das Brot zum Abendessen wurde manuell geschnitten, wobei ich mich hervorragend bewährte. Zwischendrin wurde auch mal ins Wasser gegangen, der Steg dazu wurde von Mal zu Mal von den Schülern gebastelt – man lernte dabei, mit Axt und Säge umzugehen. Abends wurden bei Lagerfeuer Volkslieder gesungen (der Lehrer konnte Gitarre spielen), und zur späten Abendstunde wurden die Sterne beobachtet, wobei ich natürlich auch einen guten Beitrag dazu leisten konnte. Mir gefiel diese lockere und naturnahe Lagerart – wie ich dieses Lagerleben dann den Verantwortlichen berichtet habe, weiß ich nicht mehr.

Dann kam der Tag der Immatrikulation und damit begann für mich erneut ein völlig neuer Lebensabschnitt.

Auf dem Weg zum Wissenschaftler

Schließlich studierte ich Physik, im Prinzip, weil meine Freunde, ehemalige Schulkameraden, auch dieses Fach studierten. Im Sommer fuhr ich sogar mit ihnen gemeinsam zu einem Ferieneinsatz nach Dresden, wo wir im Pumpspeicherwerk Niederwartha Erdungskabel vergraben mussten.

Also begann ich das Studium für Physik und bin mir bis heute nicht im Klaren, ob ich das nun bereuen sollte oder nicht. Jedenfalls war ich zu Ende des ersten Studienjahres überzeugt, dass ich das Studium niemals erfolgreich beenden werde. Ein Freund sagte damals: „Wenn wir diese ersten Prüfungen bestehen, schaffen wir auch das Diplom." Der Freund behielt recht, wenngleich auch oftmals Zweifel daran aufkommen konnten.

Bereits eine der ersten Prüfungen begründete mit meine Zweifel. Da war eine Prüfung in Chemie und in den Praktika dazu hatte ich echte Schwierigkeiten und in organischer Chemie blickte ich überhaupt nicht durch. Und jetzt gab es eine mündliche Prüfung. Wir waren drei Mann, die gleichzeitig geprüft wurden, ich saß an dritter Stelle. Die erste Frage ging an den ersten Prüfling. War der fertig, muste der zweite ergänzen. Dann kam der dritte dran, also ich: „Haben Sie noch was zu ergänzen?" Hatte ich natürlich nicht, ich hätte nicht mal einen Teil des ersten Prüflings erzählen können.

Jetzt kam die zweite Frage, wieder an den ersten Prüfling, der zweite wusste noch was zur Ergänzung. Und bei mir fehlten natürlich ebenfalls irgendwelche Ergänzungen. Und so ging das fast eine Stunde lang und dann kam die Einschätzung des Prüfers: „Und nun zu Ihnen. Von Ihnen habe ich ja noch gar nichts gehört. Ich gebe Ihnen die Chance, noch eine Zusatzfrage zu beantworten." Na, die kriegte ich gerade noch so mit Ach und Krach hin, sodass ich wenigstens mit einer befriedigten Note den Raum verlassen konnte.

Überdies hatte unser Mathematik-Professor – Mathematik war ein Hauptfach unseres Studiums – die Universität verlassen.

Er war Professor in Göttingen, also Gastdozent in Jena, und betonte in seinen Vorlesungen, dass er gesamtdeutsche Vorlesungen hält. Das war jetzt nicht mehr zeitgemäß und er wurde durch Prof. Dr. Meyer ersetzt, der eine etwas außergewöhnliche Ausdrucksweise benutzte, die allein schon eine Anwesenheit lohnte. Doch so ein Studium besteht ja zum Glück nicht ausschließlich aus Vorlesungen, Übungsseminaren, Selbststudium und Prüfungen.

Da war meine Mitgliedschaft im „Max-Reimann-Ensemble`", wo ich mit Beginn des Semesters als erster Klarinettist tätig war. Dazu wird später noch weiter berichtet.

Neben diesen Unternehmungen innerhalb des MRE gab es auch innerhalb der Studiengemeinschaft Veranstaltungen, die mit dem Studium direkt nichts zu tun hatten.

Gleich zu Beginn des Studiums hatt einer die Idee, dass man das durch das Stipendium stark eingeschränkte finanzielle Budget mithilfe von Blutspenden etwas erweitern könne. Also meldeten wir uns in der Uni-Klinik, erhielten für die Spende 50 Mark und einen Lebensmittelgutschein für eine Fleisch und Butter-Zusatzration (was noch durch Lebensmittelmarken rationiert war!). Vier Wochen später gingen wir wieder hin, wurden natürlich abgewiesen, da man ja nur alle Vierteljahr spenden durfte. Aber man flirtete etwas mit der verantwortlichen Schwester, bat um eine Ausnahme und durfte dennoch spenden. Vier Wochen später das Gleiche, vorausgesetzt, dass eine andere Schwester Dienst hatte.

Es war September 1960, wo für alle Studenten der Universität ein Ernteeinsatz in Mecklenburg vorgesehen war. Wir fuhren in einem Sonderzug mit beträchtlicher Länge und da dieser Zug außerplanmäßig fuhr, mussten wir des Öfteren, manchmal auf freier Strecke, warten, bis die Strecke wieder freigegeben wurde. Wir vertrieben uns die Zeit mit Skatspielen (für Essen und Trinken mussten wir von zu Hause aus vorgesorgt haben!)

Bei einem Halt in einem kleinen Nest fragte ein Dorfbewohner, was wir für ein Haufen wären und wo wir hinwollten. Aus einem Nebenabteil rief einer „Wir fahren nach Berlin zu Piecks Begräbnis!" Wilhelm Pieck, der einzige Präsident der DDR, war Anfang September 1960 verstorben.

Wir fuhren für mindestens zwei Wochen in ein kleines Dorf bei Malchin zum Ernteeinsatz. Und das war wörtlich gemeint: Es ging jeden Morgen mit einem Pferdefuhrwerk hinaus aufs Feld, mit einer Forke schaufelten wir die Getreidegarben, die als „Puppen" aufgestellt waren, auf den Wagen. War dieser voll, d. h. nach mehrmaligem Zusammenpressen hoch beladen, ging es ins Dorf zur Scheune, wo das Abladen und Aufstapeln ebenfalls von Hand durchgeführt wurden.

Für Speise, tagsüber belegtes Bauernbrot, und als Trank kalten Tee war meist reichlich gesorgt. Meistens, weil es manchmal mit dem Transport nicht klappte.

Am Wochende freuten wir uns auf den Dorf-Tanzabend, um auch die hiesigen Mädels etwas kennenzulernen. Doch die Tanzabende fanden nur in der Kreisstadt statt und dorthinzukommen, war uns nicht möglich – Busverkehr war kaum vorhanden.

Einmal wurde während des Semesters zu irgendeiner Spendenaktion aufgerufen – war es während der Kubakrise? Jedenfalls wurde von jedem Studenten ein Solidaritätsbeitrag erwartet. Aber woher nehmen bei unserem nicht gerade üppigen Stipendium? Da machte einer den Vorschlag: Wir machen eine Woche einen Arbeitseinsatz in der Brauerei und spenden dann das dabei Verdiente.

Und die Arbeit in so einer Brauerei ist auch eine besondere Erfahrung. Ich war bei der Abfüllkontrolle eingesetzt, d. h., auf dem laufenden Band mussten die noch offenen Flaschen geprüft werden, ob sie denn auch vollständig gefüllt waren. Wenn nicht, mussten die Flaschen vom Band genommen und noch einmal zum Füllen gebracht werden. Manchmal nahm man auch schnell mal einen Schluck Bier aus so einer Flasche. Eine Flasche Bier gab es dann zur Frühstückspause und zur Ende der Arbeitszeit standen vier Flaschen Bier für jeden als Debutat zur Verfügung. Den Flaschenpfand konnten wir behalten. Wen wunderts, dass wir des Öfteren leicht angetrunken nach Hause gingen. Den Solidaritätsbeitrag konnten wir dann aber spielend begleichen.

Einmal wurden wir im Rahmen einer FDJ-Aktion aufgefordert, uns aufs Land zu begeben, um die Bauern zum Einritt in die LPG (Landwirtschaftliche Produktionsgenossenschaft) zu überzeugen. Was das mit unserem Studium zu tun hatte, weiß ich nicht. Auch haben wir uns dabei nicht beteiligt. Für die Parteigenossen, sprich Mitglieder der SED, war der Einsatz natürlich Pflicht.

Dann startete eine FDJ-Aktion gegen das Westfernsehen: Wir wurden aufgefordert, bei Familien vorzusprechen, die eine Westantenne auf ihrem Dach hatten, diese zu entfernen (zu erkennen war das an der besonderen Form des Dipols). Natürlich haben wir uns als Nichtparteimitglieder daran auch nicht beteiligt.

Dabei war Fernsehen ja noch gar nicht so alltäglich. Mein Vater hatte so einen kleinen, ich glaube mit etwa 25 cm Bilddiagonale. Meine Kommilitonen besuchten uns im Mai, wenn die Friedenfahrt übertragen wurde. Ansonsten standen wir in der Stadt unter den Lautsprechern des Stadtfunks, wo die Friedensfahrt ebenso übertragen wurde. Der Fernsehapparat war ein Heiligtum vom Vater – Mutter hatte für so etwas keinen Sinn. Überdies war sie seit Neuestem für die sprachliche Ausbildung von Vietnamesen verantwortlich, die derzeit verstärkt in unserer Republik zur Lehrausbildung eintrafen und so war sie in dieser Zeit kaum noch zu Hause anzutreffen.

Ja und nebenbei ging das Studium natürlich auch weiter. Ein Höhepunkt des Studiums war nach sechs Semestern ein Staatsexamen in Mathematik. Und davor graute es mir ganz gewaltig. Die meisten Seminaraufgaben hatte ich irgendwie abgeschrieben und mündlich hatte ich mich überhaupt nicht beteiligt.

Hannes aus meiner Studiengruppe hatte sich große Mühe gegeben, mir einiges Grundwissen zu vermitteln – wir waren für zwei Wochen nach Graitschen aufs Land gezogen, wo Hannes zu Hause war. Den ganzen Tag wurde gebüffelt. Sonnabendabend überredete uns Hannes Vater zu einer Pause. Wir gingen zusammen in eine Gaststätte und es begann ein Besäufnis, wie ich es selten in meinem Leben erlebte. Vielleicht war auch die wochenlange Geistesarbeit daran schuld, dass wir schon lange nach der Polizeistunde, wo eigentlich die Gaststätte hätte schließen müssen, den Heimweg antraten. Und der führte uns über einen

Schrottsammelplatz, auf dem Hannes Vater mal gearbeitet hatte. Und unter seiner Anleitung begannen wir, mit Schrottteilen um uns zu werfen, was höllischen Lärm verursachte. Jedenfalls dachte man im Dorf, eine ganze Horde wilder Burschen hätte dort randaliert. Am Morgen kam schon die Polizei, den Weg zu uns zeigten Flaschenscherben: Hannes Vater hatte einige Flaschen Bier mit nach Hause genommen, die unterwegs teilweise zu Bruch gegagen waren. Es wurde Anzeige wegen groben Unfug erstattet und auch der Universitätsleitung gemeldet. Und das hätte Exmatrikulation zur Folge gehabt. Aber da es zu Ende des Semesters passierte, verlief die Angelegenheit etwas im Sande. Wir wurden nur zur Wiedergutmachung verurteilt, was zur Folge hatte, dass an zwei Wochenenden eine Gruppe aus unserem Studienjahr mit nach Graitschen fuhr, um dort auf dem Schrottplatz kostenlos zu arbeiten.

Aber vorher galt es ja noch, das Mathematik-Staatsexamen zu absolvieren. Ich wusste, dass ich mich mit dem bisschen Auswendig-Gelernten kaum über Wasser halten konnte. Wehe, wenn die Fragestellung anders lauten würde! Wir hatten uns sicherhaitshalber bei einem Prüfer angemeldet, der dieses Staatsexamen des erste Mal abnehmen durfte. Wir hofften, dass er zu dieser Premiere sich etwas großzügig verhält. Aber weiß man's?

Dann war ich früh zum Prüfungsinstitut gefahren – mein Termin war erst gegen Mittag –, um eventuell noch Besonderheiten der Prüfung zu erfahren. Dabei erfuhr ich von einem zu behandelnden Problem, das natürlich in meiner Vorbereitungszeit keine Rolle gespielt hatte. Und, obgleich den allgemeinen Gepflogenheiten vor einer Prüfung entgegen, ließ ich mir die Lösung des Problems erklären, verstand sogar einiges davon. Und wenige Stunden später bei der Prüfung kommt dann doch tatsächlich das gleiche Problem als erste Frage. Und bevor die mit mir gleichermaßen dasitzenden Prüflinge, aber Experten vom Fach, noch antworten konnten, stelle ich die Lösung vor – zur Verwunderung meiner Kommilitonen, die mich fast gewaltsam ins Prüfungszimmer geschoben hatten.

Natürlich musste dann das bestandene Staatsexamen entsprechend gefeiert werden, was wir innerhalb unser Studiengruppe im

Geleitshaus in unmittelbarer Nähe meiner Wohnung dann auch taten. Aber auch hier war viel zu zeitig der Ausschank zu Ende. Uns war aber noch nicht danach, schon mit Feiern aufzuhören.

Ich entsann mich, dass meine Eltern vor kurzem Silberne Hochzeit gefeiert hatten und von den nicht verbrauchten alkoholischen Getränken sollte eigentlich noch etwas zur sinnvollen Verwertung vorhanden sein. Also marschierten wir, jetzt nur noch vier Mann, zu uns nach Hause. Gingen in den Keller, der als Lagerstätte für Holz, Kohle, aber auch Lebenmittel und Alkoholitäten diente. Und wir taten uns an den noch reichlich vorhandenen Lagerbeständen gütlich.

Alles wäre einigermaßen gut gegangen, wenn nicht einer auf den Gedanken gekommen wäre, Holz zu hacken. Das weckte natürlich meinen Vater auf, der eigentlich einen recht tiefen Schlaf hatte, und plötzlich überraschte er uns bei unser Fete, was einen sofortigen Abbruch bedeutete. Dass wir dann noch zur Mitropa im Westbahnhof gefahren sind, der einzigen Lokalität, die früh um fünf in Betrieb war, nur nebenbei. Gefahren bedeutet, Hannes nahm auf seinem Motorroller jeweils einen für eine gewise Strecke als Sozius mit. Ich weiß noch, dass er mich aufforderte, nicht zu laut zu singen, weil das zu sehr auffallen würde.

Dann zum Abschluss die Diplomarbeit. Wieso ich mich um eine solche auf dem Gebiet der Kernphysik bemühte, ist mir im Nachhinein schleierhaft. Wahrscheinlich nur deshalb, weil der zukünftige Diplomvater als gutherziger, väterlicher Freund bekannt war. In einer Forschungsabteilung des Zeisswerkes in Jena sollte ich ein Messgerät, einen Sekundärelektronenvervielfacher untersuchen, von dem ich noch nie etwas gehört hatte. Im Prinzip diente dieses Gerät zum Nachweis einzelner Photonen. Als inhaltlicher Schwerpunkt galt eine detailierte Berechnung des darin enthaltenen Spannungsteilers und dabei war eine Optimierung desselben geplant. Für mich alles böhmische Dörfer.

Die Arbeiten wurden teilweise im Physikalischen Institut durchgeführt und teilweise in der Abteilung von Zeiß, die diese Geräte fertigte. Dass ich dabei auch einiges von der Fertigung anderer optischer Instrumente kennenlernte, auch nur nebenbei.

Auch hatten wir in unser Abteilung ein völlig neuartiges Kopiergerät im Einsatz – bislang war Kopieren nur als Durchschrift mit Blaupapier üblich oder als soganannte Thermokopie, wo also schon ein Original kopiert werden konnte. Und dieses neuartige Gerät, ein Xerograph, kopierte jedes beliebige Schriftstück in Schwarz-Weiß, sodass es anschließend wie das Original aussah. Ein absolutes Novum für die damalige Zeit. Wir nutzten diese Technik, natürlich heimlich, um beispielsweise Eintrittskarten zum heißbegehrten Medizinerball der Uni herzustellen – ein Kommilitone hatte Beziehung zu der Firma, die das entsprechende Papier für die Originalkarten zur Verfügung stellte, sodass sich unsere kopierten Karten in nichts vom Original unterschieden.

Ja und bei einem Messversuch, wo ich entgegen den Anweisungen meines Diplomvaters auch am Spannungsteiler herumspielte, zeitgleich mit seinen äußerst konkreten Einstellbemühungen, wurden Werte erzielt, die Weltspitze darstellten! War die Anstiegsflanke des Photoimpulses bislang größer als 20 μsec. Weltspitze lag mit amerikanischen Geräten bei 10, so lagen wir plötzlich bei 8 μsec: Weltspitze!

Schlagartig wurde meine Diplomarbeit lobend erwähnt, auch noch nach Jahren: welche Erfolge bei wissenschaftlicher und praktischer Zusammenarbeit von Institut und Betrieb hervorkommen können. Als ich dann noch die Idee hatte, das Innere der Konkurrenzmodelle, das bis dahin streng geheim war, durch Röntgenaufnahmen darzustellen, war am Erfolg meiner Arbeit nicht mehr zu zweifeln. Obgleich ich in keiner Weise die mathematischen Grundlagen des Erfolges beschrieb.

So brauchte ich mich meiner Examensnote letztendlich nicht mal zu schämen.

Nur als man mir das Angebot machte, auch nach dem Diplom in der Abteilung von Zeiß weiterzu arbeiten, machte ich einen Rückzieher – ich glaubte kaum, noch mal durch eine Fehlarbeit solchen Erfolg zu erreichen. Auch ließ mich meine hohe Achtung vor der Kernphysik einsehen, dass ich dort nichts zu suchen hatte.

Also meldete ich mich zwecks Vermittlung einer Absolventenstelle an unser zuständiges Prorektorat. Dort waren noch drei

Stellen vorhanden, neue kämen erst dazu, wenn die vorhandenen besetzt wären. Und die vorhandenen waren keine besonders reizvollen, aber man muss sich ja schließlich irgendwie entscheiden. So wählte ich nach dem Motto: wenigstens eine schöne Gegend, in der man zukünftig arbeiten wird.

FRIEDRICH-SCHILLER-UNIVERSITÄT IN JENA
MATHEMATISCH-NATURWISSENSCHAFTLICHE FAKULTÄT

DIPLOM

Herr ~~Fräulein~~ **Jürgen Parschat**

geboren am **19. Februar 1937** in **Königsberg/Pr.**

hat am **2. August 1963**

die Diplomhauptprüfung für **Physiker**

gemäß der Prüfungsordnung vom **1. April 1954**

mit dem Gesamturteil

" Gut "

an der Universität in Jena bestanden.

Auf Grund dieser Prüfung wird ihm ~~ihr~~ hiermit der akademische Grad

Diplom - Physiker

verliehen.

Jena, den **2. August 1963**

Der Fachrichtungsleiter   Der Dekan
für **Physik**   der Mathematisch-Naturwissenschaftlichen Fakultät
                                   als Vorsitzender der Prüfungskommission

(Prof. Dr. W. Schütz)   (Prof. Dr. A. Eckardt)

2095 S. VLV Erfurt Ag 308/57/DDR/Vb. 1500 357. V/10/13-1,5

Wissenschaftlicher Mitarbeiter in einem VEB

Es war ein mittelgroßer Betrieb im Erzgebirge, für den ich mich entschied.

Dieser Betrieb, das Messgerätewerk Beierfeld, drei Kilometer nördlich der nächstgrößeren Stadt Schwarzenberg gelegen, fertigte Tachometer für unsere Autoindustrie und Manometer, vorwiegend für die chemische Industrie.

Als Wohnung erhielten wir ein unmöbliertes Zimmer in einer Wohnbaracke, die einst für Wismutarbeiter gebaut war und jetzt als Ferienobjekt für das Messgerätewerk diente. Das Objekt lag in Antonshöhe, zehn Kilometer von Schwarzenberg entfernt. Bis zum Bahnhof in Antonsthal, von wo aus man nach Schwarzenberg mit dem Zug und dann mit dem Bus weiter bis Beierfeld fahren musste, war es auch ein Kilometer mit Busverbindung.

Ich war erst seit Kurzem mit Anne, einer Säuglingsschwester, verheiratet. Diesen Beruf auszuüben, war für sie hier nicht möglich. In unserem Zimmer mussten wir erst aus anderen Räumen Möbel heranschaffen: einen Tisch mit zwei Stühlen, einen Schrank und ein Doppelbett. Als Kochgelegenheit diente eine kleine Elektroherdplatte. Toilette und Waschgelegenheit waren irgendwo in der Wohnbaracke zur allgemeinen Benutzung, wobei wir die ganze Zeit alleine hier wohnten, bis wir ein Jahr später in Beierfeld in eine neu eingerichtete Betriebswohnung für zwei Familien mit je zwei Zimmern ziehen konnten. Hier gab es eine Gemeinschaftsküche und einen Gesellschaftsraum, wo wir sogar einen Fernsehapparat hatten. In Antonshöhe hatten wir nur ein Radiogerät. Ein weiteres Jahr später erhielten wir eine Zweizimmer-Neubauwohnung in Grünhain, auch drei Kilometer von meinem Betrieb entfernt, wo aber Anne in einer Sparkasse Arbeit fand.

Und meine Arbeit?

Die Aufgabe, die mir gestellt wurde, lautete: „Schaffung einer Berechnungsgrundlage für elastische Messglieder". Als elastisches Messglied diente eine sogenannte Bourdonfeder, wie sie in der damaligen Zeit für die Druckmesstechnik zum Einsatz kamen, ein kreisförmig gebogenes Metallrohr mit ovalem Querschnitt.

Nach einem Jahr war die Aufgabe erfüllt. Nicht, dass ich die Berechnungsgrundlage geschaffen hätte, das war ohne meine Hilfe in der Technischen Hochschule von Karl-Marx-Stadt erledigt worden. Aber es konnten die geforderten Messglieder berechnet werden, und in der Praxis bewährten sich die Ergebnisse sogar einigermaßen.

Ich hatte mich mit der notwendigen Wärmebehandlung der gefertigten Messglieder beschäftigt, war also an dem Erfolg nicht ganz unbeteiligt. Aber in Zukunft mit Festigkeitslehre, Voraussetzung für eine weitere Tätigkeit, mein Brot zu verdienen? Ich vermutete eher, dass das kaum für eine Brotrinde gereicht hätte. Hatte ich im Studium doch viel über Theoretische Physik gehört, aber nicht über praktische Festigkeitslehre!

Doch auf einem solchen Acker, wie es das Gebiet der elastischen Messglieder war, konnte man noch viel Krumen bearbeite-te. Ich sollte mich mit der Alterung und den unelastischen Effekten dieser elastischen Messglieder befassen. Das war zwar auch wieder Neuland für mich, aber ich war willens, mich ernsthaft hiermit zu beschäftigen.

Ich begann mit Literaturstudium, dem Durcharbeiten von Lehrbüchern, besuchte Konsultationen, sprach sämtliche möglichen und unmöglichen Institutionen um Mitarbeit an – im folgenden Jahr habe ich mehr Selbststudium getrieben als während der gesamten Studentenzeit. Dinge der Metallkunde, die für einen einigermaßen guten Facharbeiter selbstverständlich sind, mussten von mir erst erarbeitet werden – schließlich hatte ich an der Universität Physik, sogar Theoretische Physik studiert.

Wie oft hörte ich bei den Konsultationen Begriffe, mit denen ich absolut nichts anfangen konnte. Und dann zu Hause blättern und suchen, bis ich wusste, worum es ging. Ich nahm sogar einmal bei einem internationalen Wissenschaftsforum für Reinststoffe in Dresden teil. Hier hoffte ich, auf einen Gesprächspartner aus Stuttgart zu stoßen, der vor Jahren ähnliche Probleme veröffentlicht hatte. Ich erspähte den Leiter dieses Stuttgarter Instituts, sprach diesen an, wir tranken einen Kaffee zusammen. Da war's aber auch, denn die Untersuchungen waren abgebrochen worden.

Anschließend bekam ich Kontakt zu Leuten, die mich gesehen hatten, wie ich mit diesem bekannten Institutsleiter Kaffee zusammen getrunken hatte. So erhielt ich Kontakt zum Freiberger Institut für Nichteisenmetalle, was fast zu einer Zusammenarbeit geführt hätte – jedenfalls war in späterem Verlauf sogar von einer möglichen Dissertation die Rede. Aber bis zu dem dafür notwendigen Wissenstand fehlte noch ein riesiges Stück Arbeit. Doch der Anfang war getan. Und ich wusste, dass ich in unserer Republik der Einzige war, der sich mit dem Problem in dem Masse und in einer solchen direkten Verbindung mit der Praxis beschäftigte. Wenn das kein Anreiz zur Arbeit ist?

Eine Alterung elastischer Bauteile, also die Veränderung mechanischer Eigenschaften im Laufe der Zeit, war von allgemeinem Interesse. Unter anderem auch bei Firmen, die Schraubenfedern und Ähnliches fertigen. Nur hatten wir mit unseren Bourdonfedern für Manometer eine wesentliche höhere Genauigkeit zu garantieren. Bei Schraubenfedern lag die garantierte Genauigkeit bei ca. 10 %. Unsere Manometer mussten eine Genauigkeit von 0,1 % garantieren!

Aber, wie gesagt, ich brauchte die Mitarbeit und Konsultation anderer Institutionen. Eine davon war das Forschungsinstitut für Nichteisenmetalle in Freiberg, das ich ja auf andere Weise bereits kennengelernt hatte. Man war bereit, Untersuchungen für uns durchzuführen. Ein entsprechender Vertrag war in Vorbereitung.

Dann war da noch das Halbzeugwerk Auerhammer, mit dem unser Betrieb zusammenarbeitete. Das Werk lieferte Rohr-Material für unsere Messglieder. Und in diesem Werk war Herr Dr. Seiler der Leiter der Forschungs- und Entwicklungsstelle. Als alter Spezialist auf dem Gebiet der Metallverarbeitung musste auch er konsultiert werden. Er war überrascht von einem solchen Forschungsthema und äußerte seine Skepsis dahin gehend, dass man mit einem von uns zu verwendenden „Feld-, Wald- und Wiesenmetall" keine exakten Ergebnisse erhalten werde. Mehr, für oder wider das Thema, sagte er nicht. Zusammen mit einem Betriebskollegen von mir hatten wir das Gefühl, dass Herr Dr. Seiler die Thematik interessierte, er aber innerlich der Meinung sein mochte: „Für euch, junge Freunde", wie er uns nannte, ist dieses Thema noch nicht geeignet. Damit können sich noch andere Leute beschäftigen.

So arbeitete ich weiter, mehr oder weniger auf mich allein angewiesen. Ein weiteres halbes Jahr nach dem Gespräch mit Herrn Dr. Seiler verging, da erhielt ich aus Freiberg einen Anruf, in dem mir mitgeteilt wurde, dass die Untersuchungen für uns, die vertraglich bereits vorbereitet waren, nicht in Freiberg durchgeführt werden. In einer Besprechung des Zentralen Arbeitskreises hatte Herr Dr. Seiler vorgetragen, dass ab kommenden Jahr im Halbzeugwerk ein Thema über Alterung elastischer Messglieder aufgenommen wird, wobei auch die Belange unseres Werkes, dies beinhaltete also zumindest unsere eingesetzten Materialien, berücksichtigt werden. Daraufhin lehnte Freiberg die Durchführung einer Doppelarbeit ab. Das war der erste Schlag gegen meine Arbeit.

Ich fuhr zu Herrn Dr. Seiler. Es war kurz vor Feierabend, aber er nahm sich dennoch Zeit, mit mir zu sprechen.

„Lieber junger Kollege", er nannte mich Kollege, nicht junger Freund wie das erste Mal – war das nun Lob, Tadel oder Zufall? „Ihre Arbeiten erscheinen nicht sinnvoll."

Es folgte wieder die von mir durchaus als richtig anerkannte Skepsis gegenüber dem Feld-, Wald- und Wiesenmaterial. Aber selbst mein Einwurf, dass unbedingt das in der Produktion zum Einsatz kommende Material untersucht werden müsste, wurde nicht anerkannt.

Dann sprachen wir über die notwendigen Alterungsuntersuchungen. Er wollte die Änderung der Eigenschaften nach Wechselbelastung untersuchen. Meinen Einwurf, dass auch Alterung unter anderen Bedingungen, wie Lagerung oder statische Belastung, auftritt, schien er zu überhören. Er sagte jedenfalls nichts für und nichts gegen meine Vorstellungen.

Wir verabschiedeten uns erst eineinhalb Stunden nach Feierabend. Er wollte in der nächsten Zeit eine Unterredung mit dem

Leiter des Instituts für Metallkunde in Freiberg, mit dem ich erneute Verbindung aufgenommen hatte, durchführen, um über die Sinnvollheit unseres Themas zu debattieren. Ich bat ihn, bei dieser Besprechung zugegen sein zu dürfen. Er war zwar erstaunt über meine Bitte, aber er sagte zu.

So wartete ich auf einen Bescheid. Ich frage ein-, zweimal nach. Noch war kein Termin vereinbart. Beim dritten Anruf deutete mein Laborleiter darauf hin, wie wichtig wir die Dinge ansehen und dass wir uns nicht gerne veralbern lassen würden.

Wir wähnten uns im Recht gegenüber dem Halbzeugwerk. Mit gefiel zwar der Ton nicht, mit dem mein Vorgesetzter mit Herrn Dr. Seiler gesprochen hatte. Ich wollte die Höflichkeit und Bescheidenheit, die Herr Dr. Seiler von seinen Gesprächspartnern erwartete, respektieren. Wir waren ja doch ein Nichts gegen ihn, den Herrn Doktor!

Das Ergebnis des Anrufs war: Ruhe.

Dafür wurden andere, meine Arbeit nicht direkt betreffende Verträge mit unserem Werk als nicht durchführbar zurückgeschickt. Und ich musste meinerseits weiter warten. Warten, bis zunächst die anderen Dinge geklärt waren.

In der Zwischenzeit musste ich vor der Arbeitsgruppe „Druckmesstechnik" Rechenschaft über das Thema abgeben. Und im Endergebnis dieser Besprechung wurde dem Thema Bedeutung und Notwendigkeit zuerkannt, dass sich endlich einmal jemand mit den Grundlagen der Vorgänge in elastischen Messgliedern befasst, selbst wenn für den Betrieb im Moment noch kein positives Ergebnis zu erwarten ist. Es verging ein weiteres halbes Jahr. Doch von selbst wird nichts.

Ich meldete mich wieder bei Herrn Dr. Seiler an. Und ohne Probleme wurde ich vorgelassen. Wieder sprachen wir über das Thema Alterung. Er sprach von Diskrepanzen zwischen unseren Werken und war der Meinung, dass ich seine Meinung über das „Feld-, Wald- und Wiesenmaterial" nicht respektieren würde.

Doch ich war überzeugt davon, dass er recht hatte. Aber was nützte es mir? Ich musste doch, ob ich wollte oder nicht, die

Belange der Produktion mitberücksichtigen und dort wird nun mal mit „Feld-, Wald- und Wiesenmaterial" gearbeitet.

Erneut sprachen wir über die durchzuführenden Arbeiten. Diesmal waren in seiner Vorstellung schon nicht nur Wechsellast-Untersuchungen vorgesehen. Er sprach über Diffusionsvorgänge, die infolge einer Glühbehandlung die Eigenschaften des Materials verändern werden.

„Das verstehen Sie doch sicher?"

Ich konnte nicht umhin ihm zu sagen, dass auch Diffusion infolge eines inhomogenen Spannungsfeldes möglich ist. Hierzu äußerte er sich nicht, änderte aber das Thema.

Das Ergebnis der Unterredung: Bis zum nächsten Freitag arbeitet jeder sein Arbeitsprogramm aus. Dann setzen wir uns wieder zusammen, kooperieren und bilden eine überbetriebliche Arbeitsgemeinschaft.

Na, dann wird ja doch noch alles gut, dachte ich.

Als ich dann mit erarbeitetem Programm zum festgesetzten Termin vorsprach, passte es Herrn Dr. Seiler nicht. Doch wollte ich wenigstens mit dem entsprechenden Themen-bearbeiter sprechen. Dieser erzählte mir dann von seinen Vorstellungen, seinen persönlichen. Diese waren zwar nicht so ausführlich wie meine schriftlich fixierten, aber aufgrund des beschränkten Umfangs der Arbeiten sicher eher durchzuführen. Doch unser spezielles Material, das Ms63, sollte nicht mit untersucht werden! Was nützte uns aber Ms70 oder gar Ms58? Ich wendete ein, dass unser verwendetes Material unbedingt mit in das Programm aufgenommen werden müsse. Anderenfalls müsse ich mich auf die Tagung des Zentralen Arbeitskreises berufen, wo Herr Dr. Seiler doch gesagt hatte, dass er die Belange unseres Werkes berücksichtigen will und wir dann über entsprechend höhere Gremien unsere Belange durchsetzen müssten.

Am darauffolgenden Tag erhielt ich den notwendigen Bescheid, mündlich, am Telefon: Herr Dr. Seiler legt keinen Wert auf eine gemeinsame Zusammenarbeit. Schluss! Aus!

Und was sollte ich nun machen? Sollte ich aufgeben? Sollte ich dennoch meine, nein unsere Belange durchkämpfen? Wie hatte Herr Dr. Seiler gesagt: Er wünsche im Falle einer Zusammenarbeit aber ein gutes kollegiales Verhalten und keiner sollte mit irgendetwas „hinter den Berg" halten.

Ich hatte meines Erachtens in diesem Sinne gehandelt, als ich meine Vorstellungen offen kundtat. Oder nicht? Ich wollte nicht aufgeben. Es ging ja schließlich um mein Forschungsthema, um meine Existenz und um meine Zukunft. Und nicht zuletzt um die Belange unseres Betriebes.

Ich forderte einen schriftlichen Bescheid über das Programm des Halbzeugwerkes sowie eine mögliche Zusammenarbeit. Das Schreiben ließ ich von unserem Werkdirektor unterschreiben. Vier Wochen Schweigen. Dann wurden wir, das heißt mein Forschungs-Abteilungsleiter und ich, zu unserem Werkdirektor gerufen, Herr Dr. Seiler hatte geantwortet. Er würde keinerlei Wert mehr auf eine Zusammenarbeit mit mir legen. Das Werk war davon ausdrücklich ausgeklammert. Ich soll mich möglichst nicht wieder bei ihm sehen lassen. Mein Thema sei Unsinn und so viel Geld dafür zu planen, wäre verlorene Mühe.

Nun wartete ich erneut. Wartete auf das Ergebnis der Unterredung zwischen den beiden Werkleitern und FuE-Leitern. Hatte ich was falsch gemacht? Hatte ich das Thema falsch angefasst? Es wäre ja möglich, denn im Grunde waren wir auf uns allein angewiesen, und wir waren ja noch jung und unerfahren.

Doch das Institut für Metallkunde hatte seine Mitarbeit zugesagt, auch der Institutsleiter. Das Institut für Leichtbau in Dresden versprach sich auch einen gewissen Erfolg von den durchzuführenden Arbeiten. Und im Institut für metallische Spezialwerkstoffe wurden meine Bemühungen auch nicht als sinnlos hingestellt, wenn auch auf Schwierigkeiten innerhalb dieser Thematik hingewiesen wurde.

Hätte nicht Herr Dr. Seiler, als alter, erfahrener Metallforscher, uns lieber helfend beiseite stehen müssen?

Und dann kam alles ganz anders!

Unser Betrieb wurde umstrukturiert, die Fertigung der mechanischen Druckmessgeräte wurde nach Bulgarien verlagert.

Eine Maßnahme innerhalb der RGW-Staaten[4], die die Produktion verschiedener Erzeugnisse auch in weniger entwickelten Ländern ermöglichen sollte. In diesem Fall mit dem Ergebnis, dass die Manometer zwar in Bulgarien gefertigt wurden, aber vor der Auslieferung in den Handel erst nach Beierfeld kamen, um hier entsprechend der notwendigen Qualitätsanforderungen überarbeitet zu werden. Vor allem solche Geräte einer höheren Genauigkeit und solche Geräte, die in die Bundesrepublik geliefert wurden.

In unserem Werk sollten elektronische Messumformer gebaut werden. Damit entfielen die Werkstoffbearbeitung und folglich die Grundlage meiner wissenschaftlichen Untersuchungen. Ich wurde mit der Erarbeitung von Weltstandsvergleichen beauftragt.

Weltstandsvergleiche zu erarbeiten, bedeutet, Geräte der zu vergleichenden Art von unterschiedlichen Herstellern miteinander zu vergleichen. Nun waren aber die bedeutendsten Firmen, die elektronische Druck-Messumformer herstellten, im westlichen Ausland ansässig. Und an diese Firmen heranzukommen war, wenn überhaupt, nur über die Leipziger Messe möglich.

Besonders die Leipziger Frühjahrsmesse war dafür bestens geeignet, aber ein Besuch dahin war alles andere als unkompliziert.

Na gut, man konnte privat fahren, einen Tag Urlaub nehmen, alles selber finanzieren, was bei den niedrigen Preisen durchaus machbar gewesen wäre. Und dann hätte man in Leipzig tun oder lassen können, wozu man Lust hatte.

Auch unternahmen viele gesellschaftliche Institutionen, wie die Freie Deutsche Jugend, der Demokratische Frauenbund, die Kammer der Technik oder die Gesellschaft für Deutsch-Sowjetische-Freundschaft, einen Betriebsausflug nach Leipzig. Das wurde dann anschließend als gesellschaftliche Aktivität in der Brigadeverpflichtung abgerechnet. Und meistens endeten diese Ausflüge mit irgendeinem Besäufnis während der Heimfahrt.

---

4 RGW: Rat der gegenseitigen Wirtschaftshilfe, 1949 als sozialistisches Pendant zum Marshallplan gegründet

Aber schließlich arbeiteten wir damals in der Abteilung Forschung und Entwicklung eines Messgerätewerkes, und da gehörte es eigentlich zur dienstlichen Selbstverständlichkeit, auch mit dienstlichem Auftrag zur Messe zu fahren.

Das war dann mehr als kompliziert. In manchen Jahren war der Messebesuch nur sogenannten Reisekadern erlaubt, also solchen Kollegen, die kaderpolitische Voraussetzungen hatten, in den kapitalistischen Westen zu fahren. Und da ich solche Voraussetzungen nicht hatte, blieb ich zur Messe zu Hause.

Ansonsten fuhr in erster Linie der Abteilungsleiter, der dann in der offiziellen Delegation der Kombinatsleitung delegiert sowie mit Sonderaufgaben und Sondervollmachten betraut wurde, deren nachträgliche Auswertung dann Schwerpunkt in der Berichterstattung war. Für den eigentlichen Messe-Auswertebericht blieb dann meistens keine Zeit mehr.

Da ich persönlich nie über den Status eines Stellvertreters hinauskam, blieb ich auch in solchen Fällen von der Messe und ähnlichen Veranstaltungen verschont.

Nur einmal ließ es sich nur schwer umgehen. Ich war für den Weltstandvergleich eines in Entwicklung befindlichen Messumformers verantwortlich und die bedeutendsten Hersteller solcher Geräte waren für die Messe avisiert! Also erhielt ich den Auftrag, mich in Leipzig mit entsprechenden Informationen zu versorgen.

Nun stammten aber die meisten und vor allem renommiertesten Firmen dieser Branche aus dem westlichen Wirtschaftslager – das war meinen Vorgesetzten bekannt. Und trotzdem sollte ich bei Empfang meines Dienstreiseauftrages unterschreiben, dass ich bei meinem Messebesuch keinen Kontakt zu Westfirmen suchen sollte und folglich auch keine Ausstellungsstände von Westfirmen besuchen dürfe. Ich machte meinen direkten Vorgesetzten darauf aufmerksam, dass dann eine Fahrt sinnlos wäre.

„Aber das wissen wir doch. So streng können wir sowieso nicht sein. Nur die Kombinatsleitung braucht deine Unterschrift und die Belehrung, weil du ja nicht zur offiziellen Kombinatsdelegation gehörst.“

Ich lehnte ab, wohl wissend, dass dies einem Disziplinarverstoß entsprach. Und als ich dann tatsächlich auf Arbeit erschien, anstelle im Zug nach Leipzig zu sitzen, fielen meinem Chef fast die Augen aus. So eine Dienstverweigerung war ihm noch nicht untergekommen. Ein Verweis war die Folge.

So kam es, dass ich während meiner langjährigen Betriebszugehörigkeit zum Messgerätewerk nie auf der Leipziger Messe war. Für die offizielle Delegation war ich nicht kompetent, und anderen Möglichkeiten ging ich aus dem Weg, um manchen Leuten keinen Grund zu besonderen Vorwürfen zu geben.

Wie recht ich hatte, zeigte sich einige Zeit später: Ganz aufgeregt kommt eines Tages mein Abteilungsleiter zu mit: „Was hast du denn schon wieder ausgefressen? Wir sollen beide sofort zum Betriebsdirektor kommen."

Mit leicht schlotternden Knien, wenn auch unwissend, ging ich mit. Die Sekretärin empfing uns mit ausgesprochen mitleidsvollen Blicken und wies uns sofort weiter. Kaum hatten wir die Tür des Direktorzimmers geschlossen: „Was bilden Sie sich eigentlich ein, wer Sie sind?! Denken Sie, unsere Belehrungen gelten nicht für Sie? Wie oft sind Sie darüber belehrt worden, dass Sie auf der Messe keine westlichen Kontakte aufnehmen dürfen. Und jetzt stellt sich heraus, dass Sie solches doch gemacht haben. Ohne unsere Kenntnis und ohne uns wenigstens anschließend über durchgeführte Kontakte zu informieren. Sie können sich auf ein gehöriges Disziplinarverfahren gefasst machen!"

Erschüttert saß mein Chef neben mir. Ich sah ihm an, dass ihm mein Fehler leidtat. Wahrscheinlich war ich aus einer leichtsinnigen Geste heraus, die sicher kaum als Kontakt gewertet worden wäre, doch mit Westfirmen in Kontakt getreten, dachte er. Er wusste ja aus Erfahrung, dass sich so etwas auf der Messe kaum vermeiden ließ. Nun konnte ich aber eigentlich über diesen Vorwurf vollständig beruhigt sein: Ich war nie auf der Messe, weder der Leipziger noch anderswo, so wunderlich das auch erscheinen musste. Da aber vonseiten der Direktion nicht sein kann, was nicht sein darf, und ich als Sündenbock gesellschaftlicher Art kein unbeschriebenes Blatt war, musste ich in irgendeiner Form einen Disziplinarverstoß begangen haben. Warum auch sollte mir sonst eine belgische Firma Prospektmaterial zuschicken und als Anschrift sogar die Forschungsabteilung im Messgerätewerk benennen? Ich konnte beteuern, wie ich wollte, dass ich die letzten Jahre weder auf der Leipziger noch auf anderen Messen gewesen wäre. Es nutzte nichts. Ich hatte auf der Messe, wo sonst, ein Disziplinarvergehen begangen. Mein Hinweis, dass die Firma die Anschrift aus Veröffentlichungen in allgemein zugänglichen Zeitschriften haben könnte, wovon ich einige aufweisen konnte, und in solchen Veröffentlichungen wurde im Allgemeinen auch die Forschungsabteilung als Quelle der Schöpfung genannt, wurde nicht einmal in Betracht gezogen. Nur zu einem Disziplinarverfahren kam es dann doch nicht, was aber möglicherweise an gänzlich anderen Dingen gelegen haben könnte als daran, dass man meine Unschuld erkannt hätte.

Dann wurde eine neue Abteilung gegründet, die sich Vorentwicklung nannte und sich auch um solche Dinge wie Weltstandsvergleiche kümmern sollte. Eigentlich hätte diese Aufgabe auch weiterhin in der Abteilung FuE (Forschung und Entwicklung) erledigt werden können, wo ich ja auch schon damit angefangen hatte. Aber Werner S., noch nicht lange im Messgerätewerk, hatte die Tochter des Kaderleiters geheiratet und musste folglich einen Abteilungsleiterposten erhalten. Wir waren zu zweit als Mitarbeiter und langweilten uns fast zu Tode.

Ich hatte mich in der Volkshochschule in Schwarzenberg als Physiklehrer beworben und konnte so an zwei Tagen für zwei Stunden während der regulären Arbeitszeit dort in einer Ingenieurklasse Unterricht geben und dies führte zu weiteren besonderen Erfahrungen für die damalige Zeit.

Schon nach wenigen Tagen Unterricht in dieser Klasse, sowohl weiblicher als auch männlicher Kollegen in unterschiedlichem Alter, stellte ich nämlich fest, dass ich mit dem Pensum des Lehrplans Schwierigkeiten bekommen würde. Bei einem Teil der erwachsenen Schüler hatte ich den Eindruck, dass keinerlei mathematisches Grundwissen vorhanden ist.

Um dies zu nachzuweisen, ließ ich eine Klassenarbeit schreiben mit Aufgaben einer fünften Klasse: also Aufgaben mit einfacher Klammerrechnung sowie einfacher Bruchrechnung. Das Ergebnis war katastrophal! Nicht mal die Hälfte der Klasse hatte die Aufgaben einigermaßen richtig gelöst. Wie sollte ich hier Mathematik lehren?

Ich sprach bei der Schulleitung vor und wurde wie folgt belehrt: „Sehen Sie, das ist so. Eigentlich wollten wir zwei Klassen einrichten: eine für zukünftige Ingenieure und dazu eine für zukünftige Meister. Und da zu wenig Teilnehmer für die Ingenieur-Klasse angemeldet waren, haben wir die Kollegen der Meister-Klasse überredet, sich für den Ingenieur-Kurs bereitzustellen. Und dadurch ist das Niveau selbstverständlich unterschiedlich. Damit sind ihre vorgesehenen mathematischen Übungen nicht für alle geeignet und das sollte Sie in Ihrem Unterricht berücksichtigen"

Da ich nicht wusste, wie ich dann unterrichten könnte, lehnte ich einen weiteren Unterricht in der Abendschule ab.

Neben dieser privaten Initiative als Lehrer an einer Abend-Ingenieurschule hatten wir als sozialistische Brigade eine Patenschaft mit einer zwölften Klasse einer Schwarzenberger Oberschule.

Zum Abitur

Zwölf Jahre habt ihr euch in der Schule geplagt,
habt zu allem ja oder gar nichts gesagt,
nun seht ihr stolz die Vollendung
und erwartet die Lebenswendung.
Doch ihr habt ja nur das Abitur.

Jetzt denkt ihr, bekommt das Leben Sinn,
jetzt geben wir frei uns dem Leben hin.
Jetzt können wir machen, was alles wir wollen,
und nicht, was wir laut Schule und Elternhaus sollen.
Und doch habt ihr bisher nur das Abitur.

Der eine da, der will studieren,
vielleicht mal andre Menschen kurieren.
Der andre da, der wird Ingenieur
und weiß von der Technik sonst gar nichts mehr.
Denn auch er hat ja nur das Abitur.

Und jene da, die Lange, ganz recht,
war immer schon in der Schule nicht schlecht.
Jetzt hofft sie, dass auf der Uni und weiter
das Leben auch immer erscheine nur heiter.
Und doch hat sie bislang nur das Abitur.

Doch vergesst nicht: Es wird im eurem Leben
bestimmt noch öfter solch Wendungen geben.
Und ist die nächste Hürde auch noch so groß
und ihr denkt, wie schaff ich das bloß,
denn ich habe ja nur das Abitur?

So bedenkt bei jeder Sache mit entsprechender Kraft
haben das auch schon andre geschafft.
Also erforscht voll Eifer die schöne Natur,
denn ihr habt ja schließlich das Abitur!

Mein Kollege begann aus Langerweile mit dem Telefon her-
umzuspielen und ich tat es ihm bald nach. So entdeckten wir
die Möglichkeit, durch rechtzeitige Betätigung der sogenannten Erdtaste auf der Wählerscheibe in beliebige, innerhalb des
Betriebes durchgeführte Telefongespräche einzutauchen und da
dann mitzuhören! (Was wohl auch von offiziellen Stellen gemacht worden ist.)

Was zur damaligen Zeit übrigens Telefonieren bedeutete, kann
man sich heute nicht mehr vorstellen, wo jeder allzeit mit der
ganzen Welt verbunden ist. Damals war das Telefonieren meist
nur auf das Ortsnetz begrenzt und wir empfanden es schon als
Fortschritt, dass wir von Schwarzenberg aus mit entsprechender

Vorwahlnummer nach Aue, dem Nachbarstädtchen, telefonieren konnten. Und in mühevoller Probierarbeit erkundeten wir im dortigen Ortsnetz eine Telefonnummer, mit welcher man nach Leipzig telefonieren konnte. Und von dort dann, nach weiterem Probiereinheiten, nach Berlin oder Rostock (was offiziell nur über eine Vermittlersteller der Post möglich war). Unsere Vorwahlnummern hatten dadurch teilweise eine Länge von über zwanzig Ziffern.

Ich wechselte dann meinen Wohnsitz nach Dresden und weiß nicht, was aus meinem Kollegen geworden ist.

Versuch als Literat

Ein Gespür fürs Fabulieren verdanke ich Herrn Voigt, meinem Deutschlehrer der 11./12. Klasse. Über seine etwas ungewöhnlichen Lehrmethoden habe ich schon berichtet. Er selber war ein hervorragender Redner. Egal zu welchem Anlass. Da kam etwa die „Nationale Front": „Werter Kollege, unser Referent ist heute ausgefallen, können Sie das Referat übernehmen?", dann fehlte ein Referent für eine Versammlung der DSF, Herr Voigt übernahm, die folgende Woche war der „Demokratische Frauenbund" dran. Über jedes Thema referierte Herr Voigt etwa eine Stunde, hochinteressant und immer themenbezogen, für jeden zum Zuhören. In der ersten Reihe saß dann einer aus der 12. Klasse als Zuhörer, zeigte fünf Minuten vor geplantem Ende unauffällig auf die Uhr und Herr Voigt beendete zur rechten Zeit seinen Vortrag. Solche Vortragsweise war beneidenswert und natürlich auch nachahmenswert!

So versuchte also auch ich, wenn immer möglich, eine freie Ausdrucksweise zu verwirklichen, was mir heute noch bei meinen Lichtbildervorträgen zugutekommt.

Und natürlich wollte ich diese Ausdrucksweise auch schriftlich fixieren. Bloß, welches Thema war das Aufschreiben wert? Während der Armeezeit konnten schriftliche Aufzeichnungen unangenehme Folgen haben. Und während des Studiums hatte ich andere Sorgen.

Also erst während der Berufszeit. Da gab es ja einen sogenannten „Zirkel schreibender Arbeiter". Aber erstens war ich kein Angehöriger der Arbeiterklasse, sondern gehörte zur Klasse der technischen Intelligenz. Und dann war der Zirkel voll parteiorientiert, und dazu hatte ich erst recht keine Lust.

Als wir mit Urlaubsreisen begannen, bot sich plötzlich eine Thematik an. Fortan schrieb ich nach dem Urlaub so eine Art Erlebnisbericht. Das erste Mal 1964 über unseren Besuch in der Hohen Tatra, dem Hochgebirge, welches uns ohne größere Probleme für einen Besuch möglich war. Wir fuhren mit Jugendtourist, eine Art Reisebüro der FDJ. Und ich muss heute noch lächeln, wenn ich darin lese beim Aufstieg zur Gerlsdorfer Spitze, dem höchsten Berg der Tatra, was nur mit einem Bergführer erlaubt war: Ich hätte nie gedacht, dass ich in meinem Alter noch mal so klettern sollte. Fünf Jahre später war ich als Alpinist im Kaukasus und erstieg Viertausender.

URKUNDE

FÜR HERVORRAGENDE

FOTOKÜNSTLERISCHE LEISTUNGEN

ERHÄLT
BUNDESFREUND

Jürgen Pauschat

ANLÄSSLICH DES

III. FARBDIAWETTBEWERBES
· BEI FREUNDEN ZU GAST ·

FÜR DIE GESAMTLEISTUNG

SERIE

· Wandern · Touristik ·

DIESE URKUNDE

DEUTSCHER KULTURBUND
KREIS SCHWARZENBERG

28.11.1972

Unsere nächste Reise war eine Rundreise durch die Sowjetunion: Brest – Kiew – Jalta –Suchumi – Tbilissi –Moskau. Das ergab natürlich schon einen etwas größeren Bericht, und die dazugehörigen Fotos – Farbdias, wie sie damals üblich waren – ergaben schon einen interessanten Lichtbildervortrag.

Ein Jahr später, zum 50. Jahrestag der Gründung der UdSSR, kam der Redakteur unserer Betriebszeitung zu mir: „Du hältst doch Vorträge über die Sowjetunion, kannst du darüber nicht mal einen Artikel für die Betriebszeitung schreiben?" „Nun ja", sagte ich, „ich habe die Reise in einem Bericht dokumentiert, natürlich für mich privat. Ich gebe dir mal den Bericht, für die Zeitung solltest du ihn aber sicherheitshalber überarbeiten."

Gesagt, getan, dann fuhren wir erstmal in Urlaub, natürlich wieder in die SU, diesmal nach Suchumi am Schwarzen Meer. Als wir nach 14 Tagen wieder in den Betrieb kamen, herrschte dort große Aufregung. Kollegen fragten mich: „Hast du noch so einen Artikel für uns?" Ich wusste erstmal nicht, worum es ging. In der letzten Ausgabe der Betriebszeitung war der erste Teil meiner privaten Reisebeschreibung unbearbeitet übernommen und veröffentlicht worden:

„Berlin-Ostbahnhof. In einer halben Stunde ist Abfahrt unseres Zuges. Wir warten im Ostteil der Bahnhofshalle. Dort, gegenüber von uns, bildet sich eine Gruppe von Reisenden. Unsere Reisegruppe? Aber auch in unserer Nähe trudeln Leute mit schweren Koffern ein. Jetzt taucht ein junges Fräulein mit amtlicher Mappe auf. ,Gehören Sie zu der Reisegruppe nach Leningrad?' ,Nein.' Bei jeder anderen Zeit hätte ich dieses ,Nein' bedauert. Aber heute? Wir wollen ja weiter nach Süden.

Jetzt taucht wieder eine Person mit Mappe auf, ein Herr. ,Reisegruppe nach Kiew-Jalta?'

Aha, jetzt geht's los. Jetzt dürfte eigentlich nichts mehr dazwischenkommen, was die Urlaubsreise verderben könnte. Wir wandern auf den Bahnsteig. Dort steht schon der Zug. Die Teilnehmer werden auf die Abteile eingeteilt. Wir beziehen mit dem Reiseleiter zusammen ein Abteil. Wagen 4, Abteil 1. Einsteigen, in fünf Minuten ist Abfahrt! In den fünf Minuten kurz die Koffer verpackt, kurzes Bekanntmachen mit den Abteilmitmenschen, und dann hört man doch etwas erwartungsvoll aus dem Lautsprecher: ‚Zu dem Zug nach Moskau über Warschau, Brest die Türen schließen und Vorsicht!'

Der Zug setzt sich in Bewegung. Der erste Schritt auf dem Wege in die SU ist getan.

Unser nächster Wunsch ist Bier. Schließlich ist Mitropa vorhanden, und man hat noch gültige Währungseinheiten. Natürlich gehe ich mit, denn bei einem Bier lernt man sich leichter kennen. Und dann muss der Reiseleiter auch noch die Essenzeiten für die Gruppe vereinbaren. Aber die Mitropa ist geschlossen, erst ab Frankfurt/Oder wird geöffnet. Also wieder zurück und in Frankfurt erneuter Vorstoß. Erst hinter der Grenze wird geöffnet. Wir also wieder zurück, nur der Reiseleiter fehlt. Nach 20 Minuten kommt er im Abteil wieder an, leicht schimpfend. Da die mitfahrenden Reisegruppen der Mitropa nicht gemeldet waren und unser Reiseleiter als Erstes kam, hat er als Einziger noch Termine erhalten. Aber wir müssen unser Frühstück schon um fünf Uhr morgens einnehmen! Bis dahin ist noch eine gute Weile Zeit. Wir warten noch, bis der Zug die Grenze passiert. Dort kommt auch schon die Oder. Auf Wiedersehen Deutschland! Wenn wir in umgekehrter Richtung wieder heimkehren, werden wir hoffentlich unvergessliche Eindrücke mit uns bringen.

Gute Nacht! Erste Nacht im Schlafwagen. Aber der Schlaf meidet einen, erstens ist man in Erwartung des Kommenden munter und dann muss man sich an das Rattern erst noch gewöhnen.

Plötzlich wacht man auf, draußen ist es hell und man soll zum Frühstück kommen. Man hat also doch und auch recht gut geschlafen. Vor dem Frühstück natürlich noch Toilette. Die Schaffnerin hat eine Art Samowar angeheizt, man kann sich heiß rasieren. Die meisten von uns sind über elektrifiziert. Und wo ist die Steckdose mit den 220 Volt? Einiges Probieren, aber eisiges Schweigen. Also zur Schaffnerin. Aber wie sollen wir unseren Wunsch begreiflich machen? Wie heißt nur gleich 220 Volt auf Russisch? Ob sie verstanden hat, was wir wollen? Jedenfalls können wir uns nach einiger Zeit rasieren und wenn auch etwas verspätet zum Frühstück erscheinen. Gewaschen wird nachher. Das Frühstück besteht aus einem reichlich mit Schinken versehenen Rührei. An dem Geschirr sehen wir, dass wir noch von der deutschen Mitropa bedient werden. Also kaufen wir uns doch noch ein paar Flaschen Pilsner und wandern wieder zurück.

Jetzt erstmal Waschen. Die zwei Waschmöglichkeiten sind wirklich et-
was wenig, aber was hilft's, man muss eben warten, bis man an der Reihe
ist. Und dann wird der Versuch, sich zu waschen, bedeutend erschwert, da
kein Stöpsel für das Waschbecken vorhanden ist und das Wasser nur dann
läuft, wenn man auf einen Knopf am Hahn drückt. Erst versucht man's
mit Geschwindigkeit und dann mit einer Hand. Schließlich probiert man
durch einige Verrenkungen mit einer Hand, gleichzeitig zu drücken und
zusammen mit der anderen das Wasser aufzuhalten. Man wird zwar nur
schwerlich richtig sauber, aber Wasser hat man genügend verbraucht. Und
nachdem das alles überstanden ist, widmet man sich wieder der Landschaft.
Wir nähern uns Warschau, der Metropole des Landes, durch das wir nun
schon einige Stunden wenn auch meist nachts, gefahren sind.

Warschau, Gdansker Bahnhof. Wir sind etwas enttäuscht, so wenig
von dem so vielgerühmten Warschau zu sehen. Hier sieht es annähernd
so aus wie in Berlin-Schönefeld. Nur ein wenig auf dem Festland die
Füße vertreten, und schon muss man wieder einsteigen. Die Schaffnerin
putzt mit einem Tuch noch einmal alle Griffe ab, genau wie auch vor
dem Aussteigen, worüber wir nicht schlecht erstaunt sind.

Und weiter geht's. Vorbei an Warschau, in der Ferne erhebt sich das
Gebäude der Kultur – schnell eine Aufnahme, jetzt passieren wir die
Weichsel, dicht neben der Bahn verläuft eine doppelstöckige Straßenbrü-
cke, dann noch einige Neubauten und vorbei ist die Stadt.

Die Landschaft sieht jetzt ganz anders aus als vor Warschau. Alte,
unordentlich aussehende Dörfer liegen an der Strecke, in schmutzigen Tüm-
peln baden Kinder. Die Häuser sind mit Stroh bedeckt, sehen schmutzig
und halb zerfallen aus. Auf der Wiese stehen vereinzelt Störche. Dann
wieder weite Strecken ohne menschliche Behausung. Laubwälder über
Laubwälder. Hier müsste man mal Pilze suchen können.

Die Landschaft wird langweilig, man trinkt und unterhält sich und
wird erst von der nächsten Haltstelle unterbrochen: Terespol, die polni-
sche Grenzstation. Den Zollbeamten zeigt man seinen Passport – den
Ausweis, dann geht die Fahrt über den westlichen Bug, den Grenzfluss.
Man zeigt wieder den Ausweis und befindet sich in der Sowjetunion, die
Uhr wird um zwei Stunden vorgestellt.

Grenzstation Brest-Litowsk oder kurz Brest. Hier werden die Wa-
gen umgespurt (in der Sowjet-Union fährt man auf anderer Spurweite),

wir müssen aussteigen und auf den Zug Moskau-Kiew warten, der in ca. acht Stunden ankommt. Wir machen die ersten Schritte in einem neuen Land. Die Reisegruppe sammelt sich, die Gepäckstücke werden aufgestapelt und wir harren der Dinge, die jetzt kommen werden. Unterdessen sucht der Reiseleiter den Dolmetscher, der uns für Brest zur Verfügung stehen soll. Da ertönt plötzlich mein Name, ich sehe in die Richtung, aus der der Ruf kommt, und entdecke in einem Abteilfenster einen Arbeitskollegen von mir, der im Zug nach Moskau fährt. Währenddessen ist der Dolmetscher eingetroffen, aber der Reiseleiter fehlt.

Wir müssen unser Gepäck nehmen, um es zur Aufbewahrung zu bringen. Eine ältere Dame von uns will dazu einen Kofferträger beauftragen. Zum Glück fragen wir vorher, was es kostet: 50 Kopeken. Das erscheint uns recht teuer, und außerdem haben wir noch keine russische Währung.

Dann geht es in den Bahnhof. Ein russischer Bahnhof ist nicht nur ein Bahnhof schlechthin, er ist ein kleiner Palast, wie wir übrigens im Laufe unserer Reise von allen möglichen Bahnhöfen den Eindruck gewannen. Große Säulengänge, marmorne Säle und viel Licht.

Wir sind unsere Koffer losgeworden, der Reiseleiter ist auch wieder da, und nun geht es erstmal zum Mittagessen. Als Vorspeise gibt es Borschtsch-Suppe, eine säuerliche Gemüsesuppe mit Paprika und großen Fleischstücken und einem Löffel saurer Sahne. Dann Bratkartoffeln, Fleisch und viel Gemüse, zum Schluss eine Tasse Tee. Am auffallendsten ist das Geschirr: feines Porzellan mit einem bläulich gemusterten Rand. Der Tee in silbernen Gefäßen, in denen Glasbecher stecken. Das kommt uns fremdartig vor, die wir zu Hause nur die Mitropa-Schwergewichts-Service kannten.

Nach dem Essen wurde Geld verteilt, dann soll eine Besichtigung der Festung erfolgen. Mit dem Bus geht es in ein Gebiet westlich von Brest, durch einen Festungswall, und dann befindet man sich auf einer größeren Fläche: überall Trümmer, zerschossene und zerstörte Gemäuer, nur ein Gebäude steht noch einigermaßen stabil, das Museum. Brest ist eine der ältesten Städte der Belorussischen SSR, und ebenso alt soll die Festung sein. Sie steht in dem Ruf, von Gegnern sehr schwer eingenommen werden zu können, teils weil sie vom Bug umflossen wird, und auch wegen ihrer Anlage. 1917/18 fanden hier die Friedensverhandlungen zwischen Russland und den Mittelmächten statt, die mit dem Frieden von

Brest endeten. Im Vaterländischen Krieg wurde die Festung 1941 heldenhaft verteidigt, als die Faschisten schon wesentlich weiter östlich waren. Von diesem heldenhaften Kampf fast nur von einzelnen Personen sehen wir einen erschütternden Film. Wir sind etwas betroffen ob dieser Begrüßung in der Sowjetunion. Wir schämen uns vor den sowjetischen Bürgern, die mit uns zusammen den Film ansehen. Aber sie sehen uns freundlich an, sie wissen: Wir sind andere Menschen als diese eben gesehenen Deutschen vor 25 Jahren.

Dann geht es mit dem Bus wieder zurück zum Bahnhof, und jetzt haben wir Zeit, uns die Stadt anzusehen. Wir überqueren die Bahnanlage auf einer neuen Brücke, wenden uns nach links, gehen auf einer herrlich breiten Straße an großen Neubauwohnungen vorbei. Rechts von der Straße sind ein Park, herrliche Grünanlagen, Spielplätze und wieder Grünanlagen.

Aber dann wird die Stadt älter. Nur noch alte, stellenweise unverputzte Häuser. Wir sehen in Wohnungen, deren Fenster in Augenhöhe liegen. Ein Stück Vorhang, das Fenster nicht zur Hälfte bedeckend, bildet die Gardine. Dahinter einfaches Mobiliar, eng und nicht sauber. Wir sehen uns die Schaufenster an: Kleider, Stoffe, Schuhe wie bei uns vor 15 Jahren und sehr teuer. Aber auch Waschmaschinen, Fernsehapparate und Rundfunkgeräte nicht nach unserem Geschmack. Wir pilgern weiter. Die Menschen, sehr einfach gekleidet, drehen sich nach uns um. Dann taucht eine Kathedrale in russisch-orthodoxem Stil auf, aber leider durch Häuser zu sehr verdeckt, als dass sich eine Aufnahme lohnen würde. Müde vom Laufen, erreichen wir einen Platz, am Rande stehen Bänke in Grünanlagen. Wir setzen uns, ruhen aus und beobachten das Treiben um uns her.

Vor uns die gepflasterte Straße, auf der hin und wieder ein Taxi oder ein Bus fährt. Im Gegensatz zu den Taxis sehen die Busse wie Holzwagen aus, aber es klappert wie Blech. An die Straße angrenzend ein freier Platz, ungepflastert, darauf stehen vereinzelte Pferdefuhrwerke mit länglichen Holzwagen. Dahinter ein einstöckiges, langgestrecktes Gebäude. Aus dem Gebäude kommen Kinder mit Kannen voll Wasser. Größere Buben necken ein kleineres Mädchen, das die Hälfte des Wasers verschüttet und dann ängstlich über die Straße flüchtet.

Mit dem nächsten Bus fahren wir wieder zum Bahnhof. Nun sehen wir uns noch den Bahnhof genauer an. Der Wartesaal, eine große

Halle mit reihenweisen Bänken, grellrot, schaumgummigepolstert. Dann wollen wir in das Speiserestaurant. Vor dem Eingang: ein Pförtner. Er macht uns darauf aufmerksam, dass die Garderobe erst gegenüber abgelegt werden muss. Danach dürfen wir eintreten und wieder sind wir erstaunt über die Räumlichkeiten. Dieser Saal ähnelt vielleicht ein klein wenig dem „Chemnitzer Hof", an den oberen Speisesaal in Karl-Marx-Stadt, nur weniger Betrieb, und kaum hat man Platz genommen, steht auch schon eine freundliche Kellnerin am Tisch. Wir wollen nur etwas trinken, aber sie bringt uns mit derselben Freundlichkeit unsere Flasche Mineralja Woda wie dem Nachbartisch, an dem auch Teilnehmer unserer Reise sitzen, die Flasche Sekt. Auch hier sehen wir wieder das gleiche Speisegeschirr wie gegenüber in dem anderen Speisesaal.

Langsam vergeht die Zeit, die Nacht bricht herein, und mit ihr kommt unser Zug, der uns nach Kiew bringen wird. Wie in alter Gewohnheit beziehen wir die Schlafwagenabteile, legen uns hin und schlafen wie zu Hause im Federbett. Wieder ist es schon taghell, als wir aufwachen, Toilette machen und uns die Gegend ansehen. Das nennt sich nun Ukraine. Links und rechts von der Bahn dichte Birkenwälder. Die Bahnlinie ist zweigleisig, wir fahren elektrisch, und links von der Bahnlinie wird die Landschaft planiert und aufgeschottert. Wahrscheinlich kommt ein weiteres Gleis in Zukunft hinzu.

Ein Stunde vor Kiew lichtet sich der Birkenwald, einzelne kleinere Ortschaften ziehen vorbei, an einzelnen halten wir sogar. Und dann erscheinen die Kolchosdörfer, wie wir sie aus Zeitungen und Filmen kennen. Kleine neue Häuschen in regelmäßiger Anordnung und ein großer Pionierpark. Ein LKW fährt ins Dorf, eine riesige Staubwolke hinter sich herziehend. Unwillkürlich erinnert man sich an russische Filme.

Dann taucht in der Ferne eine Fabrik auf, Neubauten, Neubauten und wieder Neubauten. Kiew.

(Fortsetzung folgt)

Natürlich war ich verwundert, dass mein doch ganz privater Bericht so gänzlich unbearbeitet in die Zeitung gesetzt worden war. Aber letztendlich glaubte ich, eine Werbung für eine Reise in ein unwahrscheinlich interessantes Land beschrieben zu haben. Das wunderschöne, neu entstandene, durch den Weltkrieg völlig zerstörte Kiew. Jalta am Fuße des Jailagebirges, wo wir uns wie an der Côte d'Azur fühlten. Suchumi, wo wir im Anblick auf schneebedeckte Berge des Kaukasus im Meer badeten. Dann Tiblissi, die Hauptstadt Georgiens, eine moderne Großstadt mit leicht orientalischem Flair. Und natürlich Moskau: der Kreml mit seiner prunkvollen Rüstkammer, die Metro mit ihren unendlichen Rolltreppen und prunkvollen Bahnhöfen tief unter der Erde.

Aber das wäre erst in den Fortsetzungen zur Geltung gekommen. Und trotzdem sah ich nichts Besonderes an diesem ersten Teil.

Gegen Mittag hörte ich, dass die Parteileitung des Betriebes tagt, bei Teilnahme des Parteisekretärs der Kreisleitung Schwarzenberg, und über meinen Artikel berät. Das war denn doch etwas zu viel. Ich wurde dort vorstellig: „Sie sind der Schreiber dieser Schmähschrift über unser Freundesland Sowjetunion. Was bezahlt Ihnen Springer für diese Arbeit ...?" (Springer, gemeint war der Axel Springer Verlag in Berlin, der von seinem Hochhaus in der Nähe der Leipziger Straße ständig nach Osten spionierte, um unseren sozialistischen Aufbau zu verunglimpfen.).

Ich versuchte, zu erklären, dass ich meine privaten Eindrücke niedergeschrieben hätte und das Erlebnis der Wahrheit entsprach.

„Hier kommt es nicht auf die Wahrheit an, sondern was uns nützt!", wurde mir entgegnet. Wieder versuchte ich, zu rechtfertigen: „Ich glaube aber eher, dass uns die Wahrheit nützt, denn die ist eigentlich positiv." „Na, Sie werden noch von uns hören!" Der Redakteur der Betriebszeitung wurde mit einer anderen Tätigkeit beauftragt, das Erscheinen der Betriebszeitung wurde eingestellt, bis man merkte, dass unsere westdeutschen Kunden dadurch aufmerksam werden konnten. Verspätet erschien wieder eine Ausgabe voll mit Lobhudeleien für unser geliebtes Bruderland: „Aus dem rückständigen Agrarland ist ein moderner Industriestandort entstanden, der den ersten künstlichen Satelliten ins Weltall sendete."

Mir wurde die Mitgliedschaft in der DSF, der Gesellschaft für Deutsch-Sowjetischen Freundschaft, gekündigt. Ich war aber gerade mal nicht Mitglied, obgleich ich nichts gegen die DSF hatte. Aber in unserer sozialistischen Brigade, wie unser Arbeitskollektiv nun mal war, zählten Neuaufnahmen in die Gesellschaft als positive Arbeit.

Das Gleiche versuchte die Gesellschaft: „Kammer der Technik". Man nahm aber dann davon Abstand, weil ich kurze Zeit später verantwortlich für die kulturellen Einlagen einer Mitgliedsversammlung war.

Man erwog die Aberkennung meines Offiziersgrades, schließlich war ich einer der wenigen Reservisten im Offiziersrang, wenn auch bloß Unterleutnant der Reserve. Doch das wäre nur über ein Berliner Ministerium möglich gewesen.

Währenddessen erscheint im Neuen Deutschland, dem Zentralorgan der SED, ein kurzer Artikel über unseren letzten Besuch in Suchumi. Selbst das empörte die Parteileitung. Aber gegen das Neue Deutschland konnte die Kreisleitung kaum etwas unternehmen. Ich hatte über einen außerplanmäßigen Ausflug von Suchumi aus über die Suchumer Heerstraße in den Kaukasus berichtet. Unter anderem: „... *Wir fahren durch einen Tunnel, dann wieder entlang eines gefährlichen Abgrunds. Eine Rechtskurve, wie ein Wasserfall fließt ein Bach über die Straße. Der Fahrer hält, er muss neues Kühlwasser einfüllen. Wir besehen uns die Gegend. Die Straße, oder besser der Weg, führt entlang des Baches bergauf. Am Bach stehen vereinzelte, teils morsche, teils neue Holzhäuschen, mit Holzschindeln bedeckt: Mühlen wie wir sie aus Museen kennen. Wir öffnen eine kleine Schleuse, das Wasser fließt in die Mühle und tatsächlich hören wir drinnen ein Mühlrad sich drehen. Diese Mühlen sind also noch in Betrieb: Sie mahlen den Reis, der überall in der Gegend angebaut wird ...*"

Mein Artikel in der Betriebszeitung war jedenfalls wochenlang Gesprächsthema im Kreis Schwarzenberg. Besonders der Satz „Der Bus sieht aus wie Holz, aber es klappert wie Blech" war in aller Munde.

Der Werkleiter erhielt einen Verweis durch die Partei-Kreisleitung, weil er nicht für eine Distanzierung meines Arbeitskollektivs von mir gesorgt hatte. Als die entsprechende Versammlung dann stattfand, sprachen sich aber alle Kollegen für den Artikel aus, weil dort die Wahrheit dargelegt wurde. „Das Mitropa Service ist ja wirklich nicht gerade elegant."

Letztendlich fuhr ich nach Schwarzenberg zur Kreisleitung der DSF, um zu erfahren, was eigentlich gegen den Artikel vorläge.

„Schon der Beginn des Artikels: Osthalle, Ostbahnhof. Klingt wie ein Ritt nach dem Osten."

„Ich kann doch aber nichts dafür, dass es in Berlin einen Ostbahnhof gibt mit einer West- und einer Osthalle", erwiderte ich.

„Und dann ‚Auf Wiedersehen Deutschland'. Begrüßen Sie damit die ehemaligen deutschen Ostgebiete?"

Und so ging es weiter. Satz für Satz wurde der Artikel auseinandergenommen. Wie sollte ich mich da verteidigen?

Ein Besuch von Albert Norden wurde angekündigt. Im Politbüro der SED war dieser für die Medien in der DDR hauptverantwortlich. Er kam dann aber doch nicht. Für mich war ein Ausreiseverbot ins Ausland vorgesehen. Da hätte ich nicht mal mehr in die befreundeten Nachbarländer reisen dürfen.

Dann wurde ich mal zum Pförtner gerufen, ein Herr wollte mich sprechen. „Sie sind Herr P. der Autor des Artikels über die SU? Sie halten auch Dia-Vorträge. Es heißt mit antisowjetischem Bildmaterial?" Ich widersprach: „Das ist nicht wahr. Kommen Sie doch mal zu meinem Vortrag und beurteilen Sie das dann selber!" „Und dann wird gesagt, dass Sie Westantennen herstellen und verteilen!"

Westfernsehen war nicht gerade erwünscht und zudem im Erzgebirge nur mit aufwendigen Dipolantennen möglich. Ich hatte selber keine solche, denn für uns reichte das DDR-Fernsehen allemal, und die alten Filme von Willy Schwabes Rumpelkammer waren besser als die amerikanischen Wildwestkrimis. Ich protestierte und lud den Herrn zu mir nach Hause ein. „Na, ich glaube Ihnen das schon. Aber wie wäre es, wenn Sie uns mal einen Bericht über Ihre Abteilung schreiben würden?"

Was sollte ich tun? Also versprach ich einen Bericht. Vierzehn Tage später wurde er abgeholt. Ich hatte in dem Bericht davon berichtet, wie unser Betrieb falsches Material vom Halbzeugwerk Auerhammer erhalten hatte und wir dies nicht reklamieren durften. Unser technischer Direktor war der Meinung, dass wir dadurch unseren Plan für Sekundärmaterial besser erfüllen könnten. Das empfand ich als völlig widersinnig. Ein zweiter Bericht erläuterte eine ähnliche Planmisere: Es wurde für mehrere Millionen Mark ein Forschungsauftrag an ein Fremdinstitut vergeben mit einem Thema, das zwischenzeitlich längst veraltet war. Darauf der Herr, offensichtlich von der Stasi: „Sie brauchen keine Berichte mehr zu schreiben. Solche Berichte brauchen wir nicht."

So endeten also meine ersten literarischen Versuche mit einem unrühmlichen Artikel in einer Betriebszeitung.

Welche Bedeutung dieser Artikel DDR-weit hatte, habe ich Jahre später zufällig erfahren. Ich spielte in einem Blasorchester des Grafischen Großbetriebes Dresden mit. Und als die Kulturfunktionärin des Betriebes erfuhr, dass ich mal in Beierfeld gearbeitet hätte, sagte sie:

„Von dem Betrieb habe ich schon mal gehört. In einer Schulung für Redakteure der Betriebszeitungen wurde über einen fehlgelaufenen Artikel über eine Reise in die SU berichtet." Ich verschwieg natürlich, dass ich der Verfasser jenes Artikels gewesen war.

Und noch eine Nachwirkung hätte meine erste Veröffentlichung beinahe gehabt, wenn auch nicht gerade der Artikel selber, sondern die daraufhin vorgesehenen Maßnahmen.

Jahre waren vergangen, nein, schon Jahrzehnte. Die DDR war Vergangenheit, in dem neuen Deutschland hatte ich durch Empfehlung des Parteisekretärs meines ehemaligen Institutes eine Anstellung bei der Treuhand-Liegenschaftsgesellschaft erhalten. Natürlich fragte man beim Einstellungsgespräch nach der Mitarbeit bei der Stasi, ob ich inoffizieller Mitarbeiter gewesen wäre. Das verneinte ich natürlich. Aber Jahre später wurden die Unterlagen noch einmal geprüft und man fand meine Berichte, die der Mitarbeiter der Stasi damals von mir angefordert hatte. Das wäre das unrühmliche Ende meiner letzten beruflichen Tätigkeit gewesen. Aber zum Glück las der Bearbeiter des Vorgangs auch die Berichte durch, verstand nach einem persönlichen Gespräch mit mir auch die Hintergründe und ließ Gnade vor Recht ergehen, ich durfte bis zum Beginn der Rentenzeit weiterarbeiten.

Musikalisches Hobby

Wie meine Liebe zur klassischen Musik entstanden ist, habe ich schon versucht, zu erklären. Ich träumte davon, einmal in einem Orchester zu spielen, wie beispielsweise in dem Schulorchester. Als Instrument dachte ich an Oboe, schließlich richtet sich das ganze Orchester nach dem Ton der Oboe! Es wurde dann aber die Klarinette.

Es war schon zu Beginn meiner Zeit in der Internats-Oberschule in Stadtroda: Die Schule hatte so an die 150 Mark vom Budget des Vorjahres übrig, die mussten irgendwie ausgegeben werden, weil sonst die Verfügbarkeit des Geldbetrages verfallen wäre. Also kaufte man eine Klarinette. Warum gerade ein solches Musikinstrument, das bleibt fraglich. Jedenfalls war sie plötzlich vorhanden, und wer sollte sie nutzen? Ich meldete mich, schließlich war ich immer noch klassisch geprägt. Also nahm ich das Instrument, probierte, Töne darauf zu erzeugen. Welcher Ton sich bei welcher Betätigung von Klappen oder Löcher ergab, verglich ich mit einem Klavier. So konnte ich bald, notdürftig zwar, ein einfaches Notenbild bespielen.

Ein gewisser Harald Seime, ein Schuljahr über mir, spielte am Klavier manchmal zur Unterhaltung oder gar zum Tanz auf. Da kam ein Klarinettenspieler gerade recht, um mit noch anderen zusammen so eine Art Tanzkapelle zu bilden. So spielten wir, wie damals aktuell: „Schön ist so ein Ringelspiel", oder „Rosamunde" und Ähnliches.

Dieser Harald Seime schwärmte überdies für die Kunst der Pantomime von Marcel Marceau, zeigte uns auch einige deren Grundlagen und wurde später der Begründer einer Pantomimenausbildung in der DDR.

Meine Eltern freuten sich, dass ich ein Musikinstrument bekommen hatte, und meine Mutter empfahl natürlich auch, entsprechenden Unterricht zu nehmen, in diesem Fall in der Musikschule Jena, wo meine Schwester bereits angemeldet war. Das Schulgeld betrug damals 16 Mark pro Monat. Mein Lehrer war ein Herr Schwarz, Klarinettist im Jenaer Symphonieorchester. Und dieser machte mich als Erster darauf aufmerksam, dass die Klarinette in „B" gestimmt war und nicht in „C", wie ich es mir eingeübt hatte. So kam es, dass ich von Hause aus auch „C"-Stimmung spielen konnte, was mir bis heute noch von Vorteil ist: Ich brauche solche Stimmen nicht zu transponieren, ich spiele einfach mein altes System. Jedenfalls habe ich bis kurz vor dem Abitur Klarinettenunterricht genossen, dann aber wegen Vorbereitung aufs Abi davon Abstand genommen. Leider konnte ich meinen ursprünglichen Wunsch, in einem Schul-Symphonieorchester mitzuspielen, nicht realisieren, denn in Stadtroda gab es so etwas nicht.

Dann kamen zweieinhalb Jahre Armeezeit.

Meine musikalischen Interessen spiegelten sich bei einem gelegentlichen Klavierspielen wider. Das konnte ich zwar erst auf der Fliegerschule in Kamenz, wo ich bald in so einer Art Kulturkommission tätig war. Mein bald geprägter Spitzname „Luigi" sollte auf meine Vorliebe zu Beethoven Sonaten hinweisen. Bei einem musikalischen Wettbewerb errang ich mit meinem Klavierspiel sogar mal einen zweiten Platz.

Dann wurden wir nach Dessau verlegt und ich besuchte einen Betriebschor außerhalb unseres Objektes. Der Versuch, auch einen Chor innerhalb des Objektes zu gründen und zu leiten, schlug fehl, wie ich bereits berichtete.

Im Januar 1958 wurde ich mit anderen in die Reserve versetzt und nach Hause geschickt. Sogleich erinnerte ich mich meines sehnlichsten Wunsches, in einem Orchester mitzuspielen. Infrage kam das Orchester des Universitätsensembles „Max Reimann" mit Namen (MRE), wo meine Schwester seit ihrem Studium an der Universität erstes Cello spielte. Voriges Jahr, ich war gerade auf Urlaub, verabschiedeten wir das Ensemble auf eine Tournee nach Bulgarien. Mir war damals zum Heulen zumute, denn an eine solche Ensemble-Mitgliedschaft war nicht zu denken und Auslandsfahrten waren damals überhaupt noch nicht selbstverständlich und für Armeeangehörige völlig undenkbar!

Ich wurde also gleich bei der Ensemble-Leitung vorstellig. Man freute sich auf einen neuen Klarinettenspieler – der bislang erste Klarinettist, Manfred Nebel, ein Mediziner, wurde mit Studium fertig und verließ Jena. Die anderen Klarinettisten genügten offensichtlich nicht den geforderten Ansprüchen. Ich traute mir das zu, bekam auch einen Satz Klarinetten (A- und B- Klarinette) ausgeliehen und wurde nach den Semesterferien zur Probe erwartet.

Also erstmal zu Herrn Schwarz, meinem ehemaligen Klarinettenlehrer, und dieser nahm sich Gott sei Dank auch gleich meiner an. Ein paar Wochen fleißiges Üben und ich fühlte mich bereit für die erste Klarinette im Orchester, noch zusammen mit dem bisherigen. Ab Herbstsemester war ich dann allein als erster Klarinettist. Meine Schwester war überdies mit dem Studium fertig und damit nicht mehr Orchestermitglied.

Einer meiner ersten öffentlichen Auftritte war in Magdeburg zur zentralen Feier der Universitäten anlässlich des Zehnten-Jahrestages der DDR. Das erste Stück begann mit einem Klarinetten-Soloton, und prompt ging der Ton daneben, was kaum zu überhören war. „Mist", dachte ich, „bist also doch nicht für eine erste Klarinette gut genug."

Eine Woche später besuchte ich ein Konzert des Jenaer Symphonieorchesters: 5. Symphonie von Tschaikowski. Der erste Satz beginnt mit einem Klarinettensolo und, pfiff, geht der erste Ton daneben. Es passiert also auch Profis.

Ziemlich zu Anfang meiner Orchestertätigkeit wurde in der Probe, warum auch immer, Mozarts Hornkonzertkonzert in Es, der 2. Satz, geübt, von Pivko unserem Hornisten hervorragend interpretiert. Dann auch der 2. Satz aus Mozarts Klarinettenkonzert, das Adagio, wo ich dran war (Manfred Nebel hatte ja schon das Orchester verlassen). Ich erinnere mich zwar nicht mehr, wie ich den Solopart spielte, aber seitdem gehört dieses Stück mit zu meinen meistgespielten Hausmusikstücken.

Unser künstlerischer Leiter war Hans-Joachim Ludwig, im Alter so an die zehn Jahre älter als ich, also alt genug, um als Soldat im Zweiten Weltkrieg gedient zu haben. Im Februar feierten wir gemeinsam unseren Geburtstag, dadurch kamen wir uns auch etwas näher.

Für ihn war es der zweite Geburtstag: Er war als Spähtrupp an der Ostfront eingesetzt. Es ging über ein Feld bis zum nahe gelegenen Wald, wo der Feind, also Soldaten der Roten Armee, vermutet wurden. Keine Reaktion, man zog sich zurück. Und kaum wieder auf freiem Feld, stürmten die Russen aus dem Wald und mähten alles nieder, was sich bewegte. Ludwig ließ sich in den meterhohen Schnee fallen, stellte sich tot. Ein Soldat legte an, wollte aber vorher noch die schönen deutschen Stiefel erobern sowie andere Kleidungsstücke. Dann wurde der Soldat irgendwie abgelenkt und verschwand ohne den erwarteten Todesschuss. Ludwig blieb bis zum Dunkelwerden im Schnee liegen und robbte dann zurück in seine Einheit, als einziger Überlebender. Deshalb dieser Tag als zweiter Geburtstag. Für mich wurde dadurch dieser Herr Ludwig nicht nur ein anerkannter Dirigent, sondern schon fast Freund. Und ich war wohl einer der wenigen, die seine Vergangenheit kannten, denn in seinem Wesen war diesem Erlebnis nichts anzumerken, wenn er beispielsweise zum 1. Mai unserer Marschmusik Truppe als nächstes Stück keinen Marsch, sondern einen Walzer auferlegte.

Es war in meinem zweiten Studienjahr, als man von der Musikhochschule Weimar bei unserem Orchester vorsprach und für ein Musikstudium in Weimar warb. Ein Freund von mir, Werner Roth, unsere beiden Mütter waren befreundete Lehrerkolleginnen, nahm das Angebot an. Ich für meinen Teil glaubte nicht daran, dass ich mal ein guter Berufs-Klarinettist werden würde und für einen drittrangigen Berufsmusiker hatte ich erst recht keine Lust. Und auf diese Weise eine Hobby-Leidenschaft zu verlieren, wollte ich auch nicht. Werner Roth hat mit Erfolg in Weimar Bratsche studiert, dann erst in Leipzig, später in Berlin unter Sanderling gespielt, bei irgendeinem Gastspiel in den Westen abgesetzt und fürderhin im NDR- Rundfunkorchester gespielt.

Ich blieb also bei der Laienkunst.

Mit Werner Roth verband sich nicht nur ein familiärer Kontakt über unsere Mütter. Wir beide waren auch aktiv für die technische Organisation im Orchester tätig: Vor allem, wenn wir außerhalb der Mensa, unserem Probenort, Auftritte hatten, musste

MRE-Auftritt im Volkshaus von Jena

dafür gesorgt werden, dass Pulte, Noten und das Dirigentenpodest rechtzeitig vor Ort waren. Für den Transport und den Aufbau waren wir beide verantwortlich, Unterstützung von Orchestermitgliedern wurde gewährt, aber erst nach Aufforderung. Als Transportmittel stand uns ein Auto des Fuhrparks der Uni zur Verfügung, kostenlos, aber man musste es rechtzeitig angemeldet haben. Mit Weggang von Werner Roth war ich dann allein für den technischen Aufbau verantwortlich.

Ein besonderes musikalisches Erlebnis bot sich zur 400-Jahrfeier der Friedrich-Schiller-Universität an: Beethovens „Neunte" sollte aufgeführt werden, das Jenaer Symphonieorchester spielte und dazu sang der Akademische Chor und der Chor des MRE. Das gab für uns MRE-Orchester Mitglieder die Möglichkeit, mal in den Chor zu wechseln und bei der Neunten einmal mitzusingen – der Dirigent, nicht unser Herr Ludwig, wusste ja nicht, wer zum eigentlichen Chor gehörte.

Probe im Mensa-Probenraum

In angenehmer Erinnerung sind auch die Sommereinsätze. Meine Kommilitonen mussten zur Reservistenausbildung, ich fuhr mit dem Ensemble zum Sommerlehrgang, wo wir auch in den Ortschaften unseres Quartieres Gastauftritte veranstalteten. Ein Jahr waren wir beispielsweise in Salzwedel, recht nahe der Westgrenze gelegen. Wir hatten Quartier im Wohnheim einer Zuckerrübenfabrik, mit recht großem Löschteich, den wir natürlich als Badeteich ausgiebig nutzten (was eigentlich nicht erlaubt war!).

Unser Gastauftritt war in einem kleinen Nest direkt an der Grenze gelegen. Damals war die Grenze noch alles andere als abgesichert. Man erzählte uns, dass man noch ständig Gast im Westen wäre, z.B. als Nutzer der Stadtbibliothek in Uelzen, ca. 40 km entfernt. Man wusste genau, zu welcher Zeit die Grenzer ihre Runden drehten, und die restliche Zeit war die Grenze unbewacht.

Und jetzt hatten wir einen Auftritt direkt an der Grenze. Ich war mit meiner Ruckzuck-Truppe natürlich schon über eine Stunde eher als die anderen vor Ort, schließlich musste alles für den Auftritt vorbereitet werden.

Dann hatte ich Zeit, ging ein wenig spazieren. Da plötzlich ein Grenzschild: „Halt! Staatsgrenze!". Aber der Schlagbaum war offen, also ging ich weiter, noch vielleicht zehn Minuten, dann drehte ich um, schließlich musste ich ja pünktlich zur Veranstaltung sein. Ich passierte wieder die Grenze diesmal mit dem Schild: „Halt! Zonengrenze!". Pünktlich war ich bei dem Ensemble – so einfach war das damals mit der Grenze zwischen Ost und West.

Dann wurde unser Kontakt mit dem bulgarischen Akademischen Chor Sofia wiederaktiviert, der fast eingeschlafen war. Erst kam der Chor nach Jena zu Besuch, ein Jahr darauf wurde unsere Tournee nach Bulgarien geplant. Und ich war dabei. Die Fahrt begann am 13. August 1961, dem Tag, der in die deutschen Geschichtsbücher mal eingehen sollte.[5] Unsere Hinfahrt führte uns deshalb noch durch Jugoslawien, zurück dann über Rumänien (Jugoslawien gehörte nicht zu den Staaten im sozialistischen Lager).

In Sofia wohnten wir im Studenteninternat gegenüber der Alexander-Newski-Kathedrale. Einen Auftritt hatten wir in dem Saal Bulgaria im Neugebauten Opernhaus. Dann ging es auf Tournee durch das Land. Erst nach Plovdiv, wo wir einen Auftritt hatten, sogar übernachteten und man uns darauf aufmerksam machte, bei einem Stadtbummel ja nicht ins türkische Viertel zu gelangen, weil es dort zu gefährlich wäre. Die Weiterfahrt führte uns dann über den Rikscha-Pass im Balkangebirge nach Tirnovo, wo wir in einer Textilfabrik Auftritt hatten. Als wir in den Ort hineinfuhren, zeitlich stark verspätet, weil wir uns am Pass zu lange aufgehalten hatten, standen Massen von Leuten an der Straße mit Fähnchen und Blumen. Waren wir in irgendeine Demonstration irrtümlich hineingeraten? Nein! Man erwartete uns, als deutsches Ensemble. Am nächsten Morgen ging es dann weiter über Russe nach Varna. Dort waren wir ebenfalls im Internat untergebracht, hatten aber freie Zeit für den Goldenen Strand der Stadt. Unvergessliche Erlebnisse, auch, weil es meine erste Auslandsreise war.

---

5 Am 13. August wurde in Berlin die Mauer gebaut, die eine endgültige Trennung von Ost- und Westberlin bedeutete.

Im Sommer 1963 war ich mit dem Studium fertig, begann eine Tätigkeit im Erzgebirge und musste notgedrungen aus dem Ensemble ausscheiden. Als Lohn für mein gut bestandenes Physikstudium schenkten mir meine Eltern einen Satz Klarinetten, den ich auch heute noch nutze. In dem volkseigenen Betrieb, wo ich nach dem Studium in der Abteilung Forschung und Entwicklung arbeitete, waren meine musischen Interessen auf Sparflamme gesetzt. Ich versuchte zwar mal kurzzeitig, einen Betriebschor aufzubauen, ließ dies aber beizeiten wieder einschlafen, da auch hier keinerlei betriebliches Interesse vorlag. Ich war Mitglied der Kulturkommission des Betriebes, die vor allem für den Betriebsfunk zuständig war. Als wir dann nach zwei Jahren in Grünhain, heute Grünhain-Beierfeld, eine Wohnung bekamen, ging ich in das Blasorchester des dortigen Elektro-Motoren Werkes.

Orchester des Elektromotorenwerkes Grünhain

In der Zeit bis dahin hatte ich etwas Kammermusik mit meinem Augenarzt unternommen, was einmal bei einem Konzert im Schloss von Schwarzenberg mit Mozarts Klarinetten- Quintett seinen Höhepunkt fand. Irgendwie war ich durch meinen Augenarzt in musikalischen Kreisen von Schwarzenberg bekannt geworden, denn eines Sonnabendvormittags klingelt der Pfarrer von Grünhain bei mir und fragt, ob ich für den Nachmittag schon was vorhätte. Hatte ich nicht. In der Kirche von Aue wird Mozarts Requiem aufgeführt, und bei den Bläsern, dem Bläserkollegium aus Dresden, fehlte eine zweite Klarinette, ob ich dort mitspielen könnte. Natürlich wollte ich, ich kannte das Requiem zwar nur vom Hören und fragte deshalb: „Aber eine Probe ist doch noch vorher?" Natürlich war das der Fall, aber die Probe wurde nicht mir gewidmet, sondern dem Chor. Als es dann zur Aufführung kam war ich beim ersten Satz völlig überfordert. Ich hatte erst die Hälfte des Satzes gespielt, da war er schon zu Ende. Na, gemerkt hat das wohl keiner. Dann mitten im Requiem ein Satz mit Soloeinsatz der zweiten Klarinette. Ich spiele den Ton und erstaunt, dass kein Orchester mitspielt, nehme ich den Ton natürlich sofort wieder weg, weil ich dachte, ich läge falsch. Dem war aber nicht so, mein Soloton war nur ein Achtel vor dem allgemeinen Einsatz. Glück gehabt!

Neben Frieder Schürer, Musiklehrer in Grünhain

Jetzt spielte ich also erste Klarinette (mit Frieder Schürer zusammen) in einem Blasorchester unter der Leitung von Horst Häubel, Musiklehrer in Hohenstein-Ernstthal. Und dieser Dirigent

131

hatte ein ausgesprochen gutes Gespür für Laienmusiker. Durch seine Arrangements und die Art des Dirigierens holte er aus einem harmlosen Betriebs-Blasorchester ungeahnte Leistungen hervor. Bald waren wir das gefragteste Blasorchester des Kreises Schwarzenberg, was sich dann bei Einsätzen wie z. B. am 1. Mai bemerkbar machte.

Wir wurden ausgewählt, um uns an den Arbeiterfestspielen zu beteiligen. Die Arbeiterfestspiele fanden alle zwei Jahre in irgendeinem Bezirk der DDR statt und waren eine Art Wettbewerbsveranstaltung der unterschiedlichsten Betriebs- Kultur- Laiengruppen, wie Chöre, Tanzgruppen und eben auch Blasorchester. Wir schafften es unter Häubels Dirigat jedes Mal bis zur Goldmedaille. Einmal fand ein Auslandseinsatz statt: wir wurden in den tschechischen Patenbetrieb des Elektro- Motorenwerkes nach Brünn eingeladen. Ich erinnere mich noch, wie wir an der Grenze in Schmilka unsere Instrumente herausholten und in kleiner Besetzung den Grenzern und Zollbeamten ein Ständchen bliesen, was diesen zum Wohlgefallen war. Mit dieser kleinen Besetzung, also etwa 12 Bläser aus dem vielleicht so an die vierzig Mann starken Blasorchester, spielten wir in Brünn auch bei der Betriebsfeier zum Tanz auf. Natürlich auch böhmische Blasmusik. Als wir dann Koline von Frantizek Kmoch spielten, standen plötzlich alle im Saal auf und sangen mit: Koline war die heimliche Hymne der mährischen Provinz.

1974 verließ ich Grünhain und zog nach Dresden, wo ich im IfL, dem Institut für Leichtbau, in der Nähe des Flughafens Klotzsche eine Arbeitsstelle bekam.

Ich hatte mich von Anne getrennt und neu mit einer Frau in Dresden vermählt. Und deren Schwager konnte mir als Abteilungsleiter im IfL diesen Posten vermitteln. Und schon beim Einstellungsgespräch wurde ich darauf aufmerksam gemacht, dass in meinem neuen Arbeitskollektiv gesellschaftliche Arbeit großgeschrieben wurde. „Wir sind alle in der Freiwilligen Feuerwehr", wurde mir berichtet. „Aber, wie ich höre, spielen Sie Klarinette. Sprechen Sie doch mal mit Kollegen Jänchen, der spielt, glaube ich, im Kampfgruppenorchester der Stadt Dresden mit!"

Marschmusik zum 1. Mai

Als Bergmann-Kapelle

Mein Klarinettenspielen war dadurch bekannt geworden, weil ich gleich in der zweiten Woche meiner neuen Tätigkeit eine Freistellung für die Teilnahme an den Arbeiterfestspielen meines alten Blasorchesters benötigte, was natürlich auch gewährt wurde.

So kam ich also im Sommer 1974 in das Zentrale Kampfgruppenblasorchester der Stadt Dresden, mit Trägerbetrieb dem Grafischen Großbetrieb Völkerfreundschaft.

Neben Konzerten im Großen Garten, bestand eine Hauptaufgabe im Spielen zur Kampfdemonstration am 1. Mai auf der Thälmannstraße (heute Willsdrufer Straße), die Haupttribüne war direkt am Altmarkt und gegenüber drei Blasorchester: das Polizeiorchester links, rechts das Armeeorchester und unser Kampfgruppen-Blasorchester dazwischen, also mittendrin. Uns damit direkt gegenüber die Spitzen des Parteiapparates: Heinz Modrow, erster Sekretär, daneben sein Stellvertreter Lothar Stammnitz und so fort.

Zentrales Kampfgruppen-Orchester der Stadt Dresden

Als politisches Spitzenorchester war unsere Delegation zu den Arbeiterfestspielen natürlich fest eingeplant. Und so schlecht waren wir auch nicht. Unsere Dirigenten waren Mitglieder des Armeeorchesters. Anfangs Christian Mentzel, der mit unserem Orchester Erfahrungen sammeln sollte, um später das Armeeorchester zu dirigieren, wenn dessen aktueller Dirigent, Major Vogel, in Pension ging. Wo dieser dann unser Dirigent wurde.

Auftritt im Großen Garten von Dresden

Und dann hatten wir jährlich einen Wochenlehrgang im Betriebsferienlager des Grafischen Großbetriebs in Neustadt an der Götzinger Höhe. Und dort gab ich mir Mühe, den anderen Klarinettisten das geforderte Notenbild zu verdeutlichen. Abends dann, wenn zur Unterhaltung gespielt wurde, spielten diese Leute teils locker mit, und ich hatte Mühe, mich mir der Melodiestimme nicht zu sehr zu blamieren.

Im Mai 1977 wurde unserem Blasorchester ein besonderer Einsatz zuerkannt: Teilnahme an dem Allunionsfestival der Blasorchester der UdSSR in Minsk. Wir waren mit einem polnischen Orchester die einzigen Gastorchester, alle anderen, und das waren aus jeder Sowjetrepublik mindestens eines, waren ja sozusagen Einheimische. Eine tolle Auszeichnung für uns, unsere Republik hierbei zu vertreten. Nicht, dass wir das beste Blasorchester des Landes gewesen wären, aber als Zentrales Kampfgruppenorchester einer Stadt wie Dresden lagen wir natürlich parteipolitisch in Führung.

In Minsk zum Allunions-Festival

Einer unser Tenorhörner, Eberhard Rodig, war so was wie Technischer Direktor bei VEB Robotron und dieser holte die jeweils Ersten des Blasorchester zusammen als 12-Mann-Truppe, die „Dresdner Musikanten", ein Tanzblasorchester des Robotron Ensembles. Und dieses Orchester war wirklich Sonderklasse, nicht nur, weil wir natürlich auch zu den Arbeiterfestspielen mit Gold ausgezeichnet wurden. Aber unser Trompeter, Rudi Jänchen, der mich als Erster zum Kampfgruppenblasorchester gebracht hatte, spielte nicht nur hervorragend sein Instrument, das taten die anderen auch. Aber sein musikalisches Genie erlaubte diverse Instrumentalisierungen von bekannten Blasmusikstücken, und er komponierte auch speziell fürs große und natürlich auch für das kleine Orchester klanglich hervorragende Stücke. Einige davon waren „echte" Oberkrainer – Originalnoten waren nicht zu bekommen, da interpretierte Rudi die Musik nach Gehör!

Natürlich wurden bei den Dresdener Musikanten auch moderne Stücke gespielt, rhythmisch völlig anders als ich als Klassiker es gewohnt war. Und so hatte ich einige Mühe, um den Anforderungen dieses Klangkörpers einigermaßen gerecht zu

Die Dresdner Musikanten

werden. Auch hatten die Dresdener Musikanten wesentlich mehr
Auftritte als das Kampfgruppen Blasorchester. So spielten wir für
diverse Betriebsveranstaltungen, nicht nur von Robotron, was
deren Technischer Direktor natürlich selbstverständlich organisierte. Wir spielten auch in Berlin vor dem Palast der Republik, zu Uli Buschs Familienveranstaltung „Mit Kind und Kegel"
auf der Freilichtbühne im Großen Garten, im Kulturpalast kurz
vor dem Auftritt von Eberhard Chors, und zwei Tage zu Silvester auch im Kulturpalast, sogar im Katastrophenwinter 1978/79.
Die Stadt lag im Dunkeln, ich musste zu Fuß in die Stadt laufen, um pünktlich zur Veranstaltung zu sein. Aber der Kulturpalast war hell erleuchtet!

Das etwas Besondere an unserem Haufen war: Wir spielten
alles live, wie man heute sagen würde. Das heißt, wir konnten
auch musizierend in den Saal marschieren. Meistens spielten wir:
„Heute spielt die Blasmusik", natürlich auswendig.

FÜR HERVORRAGENDE
LEISTUNGEN UND
HOHE EINSATZBEREITSCHAFT
IM ROBOTRON-ENSEMBLE DRESDEN
ZU DEN
16. ARBEITERFESTSPIELEN DER DDR
WIRD

Jürgen Parchat

MIT DIESER

Ehrenurkunde

AUSGEZEICHNET

HARTIG
Sekretär der BPO
und Parteiorganisator
des ZK der SED

DR. STEBER
Generaldirektor

GRAHL
Vorsitzender
der BGL und des
Gewerkschaftskollektivs

Im folgenden Januar durften wir zu einer besonderen Veranstaltung aufspielen: Jedes Jahr im Januar wurde von der Parteileitung eines Bezirkes zu einem Jagdfest eingeladen, 1979 war der Bezirk Dresden dran und der zweite Bezirksparteisekretär, Genosse Stammnitz, hatte eingeladen. Die Abschluss-Veranstaltung fand auf Schloss Wackerbarth in Radebeul statt. Und wir durften zur Unterhaltung und zum Tanz aufspielen. Speise und Getränke waren für annähernd 300 Mann vorhanden, die DDR hatte 16 Bezirke, pro Bezirk waren höchstens zwei Personen geladen.

Stammnitz begrüßte seine Gäste ungefähr mit folgenden Worten, die sich in unser Gedächtnis einprägten: „Liebe Genossen. Wer die Macht hat, hat auch immer genug zu essen und zu trinken. Deshalb lade ich euch ein, kräftig zuzulangen!" Draußen herrschte Chaos bei der Versorgung mit Energie und Lebensmitteln infolge des Katastrophenwinters.

Mit uns trat Gunther Emmerlich auf und sang unter anderem: „Im Märzen der Bauer sein Rösslein anspannt, dann fährt er zur Kreisstadt mit seinem Trabant, dort gibt grad der Rat des Bezirkes bekannt, warum wohl der Bauer sein Rösslein anspannt."

Wir staunten über den Mut von Emmerlich, denn der Text war doch mit Sicherheit eine Veralberung der Arbeit der Kreisleitung. Aber es wurde lachend applaudiert.

Von irgendeinem Anwesenden wurde auch ich zum Trinken von Alkohol eingeladen. Was wir natürlich ablehnten, schließlich waren wir mit dem Auto da. Man zeigte uns daraufhin eine, ich glaube rote, Karte, mit der würden wir durch jede Kontrolle kommen!

Aber noch ein Positives hatte die Veranstaltung. Zu Ende wurden die nicht verzehrten Speisen so einfach abgeräumt, und dabei halfen wir selbstredend. Wir packten einfach die Tischdecke mit allem, was drauf war, zusammen und luden dies ins Auto. Die Brigade auf Arbeit hatte mehrere Tage danach noch reichlich Frühstück.

Und noch einen Auftritt habe ich in besonderer Erinnerung. Die Dresdener Musikanten sollten beim Borthener Blütenfest spielen. Nun war ich meist allein in der Klarinettenbesetzung, das ging natürlich nicht an bei so einer Veranstaltung, es musste eine Aushilfe heran. Ich machte unseren Chef darauf aufmerksam, dass ich Mühe hätte, nun die Zweite zu spielen, sozusagen vom Blatt. Also wurde die zweite Klarinette mit einer Aushilfe besetzt: mit Theo Schier, dem 3. Klarinettisten der Staatskapelle! Als zusätzlicher Gag stellte sich heraus: Theo Schier war in Jena zu Hause, hatte in der Ostschule die Schule besucht, u. a. auch bei meiner Frau Mutter. Und Werner Roth, mein Freund aus der ersten Studienzeit, war mit ihm auch befreundet.

Im klassischen Bereich waren naturgemäß kaum Aktivitäten vorhanden. Ich versuchte zwar, hin und wieder Klarinettenduos zu arrangieren, vor allem wenn wir in Neustadt zum Lehrgang auch Musiker, also auch Klarinettisten aus dem Armee- oder Polizeiorchester zu Besuch hatten. Aber das war dann ein sporadisches Spielen, ohne dass wir uns darüber hinaus treffen konnten.

Während einer Sonnwendwanderung lernte ich Friedhelm Rentzsch kennen, einen Cellisten, anfangs noch Student, später dann Mitglied der Dresdner Philharmonie, und mit ihm spielte ich mehr als einmal Beethovens Gassenhauer Trio und auch das Kegelstatt-Trio, obgleich dieses für Bratsche als Streichinstrument vorgesehen ist. Friedhelm Rentzsch war Musiker mit Leib und Seele, eine Voraussetzung für so ein Orchester. Er war damals der erste Musiker, dessen Kompositionen von der Philharmonie gespielt wurden. Als er plötzlich die Einberufung zur Armee erhielt, brach für ihn die Welt zusammen: Wie sollte er bei der Armee täglich viele Stunden üben, um das Repertoire der Philharmonie einzustudieren? Nach kurzer Zeit, kaum geheilten Nervenzusammenbruch, kamen wir wieder zusammen. Ich erinnere mich noch, wie er beim Anblick irgendeiner Uniform, ob Feuerwehr oder Polizei, ein großes Zittern bekam. Anfang der Neunzigerjahre nahm er sich das Leben.

Die Zeit des Kampfgruppenorchesters war natürlich mit der Wende vorbei. Unser letzter Auftritt war zum 3. Oktober 1990 in Allersberg, einem kleinen Ort in der Nähe von Nürnberg.

Außerdem hatte Eberhard Rodig, unser Organisator der Dresdener Musikanten, im Jahr vorher die DDR verlassen, und damit fielen auch die Aktivitäten der kleinen Truppe weg.

1986 wurde ich durch eine Arbeitskollegin auf das Arbeiter-Symphonieorchester des VEB Robotron (jetzt Haydn-Orchester) hingewiesen, wo eine Klarinette benötigt wurde.

Also begann ich dort mein Spielen wieder einmal auf klassischem Gebiet, selbstredend wieder als erster Klarinettist. Und auch in diesem Orchester, ebenfalls des Öfteren mit einer Goldmedaille bei den Arbeiterfestspielen beehrt, konnte ich bestehen. Und Peter Doss, Solocellist in der Dresdner Philharmonie, war ein durchaus anspruchsvoller Dirigent. Irgendwann stand Beethovens Achte Symphonie auf dem Programm, im 3. Satz mit einem ungemein anspruchsvollen Solopart von Horn und Klarinette! Das ging bis zum hohen F, und das klang bei mir jedes Mal furchtbar. Doch unser Chef hoffte immer auf ein gutes Gelingen, zumal der Hornpart hervorragend gespielt wurde. Und zur Veranstaltung: Mein Solo klang fast professionell und das Horn hatte mehrere Patzer.

Nach reichlichen zehn Jahren am ersten Pult kamen neue, jüngere Kräfte und lösten mich in der ersten Klarinette ab. Langfristig geblieben ist Elisabeth, mit der ich auch im weiteren Klarinettenduos oder Trio mit noch einem Fagott zu einigen Vernissagen spielte.

Und mit Elisabeth erlebte ich auch eine meiner furchtbarsten Orchesterauftritte: Ich glaube, es stand eine Symphonie von Schumann auf dem Programm, im zweiten Satz mit wunderschönen Klarinettenduo. Das Orchester stimmt ein, auch ich. Der Dirigent begann und ich stellte entsetzt fest, dass ich die falsche Klarinette dabei habe, anstelle der notwendigen B-Klarinette hatte ich mit der A-Klarinette eingestimmt. Wäre nicht das anspruchsvolle Klarinettensolo im 2. Satz, es wäre halb so schlimm gewesen. Aber so musste ich unbedingt die Klarinette wechseln. Ich verließ das Orchester, natürlich zur größten Verwunderung des Dirigenten. Die richtige Klarinette befand sich im Aufenthaltsraum, dieser war aber verschlossen. Wer hatte den Schlüssel? Einer aus dem Orchester. Dieser verstand aber verständlicherweise nicht mein Anliegen. Also suchte ich den Hausmeister, fand ihn, schnappte meine richtige Klarinette, saß pünktlich zum 2. Satz wieder an meinem Platz und brachte mit Elisabeth zusammen unser gemeinsames Solo mit Bravour hinter uns. Am nächsten Tag besuche ich Herrn Doss zu Hause (Am weißen Hirsch) und erklärte mein Verhalten. Das ist aber Gott sei Dank schon lange her.

Neben dieser Orchestertätigkeit wurde ich Anfang der Neunzigerjahre Mitglied bei den Moritzburger Musikanten, einer 12 Mann starken Bläsergruppe für vor allem böhmische Blasmusik, was zur damaligen Zeit bei Volksfesten und in Biergärten noch stark gefragt war.

Die Moritzburger Musikanten

Als sich die Truppe der Moritzburger Musikanten von der böhmischen Musik abwandte und mehr modernere Blasmusik interpretierte mit Keyboard und so, verließ ich dieses Orchester.

Um außer der Orchestertätigkeit mein Klarinettenspiel zu verbessern, suchte ich einen Partner für eine Hausmusik. Da las ich in der Stadtbibliothek, dass ein Herr Adam als Klavierspieler einen Mitspieler sucht. Also traf ich mich mit ihm, mal bei uns zu Hause, mal bei ihm, und wir spielten so alles, was ich an Noten für Klarinette und Klavier besaß. Als die Silberhochzeit seiner Eltern bevorstand, wollten wir das Kegelstatt-Trio von Mozart spielen, als den dazu noch erforderlichen Bratschisten konnte ich Herrn Brömsel gewinnen, der als ehemaliger Bratschist der

Dresdner Philharmonie jetzt als Rentner im Haydnorchester mitspielte. Und dieser Berufsmusiker wollte natürlich auch das Trio in professioneller Art gespielt haben, und nervte uns stets, weil wir im 1. Satz den Rhythmus nicht sauber genug spielten. Zur Aufführung dann in einer Kirche brachte an irgendeiner Stelle der Klavierspieler den Bratschisten fast aus dem Takt. Das hatte sicher keiner der Zuhörer gemerkt, Herr Brömsel war aber stinksauer und aus war es mit einer weiteren Zusammenarbeit. Leider kam auch das Zusammenspiel mit Herrn Adam zu Ende, warum auch immer.

Also suchte ich weiter nach einem Klavierspieler für Hausmusik. Da bot sich eine besondere Möglichkeit an. Das Sportstudio, das ich in Klotzsche seit dem Rentenalter besuchte, feierte fünfjähriges Jubiläum und zur Veranstaltung spielte ein Sportkollege, Volker Erben, am Klavier: eineinhalb Stunden auswendig Schubert, Beethoven, Chopin, Liszt. Anschließend fragte ich ihn, ob wir nicht mal zusammenspielen könnten. Dem wurde zugestimmt. Also besuchte ich ihn. An Noten nahm ich natürlich Mozarts Klarinettenkonzert mit, das Adagio war mir ja geläufig, dann das Konzertino von Weber, was ich mit Herrn Adam auch recht gut draufhatte.

Nach Mozarts Adagio: „Das war mein Prüfungsstück" und im Weiteren erzählte Volker Erben, dass er auch Klarinette studiert hätte, und er fragte mich, ob ich irgendwann mal professionell Klarinette gespielt hätte – ein größeres Lob für mein Spielen konnte ich mir kaum vorstellen. Volker Erben war Vollprofi: hatte in Leipzig Klavier, Klarinette und Dirigat studiert, war zuletzt Musikalischer Leiter im Theater Görlitz – sein Konzertmeister ist jetzt Dirigent im Haydn-Orchester. Hätte ich das von dem Sportfreund geahnt, ich hätte ihn vor Respekt nie angesprochen. Zum Neujahrstreffen des Haydn-Orchesters spielten wir zusammen mit Günther Haubold, ehemaliger Bratschist in der Dresdner Philharmonie, jetzt Mitglied des Haydn-Orchesters, Mozarts Kegelstatt-Trio. Leider kam das Zusammenspiel mit Volker Erben bald zu Ende, er musste zu viel für Klaviersolo-Einsätze üben und die Enkelkinder verlangten auch seinen Einsatz.

Kegelstatt Trio mit Volker Erben und Günther Haubold

In Hellerau wurde ein neues Gemeindezentrum eröffnet. Dazu spielte eine Instrumentalgruppe der Musikschule Klotzsche. Da ich meine Lichtbilder-Vortragstätigkeit in Altenheimen so gut wie eingestellt hatte, hatte ich mehr Freizeit, warum also nicht in einer Instrumentalgruppe meines Wohnbezirkes mitmachen? Also bin ich seit 2015 Mitglied der Freien Musikschule „Paukenschlag" in Dresden Klotzsche.

Schon bei einer der ersten Proben mit dieser Gruppe machte mich ein Geiger darauf aufmerksam, dass das Orchester des Mozartvereins dringend Klarinettisten suchte. Also meldete ich mich auch dort zum Mitspielen an. Aber ich sagte mir: „Solange ich das Instrument noch zur allgemeinen Zufriedenheit spielen kann, gebe ich nicht auf." Und während im Haydn-Orchester zwischenzeitlich junge Kräfte mitspielen, sodass ich dort auf eine Mitgliedschaft verzichten kann, bin ich beim Mozart-Orchester noch gefragter Musiker.

Und als Ständchen zu meinem Achtzigsten wünschte ich mir zur Probe im Mozart-Orchester das Adagio aus Mozarts

Klarinettenkonzert (ich hatte erfahren, dass dafür die Noten vorhanden sind). Und ich muss wohl einen sehr guten Tag gehabt haben, denn an meinem Solo war nichts auszusetzen. Im Ergebnis fragte mich der Dirigent, ob ich dieses Stück nicht auch mal zu einer öffentlichen Veranstaltung spielen würde. Aber das ist noch Zukunft, und gehört eigentlich nicht mehr hierhin.

Als Solist zum Konzert im Verkehrsmuseum

Mit dem PKW durch den Kaukasus

Eine Privatreise in unsere sozialistischen Bruderländer war seinerzeit alles andere als problemlos. Heute genügen der Personalausweis und eine Kreditkarte, um in irgendein Land der Erde zu reisen (falls eine Pandemie dies nicht für kurze Zeit einschränkt). Die meisten Länder können visafrei besucht werden. Man muss sich nur entscheiden, ob man mit der Bahn, dem PKW oder mit dem Fahrrad fahren will. Und damals, Ende der Sechzigerjahre?

Visafreies Reisen war nur in die unmittelbaren Nachbarländer, also Polen oder Tschechoslowakei, möglich. Und selbst da konnte man nur in vorgeschriebenem Umfang die ausländische Währung eintauschen. Als allgemeiner Umtauschsatz waren 32,- Mark pro Tag vorgeschrieben, das entsprach genau 10 Rubel der sowjetischen Währung. Und diesen Umtausch konnte man auch nur im Heimatort durchführen, und das wurde dann im Personalausweis dokumentiert. Fremde Währung mit ins Ausland zu nehmen, war verboten und konnte, sollte man eventuell sogar noch mit frei konvertierbarer Währung, also Westgeld oder gar Dollar, erwischt werden, mit Strafe belegt werden.

Privatreisen in die anderen sozialistischen Bruderländer mussten über das Reisebüro der DDR beantragt werden, für die UdSSR sogar in Berlin. Und wir hatten uns eine PKW-Reise in den Kaukasus vorgenommen. Wir mussten also eine genaue Reiseplanung durchführen, nach Berlin einsenden und auf eine Bestätigung warten. Dabei war nicht bekannt, welche besonderen Bestimmungen derzeit galten. Zum Glück hatte ein Arbeitskollege eine ähnliche Reise, wie wir sie planten, das Jahr vorher durchgeführt und konnte uns so wichtige Hinweise geben. Wir planten die Reisekategorie: Teilcamping, d. h., man konnte überwiegend im eigenen Zelt oder Bungalow auf einem Campingplatz übernachten, musste aber eine bestimmte Anzahl von Hotelübernachtungen einplanen. Auch die Fahrtroute war vorgeschrieben und täglich durften nicht mehr als 500 km gefahren werden. Ob dann die beantragte Reise genehmigt wurde oder

Datum	Per-sonen	Umtausch/ Rücktausch	Inanspruch-nahme	Stempel Unterschrift Bank
17. 03. 88	1	600,-	600,-	STAATSBANK DER DDR 5142
9. 08. 88	1E	960,- Kis		STAATSBANK DER DDR 5142 22
Feb. 1989	1	960,-Ki		STAATSBANK DER DDR 5142 22

Nachweis über den Erwerb von Reisezahlungsmitteln

Nachweis für Geldumtausch als Einlage im Pesonalasweis

nicht, wurde dann erst am Tage der geplanten Abreise mitgeteilt! Also planten wir: Termin: Mitte Juni bis Mitte Juli 1970
(und dieser Termin sollte sich noch als überaus günstig heraus-
stellen). Als Hotelübernachtungen waren Pjatigorsk am Rande
des Kaukasus vorgesehen, weil Privatreisen direkt ins Gebirge
nicht erlaubt waren. Von hier aus hofften wir, nach Teberda ins
Dombaital und nach Itkol am Fuße des Elbrus fahren zu können. Weitere Hotelübernachtungen waren einmal Tbilissi, weil
dort kein Camping möglich wäre. Anstelle von Kutaissi, von wo
aus wir einen Besuch nach Swanetien vornehmen wollten, stand
Gori auf der Marschroute und dann Hotelübernachtungen in Sotschi. Und tatsächlich erhalte ich telefonisch die Mitteilung, dass
ich die Unterlagen, also Visabescheinigungen, Umtauschbelege
für Taschengeld und Benzin, sowie Hotel Voucher am Freitag
in der Reisebüro Zweigstelle in Aue abholen könne. Für Sonnabend war der Start geplant!

Anreise

Alle Vorbereitungen waren positiv verlaufen. Das Auto hatte eine, hoffentlich gründliche, Untersuchung hinter sich und einige eventuell notwendige Ersatzteile, die auch für einen Laien anwendbar erschienen (beispielsweise Keilriemen und Zündkerzen), waren besorgt. Also wir beruhigt starten. Wir, das heißt Anne, meine Frau, Burkhard oder Bu, ein ehemaliger Studienkollege und Felix, unser Auto.

Die Fahrt durch Polen verläuft ohne besondere Probleme, selbst an der Grenze gab es keine, obgleich man schon gehört hat, dass der Zoll manchmal Privatautos bis ins Detail nach verbotenen Ausfuhrdingen durchsuchte.

Die erste Tagesetappe endete in Krakow und bedeutet natürlich für den folgenden Tag erstmal eine kleine Stadtbesichtigung. Um halb elf die Fahrt weiter. Fünf Stunden später sind wir am Grenzübergang, wir gelangen sozusagen ins Zielland. Ein modernes Zollgebäude erwarte uns hinter der Grenze. Passkontrolle keine zehn Minuten. Und dann zur größten Freude eine Intourist Vertreterin und bietet alle notwendigen Unterlagen an (die Unterlagen des Reisebüros mussten umgetauscht werden!). Wir erhalten Rubel in Höhe des umgetauschten Betrages, Hotel Voucher, nur für Übernachtung, separat dazu Speisegutscheine. Voucher für Campingübernachtung und natürlich Benzinmarken, als Fünf-Liter-Bons.

Während unserer locker geführten Unterhaltung erzählt sie uns, dass heute schon recht großer Betrieb an der Grenze gewesen wäre.

„Sie sind schon das siebte Auto!" Um 18:15 Uhr können wir die Fahrt fortsetzen. Alle Besorgungen haben eine Dreiviertelstunde gedauert, plus zwei Stunden durch Umstellung auf Moskauer Zeit.

Die ersten Eindrücke vom hiesigen Straßenverkehr: Man fährt toleranter und kennt keine Rückspiegel. Die Tür als Blinker zu benutzen, war uns schon bekannt.

Dort fuhr ein LKW mit offener linker Tür. Aha-Linksabbieger. Aber er biegt nicht ab. Langsam pirschen wir uns ran – können

Voucher für unsere Reise in die UdSSR

wir überholen? Der Fahrer steht auf dem Trittbrett, pfeift ein Liedchen, mit der rechten Hand wird gelenkt. Geschwindigkeit um die 80 km/h!

20 Uhr sind wir im Autocamp, nachdem wir uns in Lwow noch etwas verfahren hatten. Kurze Nachfrage, Bungalow ist

möglich, bei geringem Aufpreis. Der Bungalow ist einfach in der Ausstattung: drei Betten, ein Tisch, eine Birne ohne Lampenschirm, aber besser und bequemer als im Auto, wenn auch kälter.

Der Morgen ein Gähnen und Zähneklappern, Außerdem wollten wir um Sechs abfahren, schaffen es aber erst um halb acht. Die Ausweise erhalten wir erst kurz vor Sieben, und dann aßen wir auch gleich noch Frühstück im Lager.

Die ersten Kilometer hinter Lwow besitzen einen sehr welligen Straßenbelag. Dann aber wird die Straße besser und nimmt den Standard sowjetischer Straßen an: breite Asphaltstraße, zu beiden Seiten ein Sommerweg, dann 10 m Reservestreifen und abschließend eine Baumreihe.

Mit 80 bis 90 Sachen geht's munter voran. Die Orte besaßen schöne Kirchen, die weit in die Landschaft hinaus zu sehen waren. Hinter Shitomir müssen wir beim Tanken erst den Tankwart rufen. Mit Gewehr in der Hand kommt er dann und gibt uns für die gleichen Bons 98er Sprit, anstelle der gekauften 94er. Und da nur in Fünf-Liter-Portionen getankt werden können, aber man die benötigte Menge nicht so exakt abschätzen kann, passiert es, dass der Tank überläuft. Doch das störte hier niemand. Der Sprit kostete umgerechnet 27 Pfennig der Liter.

Im Restaurant Granit am Ortsausgang von Krostischew essen wir das erste Mal nach russischer Speisekarte.

Beim Tachostand 22 222 befinden wir uns kurz vor Kiew, und fahren dann auf tadelloser Autobahn 30 km fast geradeaus bis Kiew-Ortseinfahrt. Gleich bei der Ortseinfahrt zeigt eine Straßenübersichtstafel dem Autofahrer, wo sich das Auto Camp befindet, gleich 2 km weiter stadteinwärts. Aber aus unserem früheren Besuch in Kiew wussten wir einen Campingplatz stadtauswärts in Richtung Charkow. Und da uns der angenehmer scheint, um am nächsten Tag, wo wir eine 1000 km Strecke geplant haben, die Stadtdurchfahrt zu ersparen, geht die Fahrt in schnellem Tempo in die Stadt hinein. Der Verkehrt ist stark, aber zügig. Mehr Konzentration fordern die teils sehr schlechten Straßenstücke in der Stadt. Dann sind wir auf der Krestschatik, Kiews Hauptstraße. Von hier wissen wir Den Weg, wenngleich wir auch als Erstes eine Einbahnstraße verbotenerweise in falscher Richtung hineinfahren. Ein freundlicher Kraftfahrer weist uns aber sofort auf den rechten Weg. Entlang geht's die Krestschatik, auf Verdacht finde ich die richtige Straße, die uns über den Dnjepr zum Camp bringt. Es ist erst 16 Uhr, da haben wir noch Zeit, um uns die Stadt anzusehen. Aber das Camp ist nicht für Ausländer da, zwei Trabant-Fahrer, die Trabbis, wie wir sie später nennen, von einem Einheimischen hierhergeführt sind ebenfalls enttäuscht. Die Fahrt muss wieder zurück. Aufgrund meiner Ortkenntnis mach ich den Leithammel. Mit viel Mühe halten die Trabbis mit.

Aber dann verpasse ich die richtige Abfahrt. Ich hätte ja umkehren können doch seinen Fehler als vordem gelobter Ortskenner einsehen? Sicher kommt noch eine weitere Möglichkeit, wieder in die Innenstadt zu gelangen. Natürlich gibt es diese Möglichkeit, aber bis wir die gefunden haben, vergehen fast drei Stunden. Kreuz und quer fahren wir durch Kiew. Wir fragen, erhalten neue Richtung und verfranzen uns erneut. Einige markante Stellen werden des Öfteren gekreuzt.

Gegen 19 Uhr sind wir dann endlich im Camp, genau vier Stunden nach unserer ersten Ortseinfahrt. Und zu so später Stunde ist natürlich auch kein Bungalow mehr zu haben. Aber Hotelzimmer auf Talon. Kurz entschlossen nehmen wir den eigentlich für Gori vorgesehenen und erhalten schöne Zimmer. Für eine Stadtbesichtigung ist es zu spät. Wir sehen etwas fern: Spiel Westdeutschland gegen England im Rahmen der Fußballweltmeisterschaft. Dann essen wir ausgiebig zu Abend. Jetzt fehlt bloß noch Marschverpflegung für den nächsten Tag.

Wenigstens Brot müssen wir haben. Wir bitten den Ober. Verschämt bringt er uns ein Brot in eine Zeitung gewickelt. Für so eine exklusive Intergaststätte sicher ein etwas ungewöhnlicher Gästewunsch.

Die Nacht wird kurz. Einesteils wegen des Weckers, der auf 04:30 Uhr gestellt war, und dann der Krähen wegen, die in den Bäumen vor dem Fenster ein lautes Konzert geben. Um sechs Uhr ist Abfahrt.

Eine Stunde später tanken wir am Ortsausgang von Kiew, vorbei geht's an der letzten Erinnerung an unseren Besuch vor fünf Jahren. Damals bogen wir rechts ab zum Flughafen. Heute geht es geradeaus. Charkow 430 km. Immer länger werden die Streckenabschnitte ohne jegliche Kurven.

Entfernungen in der Sowjetunion

Erst 15, dann 20 und schließlich 30 km ohne jegliche Kurvenandeutung. Die Tachonadel steht meist auf 110. Nur an einem kurzen Bauabschnitt müssen wir auf den Reserve-Straßenrand ausweichen. Aber bei der feuchtkühlen Witterung kein großes Ärgernis. Um 12 Uhr tanken wir im Ortseingang von Charkow. Ein herrlicher Auftakt unserer für heute geplanten Mammutstrecke. Auf herrlicher Umgehungsstraße umfahren wir die Stadt. Eine Dreiviertelstunde später sind wir am Auto Camp – Mittagspause. Nach knapp einer Stunde Rast geht es weiter mit Fahrerwechsel – Bu ist dran. Die Hälfte der Tagesetappe haben wir hinter uns. Noch mal fünf Stunden, gegen 20 Uhr müssten wir in Rostow sein.

Aber es kommt anders.

Das Außerplanmäßige beginnt schon in Charkow. Plötzlich führt die herrliche Umgehungsstraße durch Stadtgebiet mit viel

Verkehr. Das war für Bu nicht eingeplant. Gleich bei der ersten Kreuzung bringt der Verkehr Bu leicht durcheinander. Ein Milizionär pfeift, wir ahnen nichts Gutes. Aber mit freundlicher Geste zeigt er uns den weiteren Weg.

Und dann kommen Baustellen, die erste noch in der Stadt mit Umleitungen. Im Weiteren dann wartende Autoschlangen. Die Straße wird streckenweise neu asphaltiert, ist nur einseitig befahrbar, der Gegenverkehr muss jeweils eine gewisse Zeit warten. Die Autoschlange vor uns erscheint endlos. Geduldig müssen wir warten, bis es dann doch endlich wieder weiter geht. Wenn auch nur für ein paar Kilometer. Dann das Gleiche erneut. Nach zwei Stunden sind wir gerade erst 50 km von Charkow entfernt!

Dann endlich geht es wieder zügig voran. Der Tacho zeigt wieder 100 Sachen an. Die Straße ist gut und verläuft wieder geradeaus. Noch eine Viertelstunde Fahrt, dann setzen wir eine Rast ein – planen wir. Es ist, als ob man dort vorne, geradeaus, wo die Straße am Horizont verschwindet, schon die Raststätte erblickt.

Von Weitem sehen wir vor uns einen Tankwagen mit Hänger und dahinter ein Fahrzeug in der Art eines Barkas. Warum überholt der nicht? Bu bleibt rechts und gibt Lichtzeichen, keine Andeutung des Überholen-Wollens. Da schert Bu nach links aus, fährt vorbei und wie er in gleicher Höhe mit dem Barkas ist, schwenkt dieser plötzlich auch nach links zum Überholen aus. Bu missversteht zum Glück die Situation. Er denkt, das Fahrzeug schwenkt hinter uns ein. So bleibt er auf dem Gas, und zieht vorbei. Uns war es, als habe das Fahrzeug schon am Felix gekratzt. Beim Rückwärtsschauen sehe ich, wie der Fahrer zusammenschrickt, das Steuer rumreißt, mit voller Fahrt die 1–2 m Böschung hinunterfährt, dort parallel zur Straße lenkt, wieder auf die Straße steuert und stehen bleibt.

Wir halten ebenfalls an und unterhalten uns kurz mit dem Fahrer. Er entschuldigt sich, sonst ist nichts geschehen. Nur recht blass sieht er aus.

Natürlich zittern Bu jetzt die Knie und er hat keinen Mut mehr, weiterzufahren. So muss ich wieder ans Steuer. Naja, noch 220 km bis Rostow, wir sind ja gleich da.

Gegen 18 Uhr sind wir an der Straßenkreuzung in Debalzewo, wo die Rast geplant war.

Rechts ist die Tankstelle. Also erstmal Felix versorgen, ehe wir essen. Ein Pfiff. Ein Milizionär fragt uns, ob wir kein unangenehmes Erlebnis hatten, und läuft um das Fahrzeug herum. Also hatte der Fahrer des Tankwagens den Vorfall gemeldet.

Uns lässt er weiterziehen, ja sogar vor dem Restaurant in unmittelbarem Kreuzungsbereich parken, während das andere Fahrzeug aus dem Verkehr gezogen wird, wie es uns scheint.

Und weiter verfolgt uns Tagespech. Von zwei Seiten ziehen Gewitter auf. Schnell wird es dämmrig. Links und rechts von uns sehen wir das Gewitter niedergehen. Blitze zucken. Aber direkt entlang unserer Strecke nur leichter Regen. Außerdem wurde es schneller dunkel, als wir geahnt hatten. Schließlich waren wir fast tausend Kilometer weiter östlich als Kiew.

Immer weiter muss ich Geschwindigkeit wegnehmen. Angenehm ist es, dass so lang wie möglich mit Stand- bzw. Begrenzungslicht gefahren wird. Aber dann kommt das Blenden bei Dunkelheit. Abgeblendet wird nicht, und wenn doch, dann erst 100 m vorm Gegenverkehr.

Zum Glück erspähe ich an einem vorbeifahrenden Wolga die Buchstaben „RO" – Rostow, schlussfolgere ich. Also hinterher. Wieder volles Rohr, reichlich 110 Sachen. Ich fahre voll nach Orientierung der Rücklichter. Etwas riskant, aber wir kommen herrlich vorwärts. 21 Uhr sind wir im letzten Ort vor Rostow Nowotscherkesk.

Plötzlich ist mein Leitfahrzeug weg – abgebogen, ohne dass ich es merkte. Natürlich fahre ich geradeaus in eine Straßenbaustelle hinein. Zum Glück wieder nichts passiert. Der Gaiposten pfeift wie wild, sperrt alle Zufahrtsstraßen und weist uns in aller Freundlichkeit den Weg nach Rostow.

Noch 40 km der Tagesetappe.

Da öffnen sich die Schleusen des Himmels und es schüttet wie aus Kannen. Stellenweise muss ich Schrittgeschwindigkeit fahren. Vor mir ist nichts zu sehen als Finsternis. Die Straße ist rabenschwarz. Links und rechts keinerlei Begrenzung zu erkennen. Natürlich fehlt auch jede Form einer Fahrbahnmarkierung. Nur wenn vor uns ein Licht auf der Straße auftaucht, gebe ich etwas Gas in der Hoffnung, dass dazwischen die Straße geradlinig verläuft.

Endlich sehen wir die Lichter von Rostow am Don. Und zum Glück liegt das Camp noch etwas außerhalb der Stadt. Um 23 Uhr beenden wir unsere Mammuttour, 960 km!

Auch hier haben wir Glück: trotz später Stunde erhalten wir einen Bungalow. Kaum gewaschen, nichts gegessen, nur schnell in die Falle und schlafen. Die Nacht wird nicht besonders. Starker Betrieb auf dem nahe gelegen Flugplatz lässt uns zeitig munter werden. Um sechs ist Aufstehen. Draußen lacht die Sonne durch die vielen Bäume des schön angelegten Autocamps. Im Halbrund stehen die Bungalows nebeneinander. Überall wird gepackt. Dort ein Wartburg aus dem Bezirk Dresden mit stark deformierter Karosserie. Das ältere Ehepaar hat ein ähnliches Erlebnis wie wir gehabt. Ein Motorradfahrer hat kurz vor ihnen auf der Straße gewendet und stürzte. Beim Ausweichen gerieten sie von der Straße. Zum Glück nur Blechschaden, der innerhalb eines Tages so gut wie nötig beseitigt wurde.

Heute haben wir eine technische Durchsicht bei Felix vorgesehen – 2500 km nach Abfahrt von zu Hause. Die Vorderachse wird geschmiert. Aus der Vertiefung neben uns fragt ein Russe, der seinen Moskwitsch pflegt, nach irgendeinem Schlüssel für die Kardanwelle. Natürlich verstehe ich ihn schlecht. und dann verneine ich. Zur besseren Erklärung kommt er rüber, steigt unter den Wagen und ist überaus verwunderter, wieso ein Auto keine Kardanwelle haben kann.

Halb zehn geht die Fahrt weiter nach einem ausgiebigen Frühstück mit Pelmeni und Smetana. Zu Mittag sind wir an einer unwahrscheinlich belebten Raststätte bei Kropotkin, mit kleinem Selbstbedienungsimbiss. Ein etwas schäbiges Mittagessen wird eingenommen, dafür aber auf dem gegenüberliegenden Gemüsebasar eine große Tüte Kirschen gekauft, als Nachspeise.

Im Übrigen absolvieren wir hier den geradlinigsten Abschnitt der Reise. Rekord wird eine Strecke von 56 km ohne jegliche

Kurvenandeutung, dann eine leichte Lenkradschwenkung, auch nur angedeutet, und danach wieder 30 km geradeaus.

Am zeitigen Nachmittag sind wir in Kotschubeewskoe. Noch 110 km bis Pjatigorsk, unserem ersten Reiseziel. Nach links geht es nach Stawropol, der Bezirkshauptstadt und nach rechts führt die Straße nach Teberda, ein Wunschziel unserer Kaukasusreise.

Teberda, Dombai – herrliche Bergwelt des Kaukasus. Das Hinweisschild lockt verführerisch. Sollte man ganz einfach mal …, noch haben wir ja Reserve gegenüber dem Marschrutnij-Schema, welches Strecke und Zeitlimit vorschreibt. Schließlich haben wir nicht in Charkow übernachtet, wie es der Plan eigentlich vorgesehen hatte. Und in Rostow, wo wir einen Tag zu früh waren, hat auch keiner was gesagt.

Erstmal tanken wir, essen noch gemütlich in einer Imbissstube an der Kreuzung und fahren dann weiter – in Richtung Süden, Richtung Teberda, ohne entsprechende Erlaubnis von Intourist.

Zweimal Abstecher nach Teberda – Dombai-Tal

Die Straße von Stawropol nach Teberda, auf der wir jetzt fahren, ist genauso gut wie auf dem „Großen Kaukasischen Ring", wie die Straße seit Rostow genannt wird.

Die ersten kleineren Orte werden durchfahren. Es geht nicht mehr so zügig voran wie bisher. Man merkt, dass der internationale Transitverkehr hier nicht üblich ist. Tscherkessk – Hauptstadt des gleichnamigen autonomen Gebietes. Noch – können wir vom unserer `Schwarzfahrt' Abstand nehmen. Von hier führt ebenfalls noch eine Straße nach Pjatigorsk. Doch wir folgen weiter dem Schild: `Teberda'.Kurz vor der Ortsausfahrt werden wir von den Insassen eines entgegenkommenden Moskwitsch stark avisiert. Der Moskwitsch wendet, kommt mit Karacho hinter uns her. Überholt uns und bedeutet uns, anzuhalten. „Aus", denken wir. Gleich die erste Milizstreife hat uns erwischt.

„Was ist das für ein Wagentyp? Woher kommen Sie. Wieviel PS hat das Auto. Was ist besser Moskwitsch oder Skoda?"

Unser Schreck war umsonst. Ein Autointeressent wollte nur unser Fahrzeug kennenlernen.

Hinter Tscherkessk beginnt die Bergwelt. Erst niedrige, kalkfarbene und baumlose Hügel. Dann steiler, höher und auch bewaldet. Leichter Dunst kommt auf. Die Fernsicht ist damit verhindert. Auf der Straße, die immer kurvenreicher wird, stehen Rinder, Ziegen und natürlich Esel. Die ersten paar Mal hupt man. Aber die Tiere stehen und rühren sich nicht vom Fleck. Dann fährt man eben einfach drum herum. Hinter Karatschaewsk verlassen wir das Tal des Kubans, der ein für Kaukasusflüsse typisch braunes Wasser führt – Asche des Elbrus. Es geht an einem Stausee vorbei, dann das erste Ortsschild mit Teberda. Erst Unter-Teberda, dann Nord-Tebeda. Im Dunst der Wolken sehen wir die ersten Schneegipfel. Links und rechts der Straße recken sich steile Berge in die Höhe. Leider verschwinden die Gipfel in den Wolken. Es ist, als rieche die Luft anders, Hochgebirgsluft. Wir fühlen uns am Ziel unserer Reise. Dann liegt der Kurort Teberda links unter uns im Tal und darüber leuchten Schneefelder eines schon beachtlich hohen Berges. Es ist 20:30 Uhr. Wir sind am selbst gesteckten Tagesziel.

Aber wo übernachten? Wir fahren erst mal weiter. Überqueren das Flüsschen Teberda. Dahinter soll laut Karte das Auto-Camp liegen, doch plötzlich eine Schranke: Weiter geht es nur mit Propusk, mit behördlicher Genehmigung. Außerdem liegt das Camp weiter stadtwärts, also wieder zurück, erneutes Fragen, dann sind wir da und werden wieder fortgeschickt. Dieses Campinglager ist nur für einheimische Autotouristen. Für uns stände das Intouristhotel zur Verfügung. Also neues Suchen.

Mittlerweile wird es dunkel. Dann sind wir beim Hotel. Sehen und hören deutsche Touristen vom Reisebüro. Wir gehen zur Rezeption, fragen um Übernachtung. „Für wieviel Tage? „Für vier" sagen wir dreist und erhalten auch die Zimmereinweisung für 4 Tage, bei durchaus niedrigen Preisen. Vier Tage Traumland des Hochgebirges!

Am nächsten Morgen sind wir um sechs munter. Das heißt Bu nicht ganz so. Draußen lacht die Sonne vom klaren blauen

Himmel. Überall im Lager wird Frühsport gemacht. Als einziger von uns raffe ich mich dazu auf. Und umrahmt wird das frühe Lagerleben von herrlichen Felsgipfeln mit Schneefeldern. Die Zacken dort, das müsste der Schaitan baschi sein – der Teufelsgrat.

Ungeduldig treibe ich zum Frühstück an. Marschverpflegung wird fertig gemacht. Wenn weiter alles so nach Plan geht, nicht nach offiziellem, dann steht heute eine Tageswanderung zum Tschutschur-Pass am Fuße des Dombai Ulgen auf dem Plan. Aber um ins Dombai Tal zu kommen, braucht man ein Propusk! Doch das stellt nur der Direktor von Intourist persönlich aus. Und der muss erst gefunden werden. Dann haben wir ihn. Erst will er nicht glauben, dass wir in Teberda übernachteten, geschweige denn im Hotel geschlafen haben. Er kann nicht glauben, dass irgendjemand nach Teberda kommt, ohne vorher in Pjatigorsk gewesen zu sein.

„Fahren Sie so schnell wie möglich nach Pjatigorsk, holen Sie sich die Erlaubnis für Teberda und kommen dann wieder. Sagen Sie aber ja nicht, dass Sie schon hier waren!"

Alles Bitten und Flehen erweichen ihn nicht. Wir müssen wieder zurück. Schweren Herzens müssen wir wieder alles packen. Zum Unglück lässt ein Reifen bei Felix Luft und muss erst gewechselt werden. Auf einem Basar in der Nähe des Hotels erstehen wir noch zwei Tscherkessen Hirtenhüte. Und in der Ferne, nur noch 20 km entfernt, leuchten die weißen Gipfel des Dombai Tales. Und hier sollen wir wieder fort! Wenigstens noch mal so nahe ran wie möglich. Wenigstens bei diesem herrlichen Sonnenschein ein paar Fotos. Also fahren wir noch mal kurz bis vor den Schlagbaum, schießen das Erinnerungsfoto aus Teberda mit den Bergen des Dombai Tales. Dort, die steile Pyramide, ist die Belalakaja, das Matterhorn des Kaukasus mit 3800 m Höhe. Dahinter der Doppelgipfel des Sofrutschun, nur wenig niedriger. Nur zwanzig Kilometer entfernt und doch nicht erreichbar!

Traurigen Herzens wenden wir unseren Felix und fahren wieder zurück durch Teberda. Am Ortsausgang machen wir noch eine Abschiedsrast, dort, wo noch drum herum weiße Gipfel zu sehen sind und die Belalakaja noch nicht hinter der Talbiegung verschwunden ist.

Fünf Tage später sind wir wieder hier. Diesmal mit Dolmetscher und Propusk, nach dem wir täglich im Intouristbüro vorsprachen und uns vergeblich um Möglichkeiten für Übernachtung erkundigt hatten.

Es gießt in Strömen. Die Wolken schleifen fast auf dem Boden. Zwischen Pjatigorsk und Tscherkessk steht die Straße stellenweise unter Wasser. Teberda versinkt in tiefen Wolken und Regen. Vom Dombai-Tal ist nichts zu erkennen. Erst hinter dem Schlagbaum hebt sich die Wolkenuntergrenze etwas an. Endlich sehen wir sie wieder, unsere Berge. Herrliche Wände links und rechts des Tales. Stellenweise führen bis kurz unter den Gipfel Almwiesen. Hier müsste man Zeit haben!

Aber es regnet unaufhörlich. Auf höheren Almwiesen sehen wir Schnee. Die Wolkenunter-Grenze schätze ich auf 3000 bis 3200 m. An der Straßengabelung, wo es rechts nach Dombai und links zum Kluchorpaß geht, biegen wir erst mal nach links ab und verfolgen weiter die Suchumer Heerstraße. Vorbei geht es am Forellensee, wo ein Berliner Autotouristenpaar, die wir in Pjatigorsk sprachen, ihre Butterdose liegengelassen hat. Vielleicht finden wir diese.

Nur noch 20 km und doch unerreichbar

159

Suchumer Heerstraße – jetzt erlaubt, aber ...

Aber erst fahren wir weiter. Wir lassen die ‚Nördliche Hütte' (ca. 2000 m) hinter uns bzw. unter uns. In steilen Serpentinen geht es aufwärts. Bald liegt das Alpinisten-Lager weit unter uns und die Stimmen der vielen Insassen der Busse, die am Lager parken, können nicht mehr bis zu uns dringen. Auch der Asphalt der Straße ist zurückgeblieben. Ein wahnsinniges Chaos von zerfurchtem Weg mit Felsbrocken liegt vor uns. Doch ich finde immer noch eine Möglichkeit, weiterzufahren. Die ersten Serpentinen liegen nun ebenfalls unter uns, vor uns ein längeres Stück geraden Weges, der wie angenagelt am steilen Hang klebt. 200 bis 300 m unter uns liegt das Lager.

Doch dann ist endgültig Schluss mit der Fahrt. Die rechte Straßenseite ist in die Tiefe gerissen. Die linke Seite liegt voller Felsbrocken. Zwar kann der Blick den Weg weiter verfolgen: erneut Serpentinen. Dann führt der Weg am Eis des Chakalgletschers entlang und verschwindet in Wolken. Dort müsste der Kluchorpass sein, 2786 m hoch. Aber der Regen verhindert einen Anstieg, wie schon vor drei Jahren von Süden her, wo wir mit dem Bus von Suchumi bis zur Südlichen Hütte gefahren waren. Jetzt muss ich hier auf dem schmalen gefährlichen Wegstück wenden! Und das erfordert Maßarbeit. Möge die Straße vier Meter breit sein. Hangwärts liegen einige größere Brocken auf der Straße, talwärts grinst der Rand der Straße hämisch, als erwarte er nur einen kleinen Anstoß oder Belastung, um in die Tiefe abzugehen. Bloß gut, dass man schon zu Hause auf kleinstem Raum das Wenden geübt hat. Nachdem das vollbracht ist, noch einen Rundblick, vielleicht kann man jetzt etwas mehr erkennen. Aber nur die unteren Schneefelder des Buulgen sind über Sewernij Prijut zu erkennen. Links der Nordgrat des Tschatscha, an dessen Ostseite der Chakalgletscher nach Norden fließt. Die Gipfel, alles was über 3000 m liegt, stecken in Wolken. Wir fahren wieder zurück, vielleicht ist 20 km weiter westlich, in Dombai, doch etwas besseres Wetter.

Am Forellensee suchen wir trotz Regen die Butterdose und finden diese auch. Die Butter riecht noch nicht mal ranzig. Kein Wunder, bei der Kühlung des reißenden Baches. Dann fahren wir Richtung Dombai. Aber vor dem ersten Lager in diesem Gebiet der vielen Alpinisten-Lager ist Halt. Wir sollen den Wagen auf dem mit Bussen vollgeparkten Parkplatz abstellen und laufen. Bei diesem Wetter! Doch unser Dolmetscher erreicht, dass wir Erlaubnis zur Weiterfahrt erhalten. Es geht durchs Lager Krasnaja Sswesda. Wir erkennen das herrliche Holzgebäude des Lagers Solnetschnaja Dolina. Aber auch hier fahren wir vorbei. Ich will versuchen, bis Alibek zu kommen.

Unwahrscheinlich steil führt die Straße hinauf, in den Wald, jetzt wieder ohne Asphalt. Der Boden wird immer aufgeweichter. Aber noch schaffe ich die Steigung. Jetzt ein Stück fast eben durch Wald. Dann kommen Wellen, in den Senken steht Wasser. Aber mit Schwung geht es hindurch. Plötzlich ein steileres Stück abwärts. Nach unten kämen wir zwar. Aber wir müssen unbedingt an den Rückweg denken. Die Straße, besser gesagt der Weg, war bislang schon rutschig genug. Bei dem Schlamm ist kein steiles Wegstück zu nehmen.

Also Umkehr! Erst im Rückwärtsgang, da der Weg gerade etwas breiter als das Auto selber ist. Und dann wenden an einer Stelle, wo die Straße vielleicht einen Meter breiter ist, erscheint fast artistisch bei diesem glitschigen Boden. Dann stehen wir wieder in dem Hof des Lagers Solnetschnaja Dolina – Sonnental und hoffen, dass wenigstens die Wolken mal so weit aufreißen, dass man einen Blick auf irgendeinen Gipfel werfen kann. Wenn es auch schon nicht aufhört zu regnen. Rechts führt der Nordgrat der Belalakaja nach oben, macht hinter einem Sattel einen Knick nach links zum Gipfel und verschwindet in den Wolken. links führt ein Felsmassiv zum 3900 m hohen Tschuguturluschat. Aber auch hier verliert sich der Berg mit den ersten Schneefeldern in den Wolken. Nur der Amanaus-Gletscher ist etwas weiter zu verfolgen. Mächtige Gletscherbrüche sind zu erkennen. Man spürt richtig, wie sich die Eismasse zu Tal wälzen. Nach Osten zu das Tal des Dombai Ulgen Flüsschens, genannt nach dem höchsten Berg des Westlichen Kaukasus, dem 4040 m hohen Dombai-Ulgen als Abschluss dieses Tales, durch das wir ursprünglich mal wandern wollten. Als rechter Talabschluss reckt sich die Nadel des Pik Ine in die Höhe. Wolkenfetzen umwallen den Gipfel. Aber immerhin ein markanter Gipfel, der hin und wieder zu erkennen ist. Demnach lieg die Wolkenuntergrenze bei 3450 m Höhe. Doch was nützt das alles, wenn der Dauerregen alles Weitere verbietet? Am zeitigen Nachmittag treten wir die Rückfahrt an. Traurig, dass wir bei schönem Wetter nicht durften, dann aber mit Erlaubnis so ein mieses Wetter hatten. Die Heimfahrt bringt dann noch zwei bemerkenswerte Erlebnisse. Ein angenehmes: In einem Ort, noch im Tal des Teberda, steht ein Esel am Straßenrand und neben ihm ein frisch geborenes Eselein. Noch zittrig auf den Beinen, oder zittert es vor Kälte und Nässe? Jedes Mal, wenn wir es fotografieren wollen, verkriecht es sich auf der anderen Seite der Mutter. Bloß gut, dass wir mit zwei Apparaten arbeiten können. Auf einer Seite muss sich ja das Eselchen immer mal befinden.

Und dann haben wir noch ein etwas unangenehmeres Erlebnis: kurz nach Tscherkessk versagt die Hupe. Einer der wichtigsten Ausrüstungsgegenstände eines Fahrzeugs in der SU. Eine Reparatur kommt bei dem Wetter nicht infrage. Nach wenigen Kilometern gibt Bu, der gerade Fahrdienst hatte, auf. Ohne Hupe getraut er sich an keinem Fahrzeug mehr vorbei. Selbst ich stecke einen ganzen Packen Fahrercourage zurück. Wir sind froh, als wir endlich wieder im Lager sind. Natürlich wird dort als Erstes die Hupe repariert, die Membran von Schmutz gereinigt und neu verschraubt. Dann hupt sie wieder und wir können voll Hoffnung weiteren Fahrten entgegensehen.

Nach Oberbalkarien zum Elbrus

Wir waren gerade in Pjatigorsk angekommen, hatten im Intouristhotel zu Mittag gegessen und im Intouristbüro um Übernachtungsmöglichkeiten in Teberda gefragt. Man macht uns keinerlei Hoffnung. Dann waren wir zum Autocamp gefahren, wo wir schon hätten vorbeigefahren sein müssen, wenn wir nicht aus Tscherkessk gekommen wären. Bei der Anmeldung erfahren wir, dass am nächsten Tag einige deutsche Fahrzeuge ins Elbrusgebiet nach Itkol fahren wollen. Es sind die uns schon bekannten Trabbis und ein Moskwitsch. Da Übernachtungen in Itkol nicht erlaubt sind und man für die Eintagesfahrten gegen Gebühr einen Dolmetscher mitnehmen muss, sagen wir zu. So wird der Dolmetscher für jeden von uns billiger. Die Abfahrt planen wir um vier Uhr früh. Drei Uhr ist Aufstehen. Viel zu früh, wie die Dolmetscherin meint. Der Morgen begrüßt uns mit bedecktem Himmel, wenn gleich man bei der Dunkelheit nicht die genaue Art der Wolken erkennen kann. Schnell wird das Frühstück eingenommen. Das Marschgepäck und eine gewisse Tagesverpflegung eingepackt. Unsere Anzugsordnung ist rein wintermäßig: Anorak, Skihosen, feste Wanderschuhe. „Denken Sie, dass Sie die gebrauchen können?", meint unsere Dolmetscherin beim Treff. Sie hat ein schwarzes Kostüm an und Schuhe mit hohen Absätzen. Die Fahrt beginnt. Unser Wagen vornweg, mit Dolmetscherin, dann die Trabbis und zum Schluss der Moskwitsch. Bis zum Ort Baksan geht es 56 km entlang des „Großen Kaukasischen Rings". Hier geht es nach rechts ab ins Tal des Baksan. Die ersten Kilometer lassen noch nichts vom Gebirge ahnen. Alles ist eben wie ein Handtuch. Die Weitsicht verhindert die Wolkendecke. Die nächsten 20 km teils durch kleine Dörfer, teils im Bau befindlicher Straße, geht es nur langsam voran. Plötzlich sind Berge da. Erst rechts eine kahle Kalkwand, einige Hundert Meter hoch. Dann auch links Berge. Bald verengt sich das Tal. Die Berge verschwinden in Wolken. Sollten wir wieder Pech mit dem Wetter haben? Es geht durch eine enge Schlucht. Steil recken sich die Felsen nach oben. Nur schmal ist der Durchbruch für den Fluss Baksan, über dessen Ufer die Straße am Fels klebt. Doch diese Felsbarriere scheint auch das schlechte Wetter aufzuhalten. Die Wolken heben sich. Der Nebel verschwindet. Langsam dringt der Schein der aufgehenden Sonne auf die Wände und Gipfel der Bergrücken. Und dann erstrahlt ein tiefblauer, wolkenloser Himmel und in der Ferne erkennen wir die Eisbarrieren des Hohen Kaukasus. Immer wieder halten wir, um zu fotografieren. Die Bergwelt zieht uns wieder in ihren Bann! Der letzte größere Ort, Turnüaus, liegt hinter uns. Links und rechts schaut man durch Schluchten und Täler, die von eisgekrönten Bergriesen umrahmt sind. Nach links, das herrliche Tal im Gegenlicht abschließend, das könnte der Tschutschubaschi mit über 4000 m Höhe sein. Wir fahren durch den kleinen Ort Baksan. Nur einige Dutzend kleine, weißgetünchte Häuschen mit flachen, roten Ziegeldächern. Vor uns ragt immer steiler der Hauptkamm des Kaukasus empor. Nun erkenne ich auch die ersten Gipfel, aus Bergbüchern bekannt. Deutlich sieht man die markante Gipfelwechte des Dongusorun. Rechts daneben, das muss dann der Nakratau sein, beide über 4400 m hoch.

Dann biegt die Straße scharf nach rechts ab. Nach links führt ein schmaler Weg entlang des Adyl-Su-Flüsschens in den finsteren Wald hinein. Darüber leuchten in blendendem Weiß die Gipfel des Glawnie Kawkaskie Chrebet. Am Lager Adyl-Su geht's vorbei, wo sich die Alpinisten durch Frühsport auf einen neuen Tag vorbereiten. Ein Stückchen weiter haben wir einen herrlichen Ausblick auf den Tscheget. Der Baksan fließt direkt neben der Straße, umspült schäumend einige Gesteinsbrocken und hinter der nächsten Flussbiegung erhebt sich der Tscheget Tau.

Im oberen Baksantal

Fotomotiv über Fotomotiv. Überall wird gehalten. Noch vor acht sind wir auf dem Parkplatz am Fuße des Tscheget. Aber leider fährt der Lift erst ab neun. So können wir nur von unten die Umgebung bestaunen.

Fotopause unterhalb der Gipfel der Dongusorun-Gipfel

In strahlender Morgensonne ragt vor uns die Nordwand des Dongusorun und des Nakratau in den blauen Himmel. Deutlich erkennt man die einzelnen Hängegletscher, die für beide Nordwände so charakteristisch sind, obgleich beide Wände mit viel Neuschnee bedeckt sind. Links erkennt man hinter einem steilen Eisfeld die Pyramiden des Großen und Kleinen Kogutai und rechts in Blickrichtung mit der Sonne, hinter einem dunklen Felsblock, erhebt sich der markante Doppelgipfel des Elbrus bis auf über 5600 m Höhe. Bis zum Gipfel von hier über 3,5 km Höhenunterschied. Zu warten, bis der Lift fährt, halten wir für unsinnig. Und da die Straße weiterführt, fahren wir weiter das Baksantal aufwärts. Vorbei am Sporthotel Itkol, vorbei an Assau, dem letzten Ort im Baksantal. Die Straße besteht jetzt fast nur noch aus Schlaglöchern. Und dann ist Schluss. Am Parkplatz der Seilbahn zum Elbrus ist die Straße zu Ende. In greller Sonne werden die Wagen abgestellt, die Bergschuhe angezogen, der Campingbeutel aufgenommen. Auf geht's zum eigentlich höchsten Berg Europas. Zwar sind wir auch hier noch eine halbe Stunde vor Beginn des Seilbahnbetriebes. Doch wir erwirken die Abfahrt, schließlich sind wir insgesamt 12 Mann, dazu noch unsere Dolmetscherin und einige Einheimische. In rasanter Fahrt bringt uns die Kabine von 2400 m auf 3040 m Höhe. Raus aus der Seilbahnstation und den erstbesten Weg angestiegen, denn die Zeit ist trotz der Frühe knapp. Nach den ersten 50 m bleiben die Trabbis zurück. Mit uns steigt nur noch das junge Paar des Moskwitsch weiter. Natürlich auch die Dolmetscherin und ein Instrukteur, der immer dabei sein muss, wenn Touristen das Hochgebirge besuchen. Vielleicht 100 m weiter aufwärts endet der Weg in Geröll und Schnee. Sollte unser Anstieg schon hier zu Ende sein? Die Dolmetscherin ist überhaupt der Meinung, dass wir schon viel zu weit gegangen wären. Wir aber wollen den Instrukteur überzeugen, dass wir weitergehen wollen. Es ist erst neun Uhr, ein herrlicher Tag liegt vor uns. Wenigstens so weit wie möglich den Elbrus ansteigen. Viel kann es sowieso nicht werden, dazu fehlt uns die nötige Akklimatisation an die Höhe. Nur schwer geht die Verständigung mit dem Instrukteur voran. Die Dolmetscherin versteht plötzlich kein Deutsch mehr. Sie hat vor dem Weiterweg Angst, da sie denkt, ohne sie kämen wir nicht weiter. So machen wir selber dem Instrukteur klar, dass wir durchaus etwas aufs Hochgebirge vorbereitet sind: Wir zeigen Verpflegung und Medikamente, Zusatzbekleidung, Sonnenschutzbrillen und Sonnenschutzcreme, Karte und Kompass. Dann dürfen wir weiter, allein, aber wir müssen versprechen, nur so weit zu gehen, wie ein Weg zu erkennen ist. Der aber verläuft 50 m unter uns. Wir hatten in der Eile den falschen Weg von der Seilbahnstation aus eingeschlagen. Und bis zu dem Weg zieht sich ein steiles Firnschneefeld hin. Ein kurzes Mustern der Schneedecke, dann ein Sprung und in herrlicher Rutschpartie rodle ich auf dem Hosenboden bis zum Weg, an dessen Rand der Schnee durch Schneepflug angehäuft ist. Meine beiden Mitstreiter kommen ebenfalls nachgerodelt. Das junge Paar versucht, zu laufen. Mit viel Mühe gelingt ihnen das dann auch. Weiter geht es wieder aufwärts, auf einem von Schnee geräumten Weg, dessen Boden steinhart gefroren ist. Stellenweise werden Schneefelder von freien Flächen unterbrochen. Die verwitterte Lava des Berges lässt uns den Elbrus als riesigen Aschehaufen ansehen, wenn er nicht zum Glück mit viel Schnee zugeschüttet wäre. Die Auswirkungen der verwitterten Lava: Der Schnee ist bis über 3500 m Höhe grau-braun, erst dann wird er weiß. Wahrscheinlich ist dort oben in der letzten Nacht Neuschnee gefallen. In weitem Bogen führt unser Weg durch leichten Fels nach oben. Dann wieder durch hohe Schneemauern hindurch. Die Sonne brennt unbarmherzig. Der Boden taut auf. Überall rinnt Wasser. Langsam steigen die Gipfel des Kaukasuskammes über dem Baksantal empor. Bu hat seinen Anorak angezogen, die Kapuze über dem Kopf soll vor den harten Sonnenstrahlen schützen. Der weibliche Partner des verlobten Pärchens zeigt plötzlich beängstigend rote Farbe im Gesicht. Wir machen Pause. Unsere beiden letzten Mitläufer bleiben unserem Rat folgend zurück. Aus unserem Rucksack geben wir ihnen eine kleine Stärkung für den Abstieg. Mittlerweile hat die Sonne den Boden aufgetaut. Ein einziger grobkörniger Aschebrei macht das Gehen zur Qual. Dazu kommt die Höhe, zu deren Akklimatisation wir keine Zeit hatten. Der Rucksack wird auch immer schwerer. Hätten wir wenigstens die schwere 6x6 Kamera (Praktisix) unten gelassen. Der Weg führt durch 2–3 m hohe Schneewände. Wir erreichen eine kleine Anhöhe. Plötzlich bereue ich nicht mehr die zusätzlichen Strapazen. Vor uns, zum Greifen nahe, so quasi gegenüber erheben sich im klarsten Sonnenschein die Gipfel des Zentralkaukasus. Dann ist Schluss. Der Weg endet bei unter Schnee versinkenden Hütten.

Blick auf den Zentral-Kaukasus mit Doppelgipfel der Uschba

Wir sind bei der zukünftigen Seilbahnstation „Novy Krugusor" (Neuer Rundblick) in knapp 3900 m Höhe und dahinter zieht sich ein frisches Schneefeld nach oben, über Gletscher oder Fels. Keine Spuren, keine Markierungen. Bis hierher also und nicht weiter! Unter kleineren Felsen, im Windschatten, hinter denen die beiden Gipfel kalt, einladend und doch unerreichbar fern aufragen, wird eine Stunde Mittagsrast eingelegt. In aller Ruhe nehmen wir das Panorama des Zentralkaukasus in uns auf. Rechts, hinter dem kleinen Assaugletscher erhebt sich die Nordwand eines unbekannten Bergriesen, von unzähligen Rinnen herabgehender Lawinen markiert. Dann in gleicher Höhe mit uns der Tscheget. Dahinter der Nakratau und die Gipfelwechte des Dongus-Orun. Auch die beiden Pyramiden des Kogutau liegen schon leicht unter uns. Nach links ahnen wir das Gebiet der Besengimauer, die aber von anderen Gipfeln noch verdeckt scheint. Und überragt wird das ganze Panorama von dem Doppelgipfel der Uschba, dem Ziel so vieler Alpinisten. Über 40 km von unserem Standtort entfernt erheben sich die beiden Gipfel und dazwischen der Uschbasattel gegen den tiefblauen Himmel. Ein unvergesslicher Anblick – ein lohnender Dank für die drei Stunden Strapazen des Aufstiegs. Im Eilmarsch geht es dann wieder zurück. Drei Stunden hatten wir für den Aufstieg benötigt, eineinhalb brauchen wir für den Abstieg. Dabei ist das Gehen eine Qual! Bis über die Knöchel versinken wir im Schlamm. Und zu jedem Schritt kommen noch 20 cm dazu, gerutscht. Zum Glück jetzt konform mit unserer Gehrichtung. Die erste Betätigung, als wir an der Seilbahnstation anlangten – trinken! Der Körper scheint wie ausgedörrt. Mit der Bahn machen wir dann wieder den Sprung nach unten, zum Parkplatz. „Jetzt schnell ins Auto, zum Tscheget und dort wieder hinauf auf den Berg", wollen wir. Aber Felix will nicht. Es pfeift und quietscht unter der Motorhaube, bloß anspringen tut er nicht. Gut gemeinte Ratschläge tippen auf Keilriemen, ich reagiere auch erst darauf. Dann erinnere ich mich aber eines ähnlichen Geräusches, als die Wasserpumpe mal eingefroren war. Und richtig, die hatten wir bei der Durchsicht in Rostow vergessen. Nun war sie bei der Hochgebirgssonne eingetrocknet. Also Fett rein und die Fahrt kann weitergehen. Als wir uns dann am Tscheget fertig machen, um auch dort noch etwas an Höhe zu gewinnen, macht Bu schlapp. Auf seinem Kopf kribbelt und krabbelt es, er sieht gelblich-grün im Gesicht aus – ein leichter Sonnenstich als Geschenk der Elbrussonne. Bu verschmäht Speise und Trank und den Tscheget. Er legt sich unter einen Wallnussbaum und schläft in dessen Schatten ein, noch ehe wir irgendetwas geäußert haben. So ziehen wir ohne ihn zur Seilbahn, diesmal ein Sessellift. Eile tut wieder Not, denn man will jetzt bald Schluss machen. So fast als Letzte kommen wir noch mit und fahren nach oben. Unter uns zieht die subalpine Region dahin. Wir erkennen riesige Glockenblumen, über einen Meter hoch. Ganze Rhododendronwälder und viele andere Pflanzen. Typisch für diese Region des Kaukasus. Dann bleibt die blühende Pflanzenwelt zurück, nur noch etwas Wiese – Absteigen, 2800 m Höhe. Die weitere Liftfahrt wird auf Grund der Zeit nicht mehr möglich. Auch hier rät die Dolmetscherin, uns zu beeilen, da die Bahn ihren Betrieb gleich einstellen will. Einen kurzen Blick auf die Nordwände von Dongusorun und Nagratau, die gegenüber aus dem Tal senkrecht in den Himmel aufsteigen. Doch keine Zeit zum Verweilen. Fast im Laufschritt geht's einige Meter nach rechts, hinter die Gaststätte, wo sich der Hang etwas nach Westen zu neigt. Ein herrlicher Blick öffnet sich. Im klarsten Nachmittagslicht erheben sich vor uns die beiden Elbrusgipfel. Deutlich erkennen wir unseren Weg von der oberen Seilbahnstation bis zur Eisbasis. Selbst das Berghotel Prijut 11 ist zu erkennen. Leichte Fahnen ziehen vom Gipfel in den wolkenlosen Himmel. Wer weiß, wie Morgen das Wetter wird? Wir haben jedenfalls mit dem Wetter am Elbrus unwahrscheinliches Glück gehabt.

Der Elbrus, höchster Gipfel von Europa

Hinter dem Tscheget verschwindet die Sonne. Es wird empfindlich kalt. Fotos sind zur Genüge gemacht und überdies treibt die Zeit, um den letzten Lift noch zu erreichen. Und wirklich als letzte Touristen fahren wir abwärts, nehmen wehmütig Abschied von den herrlichen Bergriesen des Zentralkaukasus, deren Wände in der untergehenden Sonne rötlich angestrahlt werden. Wieder auf dem Parkplatz müssen wir feststellen, dass Bu immer noch nicht voll auf der Höhe ist. Er wird auf den Rücksitz verfrachtet und schläft gleich wieder weiter. Auch hier im Tal ist es schon kühl. Denn obgleich es erst kurz nach fünf ist, liegt das obere Baksantal schon tief im Schatten. Wir müssen zurück! Überdies wollen wir noch mal bei Intourist um ein mögliches Quartier in Teberda nachfragen, was sich dann aber als erfolglos erweist. Nun, wir haben wenigstens in Stippvisite das Dombai-Tal und das Elbrusgebiet, wenn auch schon nicht kennengelernt, so doch wenigstens gesehen.

Über den Kaukasus nach Georgien

Im weiteren Verlauf unseres Pjatigorsk Aufenthaltes wird natürlich die Stadt mit ihren vielen Lermontow-Gedenkstätten besucht. Einen Tagesauflug widmen wir den anderen Kurorten des Mineralwassergebiets. Nach der Gebietskarte werden alle vermerkten Sehenswürdigkeiten zwischen Kislowodsk und Schelesnowods abgefahren. Am Abend sind dann doch wieder über 200 Fahrkilometer zusammengekommen.

Einen Abend erleben wir ein kaukasisches Volkskunstensemble und staunen über die Begeisterung der einheimischen Bevölkerung. Bei manchen Liedern wird im Stehen mitgesungen, sowohl von Alt als auch von Jung. Bei einem Säbeltanz sprühen die Funken bis in den Zuschauerraum.

Pjatigorsk, die Stadt der fünf Berge

Und noch haben wir laut Marschroutni Sjema drei Tage Pjatigorsk. Wir hatten ja ursprünglich längeren Aufenthalt in den Bergen vorgesehen. Sollten wir noch mal nach Teberda fahren? Aber wir ändern unseren Reiseplan. Drei Tage eher geht es mit Zustimmung von Intourist weiter. Nächstes Ziel: Ordschonikidse am Beginn der grusinischen Heerstraße. Trotz der nur knapp hundert Kilometer Fahrtstrecke brechen wir früh auf, denn der Privatplan sieht noch einen Abstecher auf die Ossetische Heerstraße vor. Noch vor sechs verlassen wir den Campingplatz und müssen gleich wieder eine Pause einlegen: Wie eine Fata Morgana erheben sich die beiden hundert Kilometer entfernten Elbrusgipfel über den Dunst der Stadt. Ein faszinierendes Bild als Lohn der Morgenstunde. Das muss man ganz einfach noch mal ausgiebig genießen! Keine halbe Stunde später ist alles hinter Wolken verschwunden. Noch vor neun Uhr melden wir uns im Intouristbüro von Ordschonokidse, wo wir überaus freundlich empfangen und beraten werden: „Die Fahrt zum Mamissonski-Pass lohnt nicht. Fahren Sie lieber bloß bis zum Örtchen Buron und biegen dann nach rechts in die Zeischlucht ab. Aber das ist auch noch sehr weit, Fahren Sie doch …". Und es folgen weitere sicher gutgemeinte Empfehlungen. Wir aber

172

verabschieden uns, um schnell weiterfahren zu können. Kurz vor zehn sind wir am Rande des Städtchens Alagir, von wo aus es entlang des Flüsschens Ardon durch eine Schlucht in die Berge geht. Knapp 50 km sind es bis zum Lager Zei, einem Lager für sowjetische Alpinisten. Über drei Stunden benötigen wir für die Fahrt. Stellenweise besteht die Straße nur aus Schotter. Zeitweise sieht es aus, als führt sie gar nicht mehr weiter. Hinter der Abzweigung von der Ossetischen Heerstraße führen einwandfrei asphaltierte Serpentinen in ungewohnter Steilheit nach oben. Vorsicht ist an solchen Stellen geboten, wo die Straße, steil am Hang führend, talwärts abzubröckeln beginnt. Stellenweise hängt der blanke Asphalt frei in der Luft! Dann haben wir noch drei Stunden Zeit, um die Gegend etwas zu erkunden, die leider in dichtem Nebel liegt. Wir wollen bis zum Zeigletscher gelangen, aber der Weg ist eine einzige Geröllhalde. Erst beim Abstieg und kurzem Aufreißen der Wolken sehen wir, dass wir uns ein ganzes Stück über das Geröll des unteren Gletschers hinausgewagt haben. Mit einsetzender Dämmerung sind wir wieder im Campinglager, nachdem wir noch im Gartenrestaurant von Ordschonokidse eine würzige ossetische Nationalspeise gegessen und für die kommende Fahrt nach Tbilissi den Tank gefüllt haben.

Wieder verhüllen Wolken das Gebirgspanorama der Stadt, als wir am nächsten Morgen abfahren. Aber nach wenigen Kilometern lockert die Bewölkung auf. Entlang des rauschenden Terek führt die grusinische Heeresstraße durch den Kaukasus. Einzelne Gebirgskämme werden durch Schluchten durchfahren. Am berühmtesten ist die Darjalschlucht: Wie ängstlich an den Felsen geklammert, der nach rechts steil aufragt, teils sogar überhängend, windet sich die stellenweise überaus schmale Straße von Kurve zu Kurve höher. Der Abgrund zum Terek wird immer größer. Hier in den Kurven wird die Hupe wieder zum lebenswichtigen Element. Und die Bremsen! Denn an den engsten Stellen muss der halten, der die schwächeren Nerven besitzt. Ein besonders schöner Felsvorsprung trägt den sinnigen Namen „Herr, bring uns heil vorüber!". Und dass dies ernst gemeint ist, beweisen die einzelnen Lücken in der Seitenbegrenzung.

Brücke über den Zei-Bach

Um der Gefahr des Absturzes zu entgehen, wird grundsätzlich auf der Bergseite gefahren, egal aus welcher Richtung man kommt. An einigen Stellen müssen wir stehen bleiben, wenn uns ein LKW entgegenkommt Aber alle Schluchten haben mal ein Ende. Das Tal weitet sich unter uns. Die Straße führt in das kleine Städtchen Kasbegi. An der Stelle, wo der Kasbek, der östlichste Fünftausender des Kaukasus zu sehen sein soll, wird eine längere Rast eingelegt. Aber der Kasbek empfängt heute nicht. Mal lassen die Wolken den Gletscher erkennen, mal schieben sie sich bis zu der nahegelegenen Klosterruine auf einen vorgelagerten Berg vor. Alle anderen umliegenden Berge erstrahlen in der herrlichsten Vormittagssonne. So setzen wir unsere Fahrt fort. Noch einige

Kilometer fast ebene Strecke, dann ziehen sich wieder enge und steile Serpentinen nach oben. Die Luft wird eiskalt. Stellenweise reichen die Schneefelder fast bis an die Straße heran. Immer öfter muss östlichste im 1. Gang gefahren werden. Endlich hört die Steigung auf. Noch zwei Kurven und wir sind am Kreuzpass, an der Grenze zwischen Europa und Asien, auf einer Höhe von 2384 m. Vor uns, im Sonnenschein liegt Georgien.

Grusinische Heerstraße: Darjalschlucht

Zehn Kilometer weiter sind wir über 1000 m tiefer. Die Arme bekommen langsam Muskelkater und mit Bedauern denkt man an Kraftfahrer, die ohne Motorbremse nur auf ihren Fußdruck angewiesen sind. In Passanauri wird in der Intouristgaststätte die Mittagspause eingelegt. Dann geht es auf tadelloser Asphaltstraße in Richtung Tbilissi. Von den vor Jahren noch unzähligen Flussdurchquerungen sind insgesamt noch drei übriggeblieben. Dreimal 10 m Wasserdurchfahrt, wobei es durchaus ratsam ist, wenn alle möglichen Insassen aus dem Auto aussteigen. Einmal, um den Wagenboden etwas anzuheben, und zum anderen, um die beste Durchfahrt zu erspähen.

175

Grusinische Heerstraße: bei Kasbegi

Die letzten Kilometer der grusinischen Heerstraße fahren wir auf nagelneuer, breiter Asphaltstraße ohne scharfe Kurven. Kurzer Halt in Mzcheta, der alten Hauptstadt mit ihren sehenswerten historischen Gebäuden, die wir vor Jahren mal besuchten. Gegen 18 Uhr fahren wir in Tbilissi ein, wobei die Strecke durchaus im Laufe eines Vormittags hätte bewältigt werden können. Doch in einer so herrlichen Gegend sollte man sich Zeit lassen. Vielleicht nicht ganz so viel wie wir. Denn 18 Uhr ist nicht die beste Zeit, um mit dem Verkehr auf den Straßen von Tbilissi bekannt zu werden. Drei- bis vierspurig geht es bei vollen Kolonnen mit 80 bis 90 Sachen durch die Hauptstraßen. Ohne merkliche Verringerung der Geschwindigkeit ordnet man sich auf durch kreuzungsfrei gehaltenen Straßeneinmündungen ein. Wer die schwächeren Nerven hat, muss bremsen. Zum Glück befindet sich unser Motel aber noch im ersten Randgebiet der Stadt.

176

Georgisches Intermezzo

Wie wir also am Motel ankommen, sprechen uns zwei Männer an. Vielleicht so um die vierzig, einer schlank, der andere etwas korpulenter. Typisch georgische Haarfarbe, also tiefschwarz. „Wo kommen Sie her? – Wir laden Sie zum Abendessen ein". Mein Freund will absagen. Vielleicht ahnt er irgendwelche Komplikationen. Ich versuche, ihn zu überzeugen: Von Georgiern zu einem Gastmahl eingeladen zu werden, ist etwas Besonderes und dorthin zu gehen ist eigentlich Pflicht. „In Ordnung. Aber wir sind gerade erst angekommen. Können wir uns erst etwas akklimatisieren?" „Gut. Wir kommen gegen sieben Uhr wieder vorbei und holen Sie ab." Also erst einmal unser Quartier bezogen. Ab sieben sitzen wir in der Gaststätte. Niemand zu sehen. Schon wollen wir ein Abendessen in der Gaststätte bestellen, da kommen die beiden herein. Man merkt ihnen an, dass sie schon etwas vorgetrunken haben, zumindest der etwas Korpulentere wirkt ziemlich angeheitert. Wir steigen in den Moskwitsch, der noch von dem nüchternen schlanken Herrn gesteuert wird, und ab geht es in die Stadt hinein. Um Himmels willen, wie wird hier gefahren? Rot an einer Kreuzung ist nur ein Hinweis für etwas mehr Vorsicht – wer die schwächeren Nerven hat, muss bremsen. Und die hat unsere Fahrer nicht. Ich beobachte interessiert die recht forsche Fahrweise. Die anderen Mitfahrer halten sich krampfhaft an Griffen fest. Mit enorm zügigem Tempo geht es durch die Stadt. Bu unterhält sich mit dem Fahrer und wir erfahren, dass dieser ein bedeutender Architekt von Tbilissi Ist. Sein Freund, der etwas korpulentere Herr, stellt sich als Champagnerkönig von Georgien vor. Er besitzt mehrere Weingüter und Sektkeltereien und ist vielfacher Millionär (und das im sozialistischen Georgien!). Der Architekt beschwert sich, dass er arbeiten muss und wenig Geld verdient, während sein Freund auf der faulen Haut liegt und Geld verprasst. Wir fahren durch ein Villenviertel am östlichen Rand der Stadt gelegen und halten vor einer herrlichen Villa mit Blick auf die Stadt.

Der Champagnerkönig klingelt. Verwundert macht eine recht junge Frau auf, und gleich stürmen die beiden ins Haus, uns hinterherziehend. Der Hausherr sitzt gemütlich im Sessel vor einem modernen Fernseher. Kurzes Palaver. Dann geht es ins Nebenzimmer. Hier wird aufgetafelt und als Erstes gibt es ein Glas Wodka, dann einen Kelch gefüllt mit herrlich schmeckendem grusinischen Rotwein (Johannisbeerwein). Doch bevor der Wein und der Wodka zu wirken beginnen, machen wir die Gastgeber darauf aufmerksam, dass wir gerade von einer Tagestour mit dem Auto kommen und noch nichts gegessen haben. Also dürfen wir die Weinkelche mal schnell abstellen und zulangen: Schinken, Tomaten, Paprika. So geht das an die zwei Stunden weiter. Die Grusinier unterhalten sich köstlich. Bu versucht hin und wieder, sein Russisch anzuwenden. Wir versuchen es mit der jungen Haushälterin, die etwas Englisch versteht. So erfahren wir, dass wir uns bei einem berühmten grusinischen Dichter eingeladen haben. Für den Champagnerkönig steht jedes Haus offen. So um zehn sind die Trinkvorräte des Dichters erschöpft. Wir brechen auf, aber nicht bevor uns der Hausherr noch sein Haus vorgeführt hat. Da gibt es einen zweiten Fernsehraum mit einem Gerät, mit dem man türkische Sender sehen kann. In der Garage steht ein nagelneuer weiße Wolga. Dem Dichter scheint es nicht gerade schlecht zu gehen. Dann steigen alle in den Moskwitsch, das heißt jetzt sieben Personen, und unser Fahrer (also der Architekt) tritt wieder in Tätigkeit (obgleich auch er bei Wein und Wodka nicht immer abgelehnt hat!). Leider ist es zu dunkel, um genau zu sehen, wohin wir jetzt fahren. Jedenfalls halten wir an einer großen Ausflugsgaststätte oberhalb des Tblissier Meeres, des Stausees östlich der Stadt gelegen. Die Gaststätte will gerade schließen, wie das ab 23 Uhr überall in der SU so üblich ist. Kurze Diskussion unseres Champagnerkönigs mit dem Leiter der Gaststätte. Aus der Hosentasche wechselt eine Handvoll Scheine den Besitzer, und schon werden wir in einen Gastraum geführt. In Windeseile wird aufgetafelt: gebratene Hühnchen, Schaschlik, Paprika, Tomaten, verschiedene Weinsorten, natürlich auch Wodka. Um Himmels willen, wer soll das alles essen, geschweige denn trinken? Und so beginnt ein Mitternachts-Gastmahl. Selbst die Unterhaltung funktioniert ausgezeichnet. Na gut, man versteht nicht immer alles, was der andere gerade gefragt hat. Aber bei der Wirkung des Alkohols tut das der Stimmung keinen Abbruch. Fast scheint es, dass der Morgen schon langsam zu dämmern beginnt, da drängt unser Architekt-Fahrer auf Aufbruch. Der Tisch ist noch übervoll gedeckt, aber das stört nicht. Ein paar Flaschen Wodka oder Sekt, so genau kann ich das nicht mehr erkennen, werden mitgenommen. Alle sieben zwängen sich in den Moskwitsch. Es werden Lieder gesungen, teils deutsche oder zumindest solche, von denen die Georgier denken, es wären solche. Bei georgischen Liedern singen oder besser grölen wir mit. Und tatsächlich findet unser Fahrer die Villa, wo der Dichter samt Haushälterin, die bislang noch den nüchternsten Eindruck machte, aussteigen. Jetzt aber haben wir Bedenken, wo die weitere Fahrt hingeht. Wir schlafen im Auto fast ein. Ob uns die beiden wirklich wieder ins Motel bringen? Aber auf Georgier ist Verlass. So gegen fünf in der Früh sind wir am Motel, herzliche Umarmung, wie bei Freunden üblich. Leider versäumt oder vermeidet Bu einen Adressenaustausch. Er ist nur froh, dass das Abenteuer ohne Probleme hinter uns liegt. Und wir beiden anderen konnten uns nicht genug verständigen.

Heimfahrt und Abschied vom Kaukasus

Noch liegen wir mit drei Tagen plus im Plan. Und da Tbilissi, sowohl die Altstadt, die Neustadt als auch die Umgebung lohnenswerte Besuchsobjekte sind, besprechen wir mit Intourist, ob wir hier unsere drei vorfristigen Tage mit verbringen können. Und es geht. Unterkunft für alle Tage im Motel Uschba vor den Toren der Stadt. Für die drei nicht planmäßigen Tage werden unsere Campinggutscheine akzeptiert. (Und diese möglichen Änderungen der offiziell genehmigten Marschroute dürften ein wesentlicher Vorteil der Fahrt vor der Hauptsaison sein). So haben wir jetzt fünf Tage Zeit, uns an den georgischen Großstadtverkehr

zu gewöhnen, den man sich aber spätestens zu Hause wieder ab-
gewöhnen sollte! Wir machen eine Stadtrundfahrt mit der uns
für unseren Aufenthalt in Tbilissi zur Verfügung stehenden Dolmetscherin. Fahren jeden Nachmittag raus zum Tbilissier Meer,
um uns für den kommenden Aufenthalt am Schwarzen Meer
vorzubräunen. Leider finden wir aber nicht die Gaststätte unseres Mitternachtsmahles.

In Tiblissi

Einen Ausflug an den Sewansee in Armenien, für den eine Tagestour gereicht hätte, wird nicht gestattet: Die Fahrt führt durch
einen aserbaidschanischen Korridor. Aber vom Intouristvertreter
werden wir aufgeklärt: „Die derzeitigen diplomatischen Beziehungen mit Baku sind nicht gut. Wir müssen in Moskau beantragen

und das dauert zu lange!" Also bleiben wir in der Hauptstadt, bis auch diese Tage vorbei sind. Dann geht unsere Rundreise weiter.

Um sieben Uhr ist Start. Gegen 15 Uhr sind wir in Suchumi, wobei keine größere Pause eingelegt war. Stellenweise war die Straße im Bau. Ansonsten fast auf der ganzen Länge sehr kurvenreich. Dabei war ein kleiner Pass kurz hinter Chaschuri mit 980 m Höhe zu bewältigen. Bei einer größeren Abzweigung, wo es links nach Batumi geht, biegen wir falsch ab, werden aber gleich vom Gai-Posten auf unseren Fehler aufmerksam gemacht und zurück geschickt. Suchumi als Tagesziel, in Änderung unserer offiziellen Reiseroute, ist nicht nur deshalb lohnenswert, weil die Stadt eine Besichtigung mit ihren Anlagen und den Palmen durchaus erfordert, sondern auch, um am nächsten Tag, an dem wir nach Sotschi, unserem letzten Reiseziel fahren wollen, mehr Zeit zu haben.

Wir wollen einen Besuch in Nowi Afori mit seinem ehemaligen Kloster machen und eventuell in Pizunda, dem neu entstandenen Kurort, pausieren.

Und dieser Abstecher nach Pizunda belohnt das Meer mit herrlichem klarem Wasser und breitem, nicht überfülltem Strand. Gegen Abend erst geht die Fahrt weiter, auf herrlicher Straße entlang des mit Palmen bepflanzten Ufers des Meers in Gagra. Von Pizunda bis zum Stadtrand von Groß-Sotschi benötigen wir keine Stunde.

Doch dann wird das Fahren zu einer Geländefahrt. Baustellen hinter Baustellen! Und da die Küstenstraße die einzige ist, die nach Sotschi führt, fließt der Verkehr über die Baustellen. Endlich in Sotschi bekommen wir vom Intouristbüro unser Hotel zugewiesen: Sechs Tage Schwarzes Meer zur Erholung stehen zur Verfügung. Das heißt nicht ganz. Zwei Ausflüge in den Kaukasus sind noch vorgesehen.

Natürlich heißt ein Ausflugsziel Rizasee. Welcher Tourist der Schwarzmeerküste zwischen Sotschi und Suchumi unternimmt keine Fahrt dorthin? Auch wir waren bereits vor Jahren dort und hatten den Busfahrer wegen seiner erforderlichen Fahrkünste bewundert. Jetzt müssen wir selber fahren! Doch die Straße erweist sich als harmloser als die hinter uns liegenden Abstecher in den Kaukasus. Die Jupschara-Schlucht erscheint gegenüber der Darjalschlucht ungefährlicher, ebenso die folgenden Serpentinen. Dass wir dann dem Rizasee nur einen kurzen Blick zuwenden und unsere Füße in Richtung Kleiner Rizasee lenken, entspricht mehr unserer Liebe zum Bergwandern. Erst müssen wir den vermeintlich richtigen Pfad hinter den Hotels finden, denn Hinweisschilder sind nicht vorhanden. Es geht mühsam den lehmigen Weg teils steil bergauf, teils durch dichten Urwald. Aber der See entschädigt etwas. Unwahrscheinlich klares Wasser. Und da hier keiner da ist, der das Baden verbieten kann, ist eine Erfrischung durchaus angebracht.

Nach dem Mittagessen im Rizahotel setzen wir unsere Fahrt in Richtung Norden fort, weiter in die Bergwelt hinein. Im Örtchen Awadschara ist die Straße dann endgültig zu Ende. Nur noch schneebedeckte Berge ragen nach allen Seiten hin auf. Außer einer Handvoll Sanatorien, wie es scheint, gibt es hier keinen Tourismus. Auch hier müsste man mal mehrere Tage verbringen – aber wo nicht noch alles? Die Bergwelt erscheint hier viel lieblicher als z. B. im Zentralkaukasus unterhalb der Fünftausender-Bergriesen. Herrliche Laubwälder, wohin man blickt, und darüber die weißen Gipfel.

Noch ein Ausflug in die Bergwelt des Kaukasus ist vorgesehen. Das Ziel heißt Krasnaja Poljana. Kurz vor Adler biegt die Straße nach Norden ab, am Flughafen vorbei und dann kommen Kurven. Alles bisher Gefahrene war Spielerei dagegen! Ein Schild besagt, dass auf 34 km jedes Überholen verboten ist. So etwas wird im Allgemeinen zwar nicht so ernst wie bei uns zu Hause genommen. Aber hier hält sich jeder dran. Alles andere wäre auch nicht möglich. Da führt kein Meter wirklich geradeaus. Doch als wir dann am Ziel sind und die Sonne das Gebirgspanorama beleuchtet, sind die Kurven vergessen.

Am Riza-See, der Perle des Kaukasus

Krasnaja Poljana

Zum Abschied unserer Kaukasusfahrt hat sich unsere Bergwanderseele noch einen besonderen Ausflug ausgewählt: den Aufstieg auf den westlich von Krasnaja Poljana aufragenden Berg Atschichcho. In mühevoller Aufstiegsarbeit auf kaum erkennbarem Pfad quälen wir uns erst in heißer Sonne, dann durch nebelverhangenen Urwald aufwärts. Über drei Stunden Aufstieg liegen hinter uns, da lichtet sich der Wald, eine meteorologische Station kommt zum Vorschein. Was gibt es Schöneres nach so einem anstrengenden Aufstieg, als zum Tee eingeladen zu werden? Wir sind in zweitausend Meter Höhe auf einem Vorgipfel, noch sieben Kilometer wären es bis zum 300 m höher gelegenen Hauptgipfel, doch dazwischen liegt noch eine Schlucht. Aber auch dieser Vorgipfel entschädigt schon für den Aufstieg. Wie auf einer Kanzel stehen wir über dem einige Hundert Meter tiefen Abgrund und blicken auf ringsum aufsteigende Gipfel des westlichen Kaukasus. Nebel- und Wolkenfetzen wallen an den Steinwänden. Der Donner eines Blitzes hallt minutenlang wider. Ein kurzer Hagelschauer und dann wieder ein paar tröstende Sonnenstrahlen. Natürlich hätte man bei besserem Wetter eine bessere Aussicht. Doch schöner, wildromantischer, könnte es kaum sein. Der Regen treibt uns wieder nach unten. In einer im traditionellen Stil errichteten, modernen Gaststätte wird ausgiebig gespeist, um Kraft für die Kurven der Heimfahrt zu sammeln. Reichlich erschöpft, aber froh gelangen wir wieder in unserem Hotel in Sotschi an – der Abschied naht. Aus dem Sonnenbrand ist inzwischen Urlaubsbräune geworden. Die einzelnen Bilder der Fahrt geraten durcheinander und man freut sich auf die Farbdias zu Hause. Die Hitze des Tages wird langsam zur Qual. Hoffentlich ist es zu Hause etwas kälter.

Den letzten Abend verbringen wir auf dem Berg Achun, elf Kilometer von Sotschi entfernt und 680 m hoch. Hier nehmen wir wehmütig Abschied von der herrlichen Bergwelt des Kaukasus. Weit reicht der Blick bis zu den Bergen des Rizasees. Dort der kleine Berg zwischen den Riesen muss unser Atschichcho sein. Nur die Gewissheit, dass man nicht das letzte Mal hier gewesen ist, lässt den Abschied leichter ertragen. Dann wird nochmal der

In Sotschi

Wagen nachgesehen, die Reifen geprüft, Öl nachgefüllt. Der Tank ist wieder voll, das Gepäck verstaut. Noch dreieinhalbtausend Kilometer und man ist wieder daheim. Die Fahrt von Sotschi nach Noworossisk wird noch mal zu einer Kurverei. Und ausgerechnet auf einem kurzen geraden Stück bleibt ein mittelgroßer Hund völlig unvorhersehbar auf der Fahrbahn stehen! Die Redensart „Du fauler Hund!" muss aus dem Kaukasus kommen. Hunderte oder Tausende solche Viecher haben wir erfolgreich umfahren. Und nun zum Abschied erwischen wir doch noch einen. Im Ergebnis ist der Hund tot (hoffentlich) und die eingeknickte Stoßstange ist zum Reserverad eingedrückt. Wer hätte solch eine Wirkung vermutet? Und wie sollen wir nun an das Reserverad rankommen, wenn das mal nötig wird? Bis Rostow wird es vorerst nicht benötigt. Die reichlich 700 km werden mit einer Stunde Rast in Krasnodar in 14 Stunden geschafft. Am nächsten Morgen geht es als Erstes in die Werkstatt. Bevorzugt wird der Gast bedient. Sofort beginnt ein kräftiger Mechaniker mit der Arbeit. Schnell ist die Stoßstange abgeschraubt. Zwei, drei Schläge mit der Hand – und dem Kofferraum sieht man keine unschönen Deformationen mehr an. Jetzt könnten wir weiterfahren. Aber nichts da! Es wird gehämmert und geklopft. Eine Stunde lang. Für uns war der Zugang zum Reserverad notwendig. Aber eine schlecht reparierte Stoßstange geht gegen die Ehre des Mechanikers. Immer wieder wird die Stange poliert. Wieder ein paar Schläge, ein leichtes Biegen. Endlich ist er mit der Arbeit zufrieden. Die Stoßstange hat ihre ursprüngliche Form vollständig (!) wieder. Nur an der direkten Knickstelle erscheint der Chrom etwas matter. Als Preis: 3 Rubel 60 für diese Kunstschmiedearbeit. Was bedeutet da schon der Wimpel der Heimatstadt als zusätzlicher Dank? Jetzt kann die Heimfahrt wieder zügig weitergehen: Charkow, Kiew, Lwow. Täglich so etwa 500 km. Von Lwow aus geht es ohne Aufenthalt bis nach Hause, tausend Kilometer. Von früh fünf Uhr (Moskauer Zeit) bis abends 21 Uhr. Dabei brachte die Zollkontrolle keinerlei Zeitverlust. Natürlich waren zwei größere Pausen enthalten.

Einziger Zeitverlust: die Suche nach einer geöffneten Tankstelle in Görlitz. 10000 km waren wir gefahren, nie war der Tank leer. Zum Fünf-Liter-Reservekanister hatten wir nur einmal gegriffen. 100 m vor der nächsten Tankstelle. Auf der ganzen Strecke durch die UdSSR standen genügend Tankstellen zur Verfügung. Wesentlich mehr, als im Autoatlas eingezeichnet waren. Und alle hatten rund um die Uhr geöffnet. Na gut, einmal musste man erst Hupen, bis der Tankwart kam. Am Samstagabend mussten wir in Görlitz die einzige geöffnete Tankstelle suchen und die nächste wäre erst in Dresden gewesen.

Und was war mit den anderen vorsorglichen Argumenten? Der Skoda lief wie ein Uhrwerk. Nie war die Motortemperatur über 100 Grad. Kein Wunder auf diesen langen Strecken, wo man das Lenkrad überwiegend zum Überholen brauchte. Sogar die Strapazen in die Berge haben Motor und Reifen gut überstanden. Und erst dann, wenn man zu Hause sagen kann: „Der Wagen fährt noch, größere Schäden sind nicht zu verzeichnen", weiß man, dass der Urlaub schön, erlebnisreich und unvergesslich gewesen ist.

Wandern als Lebensmotto

„Ich möchte nicht reich sein, möchte nicht Ruhm gewinnen, möchte auch nicht ohne Pflichten sein und auch nicht ohne Plage. Nur das eine aber möchte ich, und das mit allen Sinnen: Ich möchte wandern können bis zum letzten Tage!"

Bloß so selbstverständlich ist das nicht! Na gut. Wanderungen, wie groß auch immer, waren seit meiner Kindheit etwas Selbstverständliches. Während der Oberschulzeit waren wir mit meinen Eltern im Betriebsferienheim vom VEB Glaswerk Schott in Waltershausen. Mein Vater arbeitet ja schließlich in diesem Betrieb. Und da waren Wanderungen an der Tagesordnung. Mindestens einmal von Tabarz aus auf den Inselsberg und zurück. Sicherlich so an die 15 km und 500 m Höhenunterschied. Während der Armeezeit waren Wanderungen, d. h. Märsche mit Gepäck, über 20 km an der Tagesordnung und machten mir persönlich nichts aus, im Gegensatz zu vielen meiner Mitläufer. Und Märsche nach Karte und Kompass waren für mich besonders beliebt! Dann kam die Studentenzeit: Auch da standen Wanderungen in die nähere Umgebung von Jena oftmals an der Tagesordnung. Die Besteigung des Jenzig oder über den Fuchsturm und das „Hufeisen" zur „Horizontale" in den Kernbergen. Alles kein Problem. In den Ferien nahm mich meine Mutter einmal in die Sächsische Schweiz mit, als eine Art Wanderleiter für ihre Schüler, mit denen sie in Schmilka so etwas wie ein Ferienlager durchführte.

Nur begannen eigentlich schon während der Armeezeit im Frühjahr und Herbst schmerzliche Beschwerden im Rücken- bzw. Lendenbereich. Während des Studiums wurden die Beschwerden stärker, der Arzt verschrieb Schmerzmittel und sogenannte Parapak-Packungen (hier wurde man mit flüssigem, d. h. heißem, Paraffin eingeschmiert, und musste dies über längere Zeit aushalten). Waren die Rückenbeschwerden abgeklungen, bekam ich eine Augenentzündung: Iritis-Regenbogenhautentzündung. Der Augenarzt warnte: Durch mehrmalige Iritis kann das Sehvermögen geschwächt werden. Er empfahl, körperlich Anstrengungen möglichst zu vermeiden, ebenso wie Erkältungen jeder Art. Der Orthopäde empfahl aber gerade Sport.

Was sollte ich tun? Gegen Rückenschmerzen helfen zur Not Pillen oder Ähnliches. Schwindendes Augenlicht ist durch nichts zu ersetzen. Also reduzierte ich meine sportlichen Tätigkeiten, von leichten Spaziergängen mal abgesehen.

Es war zu meinem Geburtstag 1964. Ich hatte gerade eine leichte Iritis überstanden. Zwei ehemalige Studienfreunde waren zu Besuch, und wir fuhren zum Skilaufen nach Oberwiesenthal, d. h. mit dem Bus bis Breitenbrunn und dann per Ski über Tellerhäuser zum Fichtelberg. Herrliches Winterwetter, wir verspäteten uns und mussten uns sputen, um in Tellerhäuser den letzten Bus noch zu erwischen. Das war eine körperliche Anstrengung zu viel für mein noch nicht ganz geheiltes Auge: Die Iritis kam wieder, stärker als je zuvor. Zeitweise konnte ich mit dem kranken Auge nicht mehr erkennen, ob ich die Hand vor Augen hielt oder nicht. Die Iris hatte sich aufgelöst. Nach mehreren Wochen in der Augenklinik von Aue heilte das Auge Gott sei Dank wieder aus.

Mit den Rückenbeschwerden wurde es auch immer schlimmer. Zeitweise konnte ich auf Arbeit nur kniend am Schreibtisch sitzen, nach wenigen Schritten zu Fuß musste ich mich an irgendetwas anlehnen, um den Rücken zu stützen. An Wanderungen konnte ich überhaupt nicht denken. Der Orthopäde diagnostizierte „Morbus Bechterew", sprach von einer möglichen Teilinvalidisierung. Vorher sollte ich noch eine Kur im Thermalbad Wiesenbad bekommen, mit der Hoffnung, dass sich die Rückenbeschwerden wenigstens etwas stabilisieren könnten. Und dann kam alles ganz anders.

Über meine schriftstellerischen Ambitionen bezüglich Reisebeschreibungen wurde schon berichtet. Ich hatte nach drei Wochen Rundreise in Mittelasien: Taschkent, Samarkand, Buchara, Chiwa, Duschanbe eine etwas ausführliche Reisebeschreibung angefertigt und getraute mir doch, diese dem Brockhaus Verlag in Leipzig vorzulegen. Meine Dienstreisen mit privatem PKW erlaubten solche Umwege. Und der Bericht wurde angenommen!

Nach dem zweiten Redigieren aber sprach der Lektor: „Leider können wir Ihren Bericht nicht drucken. Wir haben Engpässe beim Papier. Wir müssen zu viele Schulbücher für Westdeutschland und England drucken. Und außerdem ist ein Buch über die Sowjetunion in Vorbereitung, wo auch die Republiken in Mittelasien mit behandelt werden. Aber haben Sie keine Ambitionen auf Bergsteigererlebnisse? Hier herrscht großer Bedarf. Außer dem Berliner Fritz Rudolph herrscht hierfür eine große Lücke!" Bergsteigererlebnisse – das spukte ja immer schon in meinen gedanklichen Hinterstübchen. Und dann entsprach das ja auch meinen bisherigen literarischen Versuchen. Aber für ein richtiges Bergbuch müssen natürlich auch richtige Bergerlebnisse herhalten. Also meldeten wir uns als Erstes in der nächstgelegenen Sektion Bergsteigen des DWBO (Verband für Wandern, Bergsteigen und Orientierungslauf der DDR) in Raschau, einem kleinen Ort in der Nähe von Schwarzenberg, an. Damit begannen bergsteigerische Aktivitäten, fast jedes Wochenende Klettern in den Greifensteinen.

In den Greifensteinen bei Ehrenfriedersdorf

In meinen Aufzeichnungen dazu beschreibe ich diese kletter-technischen Anfänge im Oktober 1970 unter dem Thema „Zwischen erster Bergpredigt und ersten Erfolgen":

Wir sind (mein Sektionsleiter Heinz Grieger und ich) auf der Freilichtbühne der Greifensteine, die sich, für meine Begriffe unerklimmbar hoch, zu allen Seiten hochreckten. Ein Gewirr von Namen, für Fels, Weg oder Ausrüstungsgegenstand, fiel auf mich ein. Schon hatte sich eine Brustschlinge so fest unter meinen Armen durchgespannt, dass ich kaum Luft kriege. Aber das würde sich dann geben, meinte mein Lehrmeister.

„Als Erstes steigen wir über den Algenweg auf den Seekofel!" Das war die steile Wand links von uns, in der links ein flacher, aber unterbrochener Riss nach oben führte, Schwierigkeit II. Heinz steigt vor, und ich gab mir Mühe, zu merken, an welcher Stelle er mit welcher Hand oder welchem Fuß welche Stelle im Fels erwischte.

Dann bin ich dran, nachdem mein Vorsteiger sich erst an der Birke dort oben am Absatz gesichert hat. Schneller als ich vorher gedacht hatte, war ich bei Heinz, oder hatte er mir Seilunterstützung gegeben? Doch das geziemt sich selbst nicht für Anfänger. Und dann seilen wir uns aus. Oder heißt das: „gingen aus dem Seil"? Der Rest des Weges wird ohne Sicherung gegangen. Auf großen Blöcken ging es weiter, links und rechts beängstigend steil nach unten, dann der letzte Absatz, ein Block so zwei Meter hoch, dazwischen noch ein horizontaler Riss. Hier soll ich vorsteigen, aber wie? Man konnte sich recken, wie man wollte, oben erwischte man nichts, und der Fußtritt reichte auch nicht höher. Also mit der Faust in den Riss, fest zusammengeballt – und das soll halten? Nun es reichte, bis ich oben den Wannengriff erwische, schwupp war ich oben: mein erster Gipfel, wenn auch kaum zwanzig Meter hoch. So schwer war es gar nicht, und doch war ich ein wenig stolz, als mir Heinz mit einem „Berg heil" zum Gipfel gratulierte. Stolz vor allem darauf, dass ich die eigene Trägheit doch überwunden und mit Bergsteigen angefangen hatte.

Dann wird abgeseilt, im Sachsensitz. Nur so an die 12 m hoch war ich über dem Grund, aber was heißt nur. Fürs erste Mal war's erschreckend hoch. Es dauert Minuten, bis sich die Beine trotz „Nähmaschine" gestreckt hatten. Und dann ging es abwärts, mit viel Kraft und langsam. Aber ich kam unten an, seilte mich aus. In zwei, drei Sprüngen war auch Heinz unten – so einfach ist das also.

Der nächste Felsen ist die Stülpnerwand. Das erste Mal über den alten Weg, das zweite Mal über den Blockkamin, meine erste Kaminkletterei und dann zu einem Doppelriss in der NO-Seite der Wand: „Diesen Block fasst du wie einen Kasten Bier an, stemmt die Füße rechts und links an den Felsen und drückst dich hoch", und schon steht er auf dem Block, schiebt sich über den folgenden Kamin aufwärts, befestigt eine Sicherungsschlinge an einem Felsvorsprung, hangelt weiter und steht oben: „Nachkommen!"

Da steh ich nun wie verloren an diesem „Bierkasten", fasse mal hier und dort, drücke mal anders, dann wieder so. Aber wie ich die Füße anheben will, merke ich, dass ich den „Bierkasten" nicht zu fassen bekommen habe. „Aussichtslos", denke ich, aber Heinz gibt nicht auf.

„Versuch es doch mal im linken Kamin." Und tatsächlich, spielend leicht geht es aufwärts, schon bin ich drei, vier Meter hoch und versuche, den schlechter werdenden Weiterweg zu erahnen.

„Jetzt musst du aber nach rechts, den dort hängt ja die Sicherungsschlinge."

Ja, und da häng' ich nun. Weiter hoch darf ich nicht, ich wüsste ja auch nicht, wie. Und vom rechten Kamin bin ich durch einen leicht gewölbten, fast senkrechten Felsblock getrennt. Halt, auf diesem kleinen Absatz könnte vielleicht ein Fuß zu stehen kommen. Und dann hänge ich bäuchlings auf dem gewölbten Block, oben versuchen die Hände, irgendeinen Halt auf dem glatten Fels zu erwischen, aber vergebens. Na, zum Glück hält Heinz das Seil ziemlich straff. Bloß, wie komm ich um den Block rum? Dann, nach vielem Zagen, stemme mich noch weiter auf dem vagen Halt aus, verlasse den nicht-vorhandenen Griff am Block, die Hand schnellt um den Block und erwischt einen Griff – geschafft. Damit liegt der erste Versuch mit Bergsteigen hinter mir, und es hat Spaß gemacht. Also geht's weiter!

Der Orthopäde war verwundert, als ich zur nächsten Untersuchung kam: Die Kur wurde gestrichen, eine Teilinvalidisierung kam nicht mehr infrage. So gut wirkte sich das Klettern auf den Rücken aus. In Vorbereitung auf das Hochgebirge, anfangs Hohe Tatra und später Kaukasus, wurde das Klettern durch Märsche mit Rucksack erweitert.

Ich vermutete, dass man in den Bergen eines Hochgebirges weniger das Klettertechnische benötigt als eine gute Kondition im Wandern.

So kam es, dass das Wandern immer stärker zum Leitbild wurde. Wanderungen von 30 km oder mehr und das mit schwerem Rucksack (mindestens 30 kg) waren bald an der Tagesordnung. Im Winter dann mit Ski.

Aus Trainingsgründen machten wir bei Oberwiesenthal am Fichtelberg unter der Seilbahn Abfahrtslauf (die Ski hatten noch Seilzugbindung) auf buckliger Piste runter und rauf, die Ski auf dem Rücken, so an die 200 m Höhenunterschied. Mein Rekord war, dass ich das 17-mal am Tag schaffte. Ende Januar war dann der Isergebirgslauf dran, ein 30 km langer Massenstart für Langläufer, in Erinnerung an die in Peru tödlich verunglückten tschechischen Bergsteiger. Wir hatten uns extra Langläufer zugelegt, einfache Holz-Ski, wo man nach Grundlack noch jedes Mal entsprechend der Außentemperatur nachwachsen musste.

Ich war in der Zwischenzeit Mitglied im DWBO Bezirksverband in Karl-Marx-Stadt und wirkte dort in der Kulturkommission mit, weil ich meine Dia-Vorträge auch hier vermarkten wollte, schließlich war ich mit meinem Vortrag über unsere Reise nach Mittelasien bis in die Deutsche Bücherei in Leipzig vorgedrungen. Und vom Bezirksverband wurde ich auch hin und wieder für Pressearbeit eingesetzt, z.B. für die DDR-Meisterschaften im Ski-Orientierungslauf, der in Ansprung stattfand. Ich verfasste sogar den Beitrag des DWBO in das Gästebuch der neu eröffneten Jugendherberge.

Durch meine Verbindung zum Bezirksverband des DWBO in Karl-Marx-Stadt erfahre ich jedenfalls von einem Treffen in den Greifensteinen für Interessenten einer Kaukasusreise. Pünktlich bin ich dort zur Stelle. Und da sitzen sie nun, diejenigen, die über den Teilnehmerkreis entscheiden werden: Werner Bregula als Vorsitzender des DWBO des Bezirkes, Klaus Lemnitzer als Verantwortlicher für Felsklettern und Klaus Lerchner als Reiseleiter. Einige der Bewerber kenne ich schon, und das sind über zwanzig. Doch nur zwanzig dürfen mit.

Als Erstes werden die Tourenverzeichnisse eines jeden Bewerbers verlangt. Gegenüber erkenne ich auf dem Zettel: Breithorn, Watzmann, Kaiserstuhl. Wann sind die in den Alpen gewesen?

Aber mit meinen Wintertouren in der Tatra, bei der Autoreise durch den Kaukasus zählt eine Tour als Teilaufstieg zum Elbrus. So klein ist der Zettel gar nicht, wenn auch nicht gerade anspruchsvoll.

Die Verzeichnisse werden gesichtet, verglichen, eingeschätzt. Zwölf Mann Trainingsgemeinschaft stehen fest. Die restlichen acht Mann werden in Seilschaften aufgeteilt, bei einer solchen fehlt ein vierter Mann. Ich werde dazugeschrieben, d. h., plötzlich wird es ernst. Ich gehöre einer Viererseilschaft an, die Ende Juni zur Alpinistik in den Zentralkaukasus fährt. Und mit leichtem Erschrecken stelle ich fest, als ich das vorgesehene Tourenprogramm erkenne (ein solches muss vorgelegt, vom Bezirksverband des DWBO genehmigt und dann vor Ort vom sowjetischen Alpinistenverband bestätigt werden), dass da richtige alpine Mehrtagestouren auf verschiedene fast 4000 m hohe Gipfel geplant sind. Als Höhepunkt ist der Aufstieg auf den Elbrus vorgesehen, mit über 5600 Meter Höhe immerhin der höchste Berg Europas.

Natürlich nutze ich zu Hause jede nur mögliche Gelegenheit, um Literatur über die Besteigung des Elbrus oder andere Berge solcher Höhe zu lesen. Nicht nur, um mich auf das Erlebnis der großen Höhe vorzubereiten, sondern auch um mehr über den Berg zu erfahren.

„Die Besteigung ist nicht schwer, wenn man gute Kondition hat, entsprechend akklimatisiert ist und auch sonst alles in Ordnung ist. Und trotzdem: ein plötzlicher Wetterumschwung, Kälte, Nebel-Sturm – dann verlangt der Berg alles von dir, oft auch das Leben", schreibt Fritz Rudolf in einem seiner Bergbücher.

Ich aktiviere mein Training, weniger aufs Klettern, das wird mit Sicherheit als Anfänger im Kaukasus nicht gefragt sein. Schwerpunkt ist Wandern, Strecken über 30 km und mehr, mit Rucksack (jetzt bei mehr als 30 kg Rucksackgewicht) und möglichst vielen Höhenmetern, was sich in der Gegend des Mittleren Erzgebirges ohne Probleme realisieren lässt.

Der Elbrus mit dem Höhenhotel Prijut 11

Dann sind wir im Kaukasus, die ersten Touren auf immerhin etwa über 3500 Meter hohe Berge liegen hinter uns und vor uns der Höhepunkt der Reise: der Aufstieg auf den Elbrus, keine alpine Herausforderung, sondern eine Wanderung, wenn auch in etwas ungewöhnliche Höhen. Drei Tage sind dafür vorgesehen.

Am ersten Tag erfolgt der Anstieg bis zum Prijut 11, einer Art Hotel in ungefähr 4200 m Höhe. Klaus Lerchner empfiehlt den Anstieg über das Eislager und nicht die Seilbahn, welche die Hälfte des Höhenunterschiedes überwinden würde. Lang und mühsam ist der Weg, teils durch Schnee, teils durch aufgeweichten Lavaboden. Aber wir haben den ganzen Tag Zeit. Bei etwas über 3000 m kommen wir an einem Lager vorbei, dem Piket 105. Freundliche Mädels begrüßen uns mit Kakao und Tee. Der Weg wird immer schwieriger: Teils verliert er sich in tiefem Schnee, dann wieder in steilen Serpentinen aufwärts.

Endlich, es ist schon weit nach Mittag, sind wir am sogenannten Eislager, dem Versorgunglager für das Prijut 11, das von hier aus schon über dem weiteren Gletscher zu erkennen ist: noch 400 m höher bei mäßiger Steigung.

Doch als wir auf das Eisfeld gehen wollen, steht dort ein Instrukteur: „Haben Sie nicht gelesen? Die Überschreitung des Gletschers ist ab elf Uhr verboten!"

Wir lesen das Schild, die Anweisung stimmt. Wir diskutieren.

„Wo ist Ihr Instrukteur?"

„Der ist noch weit unten am Hang. Aber wir brauchen keinen, wir sind eine Alpinistengruppe. Unser Leiter ist ein erfahrener Alpinist, hat Uschba sogar gemacht."

Die Argumente nützen nichts. Auch nicht, dass dort zwei Mann ganz allein über den Gletscher rübergelaufen kommen.

„Die dürfen auch nicht. Ich werde schimpfen!"

Wir holen ein Seil raus und laufen einfach weiter, soll er doch auch schimpfen.

Der Weg führt entlang einer deutlich sichtbaren Spur, die von Markierungsstange zu Markierungsstange führt, bei Spalten über kleine Holzbrücken. In weitem Bogen geht es den Hang hoch. Die Schritte werden langsamer – kein Wunder, sind wir doch über 4000 m hoch. Dann ziehen wir in das „Hotel über den Wolken" ein. Unser Zimmer könnte auch in einem U-Boot sein: 2 Doppelstockbetten und ein Kleiderständer, als Fenster ein Art Bullauge.

Bernd schlägt aktive Akklimatisierung vor, einen kleinen Aufstieg, mal sehen, wie weit wir kommen. Die Leute meiner Seilschaft, Gunther und Erna aus Augustusburg sowie Gerd aus Rostock, der schon einmal auf dem Elbrus war, ruhen sich lieber aus, damit sie morgen, wo vielleicht schon der Aufstieg erfolgt, ausgeruht sind.

So schließe ich mich den anderen an, wo erfahrene Alpinisten die Führung übernehmen. Dadurch kann man nur Erfahrung sammeln, und für die Akklimatisierung sind Aktivitäten das Wichtigste, was man für die Höhe hier tun kann.

Erschreckend langsam ist das Tempo, was Bernd anschlägt – 20 Schritt pro Minute (gemeint sind Doppelschritte). Dabei geht es in gleichmäßigem Tempo aufwärts, eine Stunde lang, vielleicht 100 m oberhalb des Prijut. „Weiter nicht", meint Bernd. Denn mit Gewalt jetzt an Höhe zu gewinnen, kostet zu viel Kraft, die wir vielleicht am nächsten Tag gebrauchen können, sollten wir dann schon den Aufstieg antreten können.

Aber daraus wird nichts. Als unser Instrukteur gegen Abend eintrifft, empfiehlt er eine Akklimatisierungstour zu den Pastuchowfelsen in 4800 m Höhe. Dadurch würden die Chancen, den Gipfel zu erreichen, größer, und das Wetter sollte am darauffolgenden Tag auch besser sein.

Also ziehen wir am nächsten Tag los. Als Erstes eine Dresdner Seilschaft, Mitglieder der Bergsteigerchores „die Bergfinken", dann Bernds Truppe und als Letztes unsere Anfängerschar mit Gunter als Seilführer, dazu noch neben mir Erna und Gerd.

Erna steigt vor und schlägt ihr gewohntes Tempo an. „Halt, Erna, du bist zu schnell, lass mich mal vor!" Entrüstet dreht sich Erna nach mir um: „Wie, sonst war das Tempo zu langsam und hier soll es zu schnell sein?" Gunter lässt mich vor, nachdem ich ihm vom Vortag erzählt habe. Erna läuft vorneweg, im Laufschritt, 10, 20 m, dann bleibt sie stehen und schließt sich uns an. Man sieht ihr an, dass die paar Sekunden im Laufschritt zu viel Kraft gekostet haben.

Schön gleichmäßig versuche ich, unsere Seilschaft nach oben zu führen, den anderen nach. Immer schön 20 Schritte pro Minute (ich habe wirklich nach der Uhr verglichen!). Nach zwei Stunden dringen wir in Nebel ein. Bloß gut, dass wir eine deutliche Spur vor uns haben. Die Spur führt leicht nach rechts in den Nebel hinein, durch den wir Gesang hören. Also haben die Dresdner schon die Felsen erreicht! Aha, wir sind da! Durch den Nebel tauchen die gerade so aus dem Schnee herausragenden Felsen auf, auf denen sich die anderen ausruhen. Damit haben wir die offiziell vorgesehene Akklimatisierungstour erfolgreich abgeschlossen und damit auch die Voraussetzung geschaffen, am kommenden Tag mit Genehmigung des Instrukteurs die Gipfelwanderung anzugehen.

Um Mitternacht wird geweckt. Unser erster Schritt führt vor die Tür, ein Blick zum Himmel: wolkenloser Himmel, unvorstellbar hell leuchten die Sterne, drei Grad unter null. Ideale Aufstiegsbedingungen.

Um eins steigt unsere Seilschaft los, eine Viertelstunde vor uns laufen die Dresdner, vielleicht 20 Minuten hinter uns die Seilschaft von Bernd Raschig. Langsam geht es durch die vom Sternenlicht schwach erleuchtete Spur nach oben – zwanzig Schritt pro Minute.

Ich habe von Beginn an die Führung übernommen, mein rhythmisches Gefühl hatte mich zu den Pastuchowfelsen nicht verlassen – zwanzig Schritt pro Minute. Ich beginne, zu zählen – 100 Schritt, 200 … 500. Nicht die Schritte bis zur nächsten Pause, sondern nur so. Undeutlich sehe ich vor mir die schwarzen Punkte der Dresdner 100 bis 200 m vor uns. Ich versuche, irgendwelche markante Stellen im Weg ausfindig zu machen, um die Eintönigkeit zu vermindern.

Langsam beginnt es zu dämmern, irgendwo da drüben rechts müssen die Pastuchowfelsen liegen. Jawohl, wir haben drei Stunden hinter uns – drei Stunden lang: zwanzig Schritt pro Minute, entlang einiger dunkler Fußtritte in dunklem Schnee. 100 Meter hinter uns ebenso gleichförmig laufende schwarze Punkte, die einzigen Orientierungspunkte der Gegend.

Halt, jetzt bin ich von der Spur abgekommen und versinke im Schnee. Jetzt nach rechts. Ich kann einfach die Spur nicht mehr halten, ich komme immer wieder von ihr ab, sie verschwimmt im beginnenden Dämmerlicht. Also muss mal ein andrer vor!

Jetzt führt Gunter. Kommt es mir nur so vor, oder läuft er wirklich ungleichmäßig – mal schneller, mal langsamer. Das strengt furchtbar an.

Also lässt er mich wieder bereitwillig nach vorn. Das Morgenlicht färbt den Schnee langsam weiß, der Himmel wird blau, rötlich schimmert ein Wolkensaum weit im Osten. Die unendlich vielen Gipfel des Zentralkaukasus tauchen aus der Unkenntlichkeit der Finsternis auf, die höchsten Gipfel bekommen rötlich Kronen. Über uns leuchtet grellweiß die Spitze des Westgipfels in den tiefblauen Himmel. Weit im Westen sehen wir einen Schattenkegel im Morgendunst, das Abbild des Elbrus, von der aufgehenden Sonne in den Dunst der Berge Abchasiens gemalt. Langsam kriecht unter uns die Grenze zwischen Licht und

Schatten, zwischen klirrendem Frost und belebender Wärme unseren Hang hoch.

Jetzt hat das Sonnenlicht das Prijut erfasst – da werden mir die Knie weich, irgendwie habe ich keine Luft mehr. Ich versuche, noch tiefer zu atmen, die Luft noch länger in den Lungen zu halten. Er hilft nichts, die Kräfte schwinden. Also erstmal eine kleine Pause und dann Führerwechsel.

Erna marschiert nach vorn und in altbewährter Weise mit gleichmäßigem Tempo, jetzt natürlich nicht mehr mit 20 Schritt pro Minute.

Ich ändere meine Atemtechnik. Jetzt schnappe ich mal Luft wie ein abgehetzter Hund, kurz, schnell und oberflächlich – und bin wieder da, der „Ast" bleibt bei 5000 m hängen. Nur noch etwas im Nachsteigen ausruhen.

Da geht Erna in die Knie, rafft sich noch mal am Pickel hoch und fällt in den Schnee. „Ich kann nicht mehr. Lasst mich liegen."

Schnell wird sie als Erstes in den Szarskisack (eine Art Notzelt) gepackt. Schnell, das ist hier in fünftausend Meter Höhe vielleicht fünf Minuten oder mehr. Alle haben wir unsere Rucksäcke abgeschnallt und suchen nach Sachen, mit denen wir Erna helfen können: Juwelkocher, Tee, Kochtopf. Wer hat das Benzin?

„Jürgen, mach doch bitte die Flasche auf!" Aber auch meine Hände schaffen kaum, was andere vor mir nicht schafften. Es dauert ewig, bis dann der Kocher brennt.

Jetzt erst trenne ich mich mit Gerd von den Sportfreunden aus Augustusburg. Wer bei wem im Sonderfall bleibt, war schon unten festgelegt worden.

Mühsam stampfen wir zu zweit weiter bergan, jetzt auch der Seilschaft Raschig hinterher. Als sie uns vor über 20 Minuten überholten, wechselten wir keine Worte miteinander, erkannten wir nur unverständliche Gesichter (erst zu Hause erzählte man uns, dass sie gar nicht mitbekommen haben, was eigentlich los war).

Wortlos steigen auch wir beide weiter. Bleibt der vordere stehen, geht der andere vorbei und übernimmt die Führung. Jede noch so kleine Pause wird genutzt, um den Körper auf dem Pickel auszuruhen. Jetzt queren wir in den Sattel, d. h., wir müssten so an die 5300 m hoch sein. Plötzlich ist Sturm da, eiskalter Sturm, der die Graupel vom Vortrag vor sich hertreibt. Zum Glück mit uns in gleicher Richtung.

Noch geht es weiter in den Sattel hinein, immer noch leicht ansteigend. Jetzt biegt nach rechts eine Spur ab, wir erkennen die letzten vier aus Raschigs Seilschaft, wie sie langsam zum Ostgipfel zu an Höhe gewinnen.

Aufstieg zum Elbrus, kurz vor dem Sattel in 5300 m Höhe

Wir nähern uns dem Ausgang des Sattels, dessen höchstem Punkt, und wenden uns jetzt dem linken Hang zu, denn, so war es zwischen uns beiden im Prijut vereinbart, wir wollen den Westgipfel machen. Den Ostgipfel hatte ja Gerd schon im Vorjahr bestiegen und mir war's egal, denn ich war ja noch auf keinem der beiden Gipfel.

„Wir machen jetzt eine kurze Rast hier, vielleicht finden wir hinter irgendeinem Stein ein wenig Windschutz und dann steigen wir los", schlage ich vor.

Doch Gerd: „Mit dir allein zum Westgipfel? Du willst doch nicht etwa für die anderen spuren wollen? Wir warten, bis die anderen vom Ostgipfel kommen, und steigen denen dann zum Westgipfel nach."

Nein, das entspricht nicht mehr unserer Vereinbarung. Was ist, wenn keiner mehr den Westgipfel machen will? Mit so etwas muss man immer rechnen. Dann haben wir unsere Kraft hier verwartet und keinen Gipfel!

„Entweder wir versuchen, jetzt gleich gemeinsam den Westgipfel zu erreichen, oder wir müssen uns trennen!"

Nein, mit mir allein will er nicht und so stimmt er einer Trennung zu.

Das Wetter ist ausgezeichnet, wir fühlen uns gut – kann man das da verantworten?

Ich habe nicht viel Zeit, mich noch lange zu bedenken. Noch haben die beiden Rohleders aus Raschigs Seilschaft keinen zu großen Vorsprung am Hang und Raschigs beginnen erst, den Hang zu besteigen. Unsagbar langsam schleichen beide vorwärts. Vielleicht kann ich die beiden noch einholen, dann wäre ich zumindest nicht mehr allein auf dem Weg zum Gipfel.

So quere ich auf direktem Weg rüber zum recht steilen Hang. Dort suchen Ruth und Bernd gerade Schutz hinter einem etwas größeren Lavablock. Die zwei weiß ich also hinter mir, und vielleicht 30 oder 40 m über mir laufen Brigitte und Ernst.

Ich versuche, ihre Spur zu finden. Da ist sie wieder, nur ein paar Schrittspuren, der Rest ist verweht, der angewehte Schnee reicht bis über die Knie – das umgeh ich lieber, und gelange auf blankes Eis. Einziger sicherer Stand ist der manchmal herausragende Felsen. Wieder ist die Spur weg und vor mir ein Chaos von kleinen und größeren Lavablöcken.

Aha, dort oben, vielleicht 100 m von mir entfernt, queren die beiden den Hang, da muss ich auch wieder auf die Spur stoßen. Ich quäle mich langsam auf jene Stelle zu, über Blankeis, wo kaum der Pickel hält, vielleicht, wenn man diesen kräftiger in den Boden hauen würde. Dann kommt wieder tiefer Schnee. Ich zwinge mich, eine gewisse Zeit einigermaßen kontinuierlich zu laufen, wenn auch unendlich langsam. Tatsächlich vergleiche ich die Schrittgeschwindigkeit mir der Uhr: 10 Schritt pro Minute! Und nach 10–20 Schritt eine größere Pause. Eigentlich war es keine Pause, sondern nur ein ruhiges Bedenken des Weiterweges. „Ob es mit einer erneuten Tablette Dextropur besser geht? Habe ich noch eine Vitaschnitte in der Tasche?"

Der Sturm drückt jetzt von vorn auf den Körper und versucht, einen den Hang runterzutreiben. „Jetzt hier irgendeinen Windschatten suchen und ein wenig ruhen. Scheint nicht sogar die Sonne? Wo bleibt deren belebende Wärme? Wieder ein paar Schritt weiter und höher. Wer zwingt mich eigentlich, hier weiterzugehen? Du bist fünfeinhalbtausend Meter hoch, höher als die meisten deiner Mitmenschene gewesen. Keiner wird dir verübeln, wenn du jetzt aufgibst – wieder ein paar Schritte. Reiß dich zusammen! Noch höchstens 100 m Steigung. Über sieben Stunden hast du durchgehalten. So schlecht fühlst du dich doch gar nicht. Wo ist deine Stärke, die du sonst vor den anderen ausspielst. Hier bist du mal allein gegen den Berg. Als Ziel steht ein Berg über 5600 m hoch. Komm!" Noch eine Dextro – wieder ein paar Schritte. „Wo sind eigentlich Brigitte und Ernst? Flacht etwa der Hang schon etwas ab? Dann ist ja der Gipfel nicht mehr weit." Tatsächlich! Der Hang wird immer flacher, der Blick weitet sich. Voll trifft einen der Sturm von vorn, riesige Schneekörner trommeln ins Gesicht. „Wo sind die beiden? Wo ist der Gipfel?" Dort rechts, nach dort zieht sich der Hang weiter aufwärts, nicht steil aber noch weit hin. Unendlich weit. Vielleicht 200 m vor mir laufen, nein schleichen die beiden anderen jener Anhöhe dort zu. Der Sturm reißt einen fast aus dem Stand! Ich stemme mich dagegen, zwinge mich, gleichmäßig zu laufen, torkele aber trotzdem mal etwas mehr rechts dann wieder links von der geraden Spur ab. Warum bleiben die beiden jetzt stehen? Wollen sie auf mich warten? Mache ich einen so miesen Eindruck? Nein! Sie sind auf dem Gipfel!" Lachend reichen sie mir die Hände entgegen – zum Gipfelgruß! Geschafft! Endlich! 5621 m hoch! Ich brauch eine Weile, um zu begreifen, dass es nicht mehr höher geht – Mensch, du bist oben! Jetzt erst kommt Gipfelfreude über mich. Ich umarme die beiden. Wenigstens nicht allein auf dem Gipfel. Und dann wird fotografiert. Welche Blende – egal, irgendwie werden die Bilder schon. Blende weit zu, kurze Belichtungszeit – wenigstens nicht verwackeln. Kann man bei dem Sturm das herrliche Panorama genießen? Ich verteile an jeden eine Tablette Dextro, der verdiente Gipfel-Imbiss. Brigitte gibt mir eine halbe Vitaschnitte. Jetzt müssen wir uns auf den Abstieg konzentrieren. „Wo lang eigentlich? Den gleichen Weg wie hoch? Warum haben wir eigentlich keinen anderen Sportfreund getroffen?" Ernst meint, wir sollten den gleichen Weg zurückgehen. „Mal sehen, was Raschigs machen. Ruth ging es vorhin ziemlich schlecht." Aha, da kommen sie. Man sieht es beiden an, wie schwer es ihnen fällt. Ruth kommt kaum weiter: „Nur Mut, Ruth, es ist nicht mehr weit!" Für uns sind die Schwierigkeiten vorbei, mit jedem Schritt fällt das Laufen leichter. Noch eine kleine Pause am Hang, dann sind wir im Sattel. Dort ziehen sechs Mann zum Westgipfel hoch. Ist Gerd auch mit dabei? Nein! Dort läuft er erst, viel zu weit rechts im Sattel. Er will doch etwa nicht allein über den Eishang klettern? (Später erfahren wir, was es für Probleme mit Gerd gegeben hat, um die sich die anderen kümmern mussten). Wir ziehen den Sattel talwärts und verlieren Gerd aus den Augen. Auf diesem festen Schnee, wo es in der Spur leicht bergabgeht, ist es ein herrliches Wandern. Weht eigentlich noch Wind, wenn ja, ist er jetzt nicht mehr störend. Es geht ja talwärts.

Der Sattel liegt hinter uns, der Hang neigt sich – dort unten der schwarze Punkt, das Prijut. Nur der Spur nach. Aufwärts hatten wir bis hier her fünf Stunden gebraucht, da werden es runter zu …? Es werden über drei Stunden. Stunden mühsamen Tretens durch Tiefschnee, den die Sonne weich gemacht hat. Die Luft ist zwar wieder dicker, aber die Kraft wurde für den Aufstieg verbraucht. Die letzte Verpflegung wurde kurz unterhalb des Gipfels gegessen. Ich hab' ja noch eine Schnitte Brot im Rucksack und Tee mit Traubenzucker. Aber der Tee ist selbst in der Thermoskanne steinhart gefroren und trocken bekomme ich das Brot nicht runter.

Alle zehn Schritt sinke ich erschöpft in den Schnee – jetzt schlafen! Am Pickel ziehe ich mich wieder hoch, erneut zehn Schritte talwärts. Dort ist die Hütte. Warum wird die nicht größer? Man ist doch wieder eine Viertelstunde talwärts gelaufen.

Wer hatte gesagt, der Elbrus ist nicht schwer? Und was ist, wenn bei diesem, die letzten Kräfte raubendem, Abstieg, ein Witterungsumschlag erfolgt?!

Um eins, genau 12 Stunden nach Abmarsch sind wir wieder im Prijut. Als ersteswerden wir vom Hüttenwart begrüßt, der uns herzlich zum Gipfelsieg gratuliert. Und die anderen aus meiner Seilschaft? Erna schläft, Gunter ist nicht zu sprechen. Mit wem, soll man da den Gipfelsieg feiern? Mit Gerd etwas, von dem ich mich im Sattel getrennt habe?

Ich beschließe, abzusteigen, außerdem bleibt meine Verpflegung dann für die noch bleibenden Sportfreunde erhalten. Noch zwei Freiberger wollen mit. Einer davon hat beide Gipfel bestiegen.

Um zwei soll Abmarsch sein, sollte der Zweite dann schon da sein. So packe ich den Rucksack, trinke eine Dose Kondensmilch aus, genieße noch ein wenig den Rundblick vom Prijut 11. Da kommen die ersten vom Westgipfel – in fünf Minuten ist Abmarsch. Der Freiberger Sportfreund, eben noch im Abstieg vom Westgipfel, schultert seinen Rucksack und schon rennen die beiden los, dass ich kaum nachkomme. Die letzte Seilbahn geht in zwei Stunden, die wollen wir unbedingt noch erreichen.

Auf dem Gipfel des Kaukasus

203

Im Laufschritt geht es durch tiefen Schnee, jede Fotopause muss durch einen Spurt wieder aufgeholt werden. Im Laufschritt geht es über eine Baustraße bis zur oberen Seilbahnstation. Eine dreiviertel Stunde haben wir benötigt – für 1200 m Höhenunterschied!

Mit der ersten Bahn geht es abwärts – kostenlos. Wer hier abfährt, muss hoch schon mitbezahlt haben. Unten raus und wieder im Eiltempo die Abkürzung zur Straße weiter. Halt! Dort will gerade ein Bus abfahren. Wir rufen – tatsächlich hält er nochmal an und wir steigen ein in einen Bus voller Pioniere. Wieder dieses Bestaunen der Alpinisten, ein stolzer Blick, wenn ein Junge mal einen Eispickel in der Hand halten kann. Wir verteilen Abzeichen und ähnliche Kleinigkeiten, die freudig an die Kleidung geheftet werden.

Kurz vor acht Uhr sind wir im Hotel Itkol. Rekord vom Abstieg vom Prijut und das nach dem Aufstieg zum Gipfel am selben Tag, der eine Freiberger sogar mit beiden Gipfeln!! Zugegeben, ich hatte zu kämpfen, um gegen die beiden der Trainingsgemeinschaft nicht abzufallen, aber ich habe doch mitgehalten.

Zwei Monate später nehmen wir an einer Wanderreise des DWBO nach Rumänien teil: Überschreitung des Fagaras-Hauptkammes. Und dank meiner Kaukasuskondition kann ich auch hier hervorragend mitlaufen, obgleich die Bedingungen alles andere als optimal sind. Schon am zweiten Tag setzt Nebel ein, zeitweise von Regen unterstützt. Die offensichtlich schon längere Zeit anhaltende miserable Witterung hat auch die Versorgung der Hütten beeinträchtigt. Auf einer Hütte sind die Brotvorräte ausgegangen, nur noch leicht verschimmeltes Brot steht zur Verfügung. Aber was nützt es? Wird der Schimmel eben etwas abgekratzt und das Brot dann doch gegessen. Dann setzt auch noch Schneefall ein. Am letzten Tag wird wegen zu hohem Neuschnee ein Ruhetag eingelegt. Den benutzte ich, um mit unserem Bergführer Radu eine Extratour auf den höchsten Berg des Fagaras zu unternehmen.

Sommer im Fagaras

Dann zog ich nach Dresden. Ich hatte mich von Anne getrennt und heiratete eine Dresdner Lehrerin mit vierjährigem Sohn. Später kam noch ein Töchterchen hinzu (mit der ich 1998 die Annapurna-Runde in Nepal meisterte, nach dem wir mit der Besteigung des Großglockner ihre Höhentauglichkeit erprobt hatten).

Die Verbindung zum DWBO fand ich in der Sektion Rotation des Grafischen Großbetriebes Völkerfreundschaft – der Betrieb war mir ja schon durch das Kampfgruppen-Blasorchester bekannt. Und hier suchte ich Mitstreiter für das sogenannte Leistungswandern, wie es im Bezirk Dresden gerade im Entstehen war. Leistungswandern bestand darin, dass man innerhalb eines Jahres eine gewisse Anzahl an offiziellen Langstrecken-Wanderungen mitgemacht hatte, für die es entsprechend der Länge der Tour Punkte gab. Ab einer bestimmten Punktemenge erreichte man eine Klassifikation. Ich schaffte es insgesamt zehn Mal bis zur Meisterklasse.

Das Punktesystem stammte von der Infanterie im Ersten Weltkrieg: 1 km Wegstrecke jeweils 1 Punkt, 100 m Höhendifferenz hinauf, oder 200 m bergab auch jeweils 1 Punkt. Die Wanderungen, die als Leistungswanderungen gezählt wurden, mussten mit mindestens 30 Punkten bewertet sein.

Doch die Wanderer bei Rotation gingen in meinen Augen höchstens spazieren, Sonntagnachmittag in die nächste Gaststätte und nicht, wie ich es wollte, so aus Spaß mal 30 oder mehr Kilometer, am liebsten noch mit Rucksack.

Bei einer meiner ersten Leistungswanderungen in Dresden erfuhr ich von einer Gruppe aus Zittau, die an einer 100 km Wanderung im Isergebirge (CSSR) teilnehmen wollte und mich ansprach, ob ich nicht mitfahren wolle und mit meinem Auto die drei Mann aus Zittau mitnehmen könnte.

Gesagt, getan. So kam es, dass ich wohl der Erste war, der in der DDR über eine solch lange Wanderung in der Presse berichten konnte, wie z.B. im Tourist, dem Mitteilungsblatt des DWBO:

Dieser Lauf, dessen Tradition 1964 mit 28 Startern begonnen wurde, erfreut sich in der CSSR einer derartigen Begeisterung, dass am 12.10.1974 schon über 700 Teilnehmer, darunter 60 Frauen, an den Start gingen. Aus der DDR waren insgesamt 31 Sportler und Sportlerinnen angereist, hauptsächlich aus Zittau.

Um 0 Uhr ist Start bei einer Schule am Rande von Liberec. Mit der Taschenlampe sucht man sich den Weg, der zuerst steil bergauf nach Bedrichov führt, von dort durch finsteren Wald am 1. Kontrollpunkt vorbei bis Hejnice. Dort stehen, in der Nacht um zwei (!) tschechische Sportfreunde und weisen die Wanderer in die richtige Straße ein: die Asphaltstraße nach Nove Mesto. Hier ist der 2. Kontrollpunkt, es gibt heißen Tee, eine erste Pause wird eingelegt. Danach geht es hinauf zum Zmrk, der Tafelfichte, über 600 m Höhendifferenz sind zu bewältigen. Langsam beginnt der Tag zu dämmern.

Vereinzelt liegen im Wald Läufer, die ihrer Müdigkeit zum Opfer gefallen sind. Hoffentlich erkälten sie sich nicht, denn wir haben bei klarem Himmel leichten Frost, die Niederschläge der letzten Tage sind noch als Schneeflecken zu erkennen. Auch mir fallen manchmal die Augen zu, kurz vor dem Straßengraben bin ich wieder munter.

Und weiter geht es den Kamm entlang durchs Quellgebiet der Iser, wo man sich durch das sumpfige Gelände nur mühsam seinen Weg bahnen kann. Anschließend durchs Gewirr der Felsblöcke der Pytlacke kameny, der nächste Kontrollpunkt: noch zwei Kilometer bis Jizerka, dort gibt es wieder Tee und Butterbrote.

Über die Hälfte des Weges liegt hinter uns, die Sonne lacht vom strahlend blauen Himmel, es ist noch nicht neun Uhr – und doch noch fast fünfzig Kilometer. Aber es geht erst mal bergab bis Korenov, zur 4. Kontrollstelle, und von da über eine endlos erscheinende Asphaltstraße wieder hinauf zur Baude Smedava. Hier, bei km 75, gibt es Suppe, Brot und natürlich wieder Tee; die Kontrollkarte erhält den vorletzten Stempel, bei vielen Sportfreunden verschwinden die Füße unter Heftpflaster, einige massieren ihre Beine, andere schlafen in der Herbstsonne, ein Bus steht bereit für diejenigen, die nicht mehr weiter können – es ist Mittagszeit und noch 25 km bis ans Ziel. Und weiter geht's den markierten Waldweg entlang, die letzten acht Kilometer, von Bedrichov steil bergab bis Liberec, 400 m Höhenunterschied. Man fällt in leichten Laufschritt, weil die Beine nicht mehr die Kraft haben, langsam hinabzusteigen.

Ich überhole einen tschechischen Sportfreund – der zieht eine kleine Flasche Rum aus der Tasche: „Ist gut für letzte Kilometer!" Und gemeinsam geht es dem Ziel entgegen, welches von uns kurz nach 17 Uhr erreicht wird. Mit uns erreichen 585 Sportfreunde das Ziel, der erste nach 8:34 Stunden, der letzte nach 22:04 Stunden.

Aber die Zeit, die Platzierung, ist mehr als sekundär. Wichtig ist, dass man hundert Kilometer durchs Isergebirge bei einem aufsummierten Höhenunterschied von 2000 m, und auch bei herrlichem Herbstwetter, erfolgreich hinter sich gebracht hat. Als Lohn erhält man die rote „Eule" oder, wenn man das dritte Mal dabei ist, eine blaue, beim fünften Mal eine weiße.

Ob dieser Lauf auch einmal so populär wird wie der Skilanglauf im Januar? Bestimmt, die steigenden Teilnehmerzahlen lassen solche erwarten.

Ob aber auch bei uns so etwas durchführbar sein könnte, wo mehr als ein Dutzend teilnehmen werden?

Natürlich macht sich in jedem Frühjahr und Herbst der Rücken und danach die Regenbogenhautentzündung bemerkbar, aber lange nicht in dem Ausmaße wie noch vor Jahren.

Und als ich in Dresden beim Orthopäden vorsprach, meinte dieser, nachdem ich ihm meine Probleme mit dem Rücken geschildert hatte, die nach meiner Meinung auf unterschiedlichen Diagnosen beruhten: „Sie können beruhigt sein: Bei Ihnen sind alle Diagnosen zutreffend. Sie haben so viel, wie eigentlich auf zehn Menschen verteilt sein könnte. Wieso kommen Sie nicht mit einem Rollstuhl angefahren?"

Ich erzähle ihm von meinen sportlichen Aktivitäten. Täglich zu Fuß oder mit dem Rad zur Arbeitsstelle im Dresdner Norden. Von den Leistungswanderungen am Wochenende, meist mit Rucksack, dann des Öfteren Klettertouren. Er staunt und empfiehlt, weiterzumachen, aber ja nicht zu übertreiben.

Als sich die Iritis wieder meldet, werde ich bevorzugter Kunde beim Augenarzt, weil nach wie vor mit einer Iritis nicht zu spaßen ist. Man empfiehlt eine Augen-Heilkur in Masserberg, sechs Wochen Reizklima des Thüringer Waldes. Augen-Heilkur bedeutet: keinerlei körperliche Anstrengungen, leichte Wanderungen höchsten in die nähere Umgebung sind unter Vorbehalt erlaubt. Das wäre für meine Wirbelsäule wieder das Aus gewesen. Aber mein Orthopäde gibt mir ein Schreiben mit, das mir ein uneingeschränktes Wandern empfiehlt. Und als ich mit diesem Schreiben beim Klinik-Chef vorspreche, erlaubt dieser mir, während der Freizeit uneingeschränktes Wandern. Voraussetzung: Alle Ruhezeiten und Verordnungen werden genau eingehalten.

Damit stehen mir mittags eine Stunde, nachmittags drei Stunden (wenn ich aufs Kaffeetrinken verzichte) und abends noch mal eine Stunde (dann ist es dunkel, weil schon Herbst) zu Verfügung. Und ich schaffe doch tatsächlich täglich im Schnitt an die 30 km, das Wochenende mitgerechnet.

Nach der ersten Woche werde ich zum Chef der Klinik gebeten, der mich darauf aufmerksam macht, dass ich hier nicht in einem Trainingslager wäre und deshalb bitte nicht mittags, wenn die übrigen Patienten gemütlich zum Essen gingen, verschwitzt aus dem Wald herausgehetzt kommen sollte. Was ich dann auch beherzigte.

In der Zwischenzeit waren Wanderungen über 30 und mehr Kilometer mindestens einmal im Monat in Dresden auf der Tagesordnung, organisiert entweder von einer Betriebssportgemeinschaft oder aber vom Stadtfachausschuss Wandern des DWBO. Letzterer organisierte die Wintertour von Dresden über die „Hohen Brücken", „Breiten Stein", Lohmen nach Wehlen, wo ich bald als Kontroll-Wanderer eingesetzt wurde. Im März organisierte Robotron den Wehlener Bergtest: von Wehlen über den Bärenstein, Königstein-Festung, Pfaffenstein, Königstein-Fähre, Lilienstein, Rathen, Polenztal, Hockstein, Schwedenlöcher nach Wehlen. Zwar auch nur 35 km, aber das bei 2000 m Höhenunterschied! Ein echter Hammer und es gehörte quasi zur Pflicht, diese Tour jedes Jahr in voller Länge mitzumachen (das letzte Mal, wo ich die volle Tour absolvierte, war 1996).

Auch die Sonnwendtour über 50 km von Dresden bis Bad Schandau oder Schmilka, organisiert vom Stadtfachausschuss war Pflicht, erst recht, als ich dann bei der Organisation mit von der Partie war: entweder als Markierer oder Abmarkierer, also mal Erster, mal Letzter der Wanderung.

Als dann der Gutsmuthslauf im Thüringer Wald aus seiner Anonymität heraustrat und als DDR-offene Veranstaltung organisiert wurde, wollten auch wir daran teilnehmen: 75 km als Rennsteiglauf, nicht als Wanderung. Na, ich ließ mich darauf ein. Start war in Eisenach bei der Hohen Sonne: Tausende (meine Startnummer war etwas über 8000), rannten nach dem Startschuss los, und auch ich versuchte, den Laufschritt mitzuhalten.

15 km bergauf bis zum Inselsberg. Oben angekommen, war ich fix und alle, so einen langen Dauerlauf hatte ich noch nie absolviert, aber ich musste ja mitrennen!

Umso langsamer ging es dann vom Inselsberg weiter, jetzt wieder gewandert. Egal, auch ich kam noch innerhalb der Limitzeit in Schmiedefeld an und was noch wichtiger war: Am nächsten Tag sah man mir den absolvierten Lauf kaum an. Am Leipziger Hauptbahnhof hatten wir Teilnehmer gesehen, die mit der Gepäckkarre zum Bahnsteig gefahren wurden! Ein Arbeitskollege von mir, jünger als ich, Fußballer mit bester Kondition, musste sich für eine Woche krankmelden!

Um im folgenden Jahr für den nächsten Gutsmuthslauf besser vorbereitet zu sein, organisierten wir die Wanderung „Rund um Dresden", ebenfalls 75 km, aber mit Start- und Zielmöglichkeiten auch dazwischen. Die Organisation lag in meinen Händen, in der Zwischenzeit Mitglied des Stadtfachausschuss für Wandern.

So hart wie auch diese Wanderung war, es gab immer so an die 200 bis 300 Teilnehmer, und die Wanderung wurde zehnmal durchgeführt – nach der Wende dann nicht mehr.

Anfang der Achtzigerjahre war es, als ich im Winterurlaub im Riesengebirge Volker Krause kennenlernte. Krause war Sportlehrer an der TU Dresden und Cheftrainer der Nationalmannschaft Alpinistik der DDR. Als er von meinen Wanderaktivitäten erfuhr und in der Praxis diese auch kennenlernte, empfahl er mir, an der TU Dresden eine Gruppe Leistungswandern als fakultativen Sport aufzubauen und zu leiten. So kam es, dass ich regelmäßiges Training im Wandern mit Studenten durchführte, was für mich natürlich auch leistungsfordernd war. Schließlich musste ich als Übungsleiter in allen Belangen Vorbild sein.

Über den Hauptkamm der Westtatra

Einige Jahre lang plane ich dann mit dieser Truppe zum Winterausklang mehrtägige Biwaktouren in die Berge der Slowakei. Wir machten eine Überschreitung der Westtatra mit einigen höchst anspruchsvollen Klettereinlagen, aber auch einmaligen Gipfelbiwaks. Wir wanderten über die Mala und Velka Fatra – und das jedes Mal unter winterlichen Bedingungen. Die letzte Tour dieser Art fand im März 1985 statt und den Bericht darüber wollte ich eigentlich der Betriebszeitung von Grafischen Großbetrieb übergeben, das wurde aber abgelehnt:

Eigentlich führten wir unsere jährliche Biwaktour zum Winterausklang immer in irgendwelchen slowakischen Hochgebirgen durch. Aber dieses Jahr wollten wir die doch recht aufwendige Bahnfahrerei umgehen. Und so plante ich für unsere Truppe, d. h. für diejenigen meiner Leistungswandergruppe, die an so einem Abenteuer Interesse hatten, eine Wanderung über den Kamm des Erzgebirges. Denn ein Abenteuer stellt so eine winterliche Biwaktour immer dar. Diesmal vor allem, weil es ja vorwiegend auf tschechischer Seite und das im Grenzgebiet zur ehemaligen DDR lang ging.

Also fahren wir am 3. März 1983, einem Donnerstag, gegen 14 Uhr am Dresdner Busbahnhof mit dem Bus in Richtung Oberwiesenthal, wo wir so gegen Abend ankommen und in der beginnenden Dämmerung auf den Fichtelberg steigen.

Den Großen will ich meiden, weil da sicher viel Betrieb ist und wir unangenehm auffallen würden. Also steuern wir den Kleinen an, wo wir im Schutz der oberen Liftstation unser erstes „Freibiwak" vollziehen und bei minus 8 Grad Außentemperatur besser aufgehoben sind als wenn wir unsere beiden Zelte aufgebaut hätten.

Noch im Dunkeln am nächsten Morgen verlassen wir unseren Schlafplatz und sind gegen 8 Uhr an der Grenze in Bozi Dar. Was Grenze bedeutete, kann man sich heute nicht mehr richtig vorstellen! Aber 1983 war es ausgesprochen ungewöhnlich, dass Wanderer, wie wir, mit großen Rucksäcken im tiefsten Winter, und das früh morgens, über die Grenze marschierten. "Wo wollen Sie denn hin?", fragt ganz harmlos der Grenzer. Wahrheitsgemäß sage ich: „Nach Zinnwald!" Der Grenzer lächelt, zeigt ein etwas ungläubiges Gesicht, fragt aber nicht weiter.

Also auf zum eigentlichen Startpunkt unserer Tour auf dem Großen Keilberg. Nach dem wir uns irgendwie entlang der Abfahrtspiste (ohne viel Schnee) ins Tal gemogelt haben, bevorzugen wir für den Weiterweg die Straße, die letztlich auch mit Rotpunkt als Hauptwanderweg gekennzeichnet ist. Gegen Mittag sind wir in Medenec, einem auf der Karte eingezeichneten kleinen Ort, von dem aber kaum was zu erkennen ist, außer einem kleinen Hügel, der mit 920 m Höhe etwas aus der

Landschaft herausragt, auch als Medenec bezeichnet. Aber die auf der Karte angegebene hervorragende Aussicht ist bei diesem doch recht trüben Wetter ebenso getrübt. Weiter führt der Weg entlang einer Bahnlinie – ob noch in Betrieb ist nicht zu erkennen. Später dann fast eben durch eine Art Heidelandschaft. An manchen Stellen auch leicht wässrig (oder moorig), was bei dem nassen Schnee nur schwer zu unterscheiden ist (die Temperaturen liegen etwas über dem Gefrierpunkt).

Um 18:30 Uhr nach insgesamt 45 km Wanderung ohne größere Höhenunterschiede sind wir in Hora Svety Sebastiane oder auf Deutsch: San Sebastian, dem ersten tschechischen Ort nach dem für damalige Verhältnisse bedeutenden Grenzübergang Reitzenhain. Hier hoffen wir auf ein gutes Abendessen (irgendein Geburtstag muss gefeiert werden) und vielleicht erwischen wir sogar ein kostengünstiges Quartier, weil wir bei der Nebelnässe keine Lust haben, die Zelte aufzustellen.

Doch die Ortschaft erweist sich als trostlos! Über die Hälfte der Häuser ist verlassen, erste Auswirkungen der Luftverseuchung durch die Chemietriebe im Egertal. Mit Müh und Not finden wir eine Restaurace, Gaststätte kann man das kaum bezeichnen. Der einzigen „Gastraum" ist mit ungefähr einem Dutzend Einheimischen gefüllt, die lautstark über irgendein Ereignis debattieren. Wir erwischen gerade noch einen kleinen Tisch im Rande der Theke, wo wir aber nicht alle Platz haben. Zwei Mann bieten sich an, die Gegend zu erkunden. Der Rest, mit mir, genießt ein Bier und so eine Art Bockwurst. Nur jeder eine, mehr hat der Wirt nicht. Und etwas anderes ist auch nicht im Angebot. Ob man hier im Ort irgendwo übernachten könne, wird verneint. Da ist guter Rat teuer. Aber erst mal müssen wir auf unsere beiden Kundschafter warten.

Nicht lange, da kommen sie, glückstrahlend in den Gastraum und fordern uns auf, ihnen in die Dunkelheit des Städtchens zu folgen. Eine Spur im Schnee ist deutlich zu erkennen. Diese führt aus dem Ort heraus und nach vielleicht einem halben Kilometer in ein Wäldchen, wie groß ist nicht auszumachen. Da stehen doch tatsächlich ein paar Bungalows, und glaubhaft oder nicht, einer davon ist nicht verschlossen. Wie das unsere Kundschafter herausbekommen haben, bleibt schleierhaft. Jedenfalls beziehen wir den einen, wo zwei Doppelbetten stehen, sogar mit richtiger Bettwäsche bezogen. Zwei Mann müssen auf dem Fußboden nächtigen, aber immer noch besser als bei der nassen Kälte draußen.

Am nächsten Tag, nach üblichem Frühstück mit Haferflocken und gesüßter Kondensmilch (Marke TATRA) stellen wir fest, dass die Bungalows auf dem Gelände eines verlassenen Bahnhofs stehen. Als Dank jedenfalls lege ich 20 Mark (der DDR) unter ein Kopfkissen. Halb acht geht's auf zur nächsten Etappe.

Und diese Etappe wird uns in trauriger Erinnerung bleiben. Führt sie doch durch eine tote Landschaft. Die rote Markierung an den Bäumen ist zwar gut zu erkennen, aber was heißt an Bäumen? Tote Baumstämme ragen empor, nicht mal Äste sind mehr daran. Der „Wald" sieht aus wie Telegrafenstangen. Im Schnee, der Gott sei Dank nicht hoch liegt, sind keinerlei Spuren zu erkennen. Kein Wild, kein Vogel. Überall nur abgestorbene Bäume ohne Äste! Die kleinen Orte, die am Wege liegen, sind verlassen. In Novy Dum steht ein Wasserwagen, aber kein Mensch ist zu sehen. Nächster Ort Lesna, laut Karte mit Gasthaus, keine Menschenseele zu sehen. Wunderschön hergerichtete Bungalows oder Wochenendhäuschen stehen verlassen herum, Fenster und Türen mit Brettern zugenagelt. Hier hatten wir wenigstens mit etwas Trinkbarem gerechnet. Aber an jedem Brunnen steht deutlich zu erkennen, dass das Wasser vergiftet ist.

Nach Stunden durch diese tote trostlose Landschaft kommt uns plötzlich ein Kind entgegen. Es ist wie eine Offenbarung. Wir nähern uns Nova Ves und damit wieder belebter Gegend. Von Restaurace ist zwar auch hier weit und breit nichts zu sehen, also ziehen wir weiter, jetzt in unmittelbarer Nähe zur Staatsgrenze. Hoffentlich erwischt uns nicht eine Grenzstreife, denn das hätte unangenehme Folgen gehabt – das Biwakieren in Grenznähe gehörte zu den gesetzeswidrigsten Tätigkeiten der damaligen Zeit!

Nachmittags um fünf sind wir in der Gegend von Kliny. Diesmal liegen zwar nur 32 km hinter uns aber immerhin über 800 m Höhenunterschied. Wir suchen uns im Wald zwischen Straße und Grenze eine einigermaßen geschützte Stelle. Geschützt nicht nur wegen aufkommenden Windes, sondern vor allem hinreichend sichtgeschützt. Denn unser „Zeltplatz" befindet sich unmittelbar neben der Grenze, wie weit davon entfernt wissen wir nicht, aber ob nun 100 oder 300 m ist egal. Ungesetzlich ist es auf alle Fälle. Wir versuchen, auch ein kleines Lagerfeuer zu entfachen. Aber welch ein Schicksal: Den ganzen Tag sind wir durch toten Wald gelaufen und jetzt finden wir kaum einen dürren Zweig in dieser Schonung.

Früh um sieben starten wir bei Regen und starkem Wind ohne Frühstück, das wollen wir bei der nächstbesten Schutzhütte nachholen, die wir dann nach über einer Stunde Fußmarsch am Stausee von Flaje auch glücklich finden. Das Wetter wird immer furchtbarer und noch über zwanzig Kilometer bis Zinnwald! Nebel, leichter Regen, der sich von Stunde zu Stunde verstärkt und Wind, der im Laufe des Weges Sturmstärke erreicht.

Den Ausflug auf den Bournak (Stürmer) schenken wir uns. Wir wissen ja nicht, ob die Gaststätte geöffnet hat. Und jetzt wollen wir auch so schnell wie möglich unsere Tour beenden. Gegen halb vier sind wir an der Grenze: Eine weibliche Zoll- bzw. Grenzerin kontrolliert unsere Ausweise. Mich prüft sie besonders, vielleicht erkennt sie in mir auch den Anführer der Truppe. „Wo kommen Sie her?" „Von Oberwiesental", antworte ich wahrheitsgemäß, was bei diesem furchtbaren Wetter alles andere als glaubhaft wirkt. Demzufolge fühlt sich die Grenzerin veralbert, was im Allgemeinen schlimme Folgen nach sich zieht. Und, obgleich man eigentlich bei jedem Grenzübergang irgendetwas Verbotenes mit sich geführt hat, sei es ein Zigarettenpäckchen zu viel oder gar noch Kronen, heute fühle ich mich völlig unschuldig.

„Kommen Sie mit rein und zeigen Sie mir Ihr Gepäck!" Ich pack den Rucksack aus. „Was ist in diesem Beutel?" „Meine Schlafsachen!" Also entleere ich den Beutel. – Nichts Verbotenes. „Zeigen Sie Ihr Portemonnaie!" Ich zeig's und habe noch jede Menge Kronen. „Wo haben Sie die Kronen her?" Ich mache die Dame darauf aufmerksam, dass wir auf dem Weg von Oberwiesenthal bis hierher keine Möglichkeit hatten, Kronen auszugeben. Erneut fühlt sie sich veralbert. „Was haben Sie in diesem Beutel?" Ich schütte auch diesen auf den Tisch und sage mutig geworden: „Kann ich auch diesen Beutel noch ausschütten? Hier ist es so schön warm." Jetzt ist es der Grenzerin genug. „Packen Sie ein und verschwinden Sie!"

Als ich mit vollem Rucksack nach draußen komme, empören sich meine Kumpel: „Wir wollen auch untersucht werden! Hier draußen ist es zu ungemütlich!!" Solche Freiheiten waren für damalige Zeit völlig unangebracht, aber wie gesagt, wir waren absolut unschuldig. Ganz schnell hob sich die Schranke und genauso schnell waren wir durch und in Zinnwald, wo wir auf schnellstem Weg in die erstbeste Gaststätte gingen, um unsere erfolgreiche Biwaktour zünftig zu würdigen.

Noch nach Jahren erinnere ich mich an diese besondere Tour. Meinen Bericht damals an die Betriebszeitung von VEB Graphische Großbetriebe, zu welchem unser Sportverein gehörte, hatte ich betitelt mit „Wanderung durch eine Landschaft nach der Neutronenbombe[6]". Selbstredend wurde der Bericht nicht veröffentlicht, sondern vernichtet.

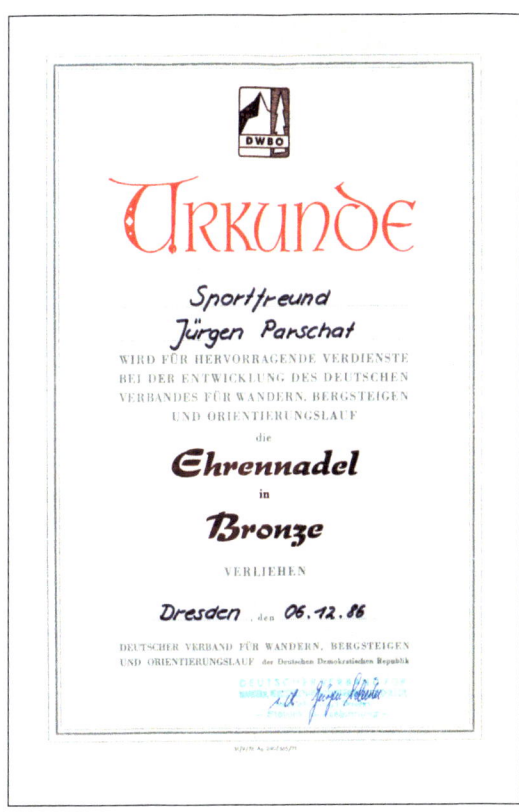

---

6 Neutronenbomben waren die neuste Waffentechnik im „Kalten Krieg", wo deren Anwendung jegliches Leben zerstören würde, aber eben nur alles Lebende!

1987 werde ich als Reiseleiter des DWBO nach Bulgarien eingesetzt: Wanderungen im Rila- und Piringebirge.

Im Rilagebirge – unterhalb der Maljowitza

Im Piringebirge – auf dem Vichren

Das Jahr darauf führe ich eine Jugendgruppe aus Bulgarien von Sosa bis Hohnstein, zehn Tage lang täglich so an die 20 bis 30 km. Meine neue Lebensgefährtin Sonnhild, eine Arbeitskollegin aus dem Institut – meine sportlichen und musikalischen Aktivitäten waren für ein normales Familienleben nicht so richtig geeignet –, wollte uns ab Holzhau für den Rest der Tour begleiten. Holzhau ist ein Städtchen unmittelbar an der Grenze zur CSSR gelegen. Zur aktuellen Zeit war die Grenze zur CSSR wieder mal streng bewacht, man befürchtete, dass Bürger der DDR über die CSSR und Ungarn in den Westen fliehen könnten. Und Sonnhild wurde deshalb des Öfteren kontrolliert, schließlich hatte sie Übernachtungs-Utensilien mit in ihrem Rucksack, und das war über alle Maßen verdächtig.

Es war schon Ende der achtziger Jahre. Meine Frühsportaktivitäten zum Wochenende bestanden darin, dass ich jeweils Sonnabend vor dem Frühstück einige Kilometer mit dem Rad fuhr, ich wohnte ja jetzt in Klotzsche, im Norden von Dresden. Bei Sommerwetter ging es mit dem Rad zur Kiesgrube in Ottendorf, mit Schwimmeinlage und 2–3 km Dauerlauf. Bei weniger guter Witterung in die nahe gelegene Dresdner Heide, natürlich dann ohne Schwimmeinlage. Meist lief ich so zwischen Langebrück und Hofewiese meine Runde.

Eines Tages war der Weg durch einen Schlagbaum versperrt, die Russen hatten mitten in der Dresdner Heide eine Übungszone eingerichtet, mit Schießständen, jede Menge Unterständen. Natürlich ignorierten wir diese Sperrzone. Ich schreibe wir, weil man merkte, dass mehrere hier weiter spazieren gingen. Und beim näheren Anschauen der Unterstände merkte man, dass hier Kräfte am Werk waren, diese Unterstände zu demontieren. Ich schloss mich diesen Bemühungen an. Kein Mensch war an so einem frühen Morgen schon in der Heide, geschweige denn Russen. Und so beteiligte ich mich unorganisiert an diesen sporadischen Aktivitäten gegen die sowjetischen Eingriffe in unsere Dresdner Heide. Nur einmal gab der Deckenbalken des Unterstandes etwas zu zeitig nach und unvorbereitet prallte ich rücklings auf einen am Boden liegenden Holzstamm. Mir wurde schwarz vor Augen, mit Mühe kam ich bis zum Fahrrad und nach Hause. Dort wurde ich ängstlich begrüßt, da ich gelb im Gesicht aussah. Wie sich später herausstellte, hatte ich einen Wirbel angebrochen, was ich aber im Moment erstmal nicht realisierte. Die Schmerzen ließen auch wieder nach, oder noch besser: Meine ständigen Rückenbeschwerden waren spontan vorbei. Und sogar die jährliche Iritis wurde immer schwächer und trat bald gar nicht mehr auf.

Für den Sommer 1989 erhalten wir, nach jahrelangen vergeblichen Mühen, eine Einladung für einen privaten Besuch in Tbilissi (heute Tiflis). Die Bekannten bringen uns nach Kasbegi, wo wir einen Ausflug bis zur meteorologischen Station am Kasbek unternehmen und eine recht abenteuerliche Wanderung in den Ostkaukasus machen können. Unser Quartier in Kasbegi war in einer Touristenstation für einheimische Sportfreunde. Und das uns zugewiesene Zimmer machte einen Eindruck, als würde es demnächst renoviert, zumindest die Toiletten, die man nur in hohen Bergschuhen besuchen konnte. Wir durften auch an der Gemeinschaftsverpflegung teilnehmen, jeden Abend eine Art Bratkartoffeln, denen man ansah, dass die Reste vom Vortag

Im Ostkaukasus Richtung Tschauchi

mit verwendet wurden. Wir verzichteten deshalb auf diese Speise und versuchten es mit Selbstversorgung. Im einzigen Geschäft im Dorf konnte man Konserven kaufen und Rotwein. Brot gab es zweimal die Woche in einer Art Garage. In den beiden vorhandenen Gaststätten gab es keinerlei Angebot, warum diese überhaupt offen hatten bleibt fraglich. Dieses Quartier in Kasbegi ist aber insofern von Bedeutung, weil bei den späteren Reisen wir uns jedes Mal daran erinnern, wenn man uns auf ein primitives Quartier hinweist.

Dann kam die Wende und damit wurde vieles anders. Jetzt gab es Bücher über Berge und Bergexpeditionen aus allen Ländern und Gebirgen in Hülle und Fülle. Damit blieben meine Aufzeichnungen zum Thema „Die Berge rufen!" nur reine Privatsache. Veröffentlichungen gelangen mir nur anfangs in der Tagespresse, wo ich u. a. einen Besuch in der Dresdner Hütte im Stubaital beschrieb und das war's dann auch.

Plane mit, arbeite mit, regiere mit!

Ein typisches Propagandaargument, das die wahre sozialistische Demokratie charakterisieren sollte. Gemeint war dabei nicht die offizielle Planung. Schließlich erfolgte eigentlich alles in der DDR aufgrund einer staatlichen Planung. Natürlich hätte ich hier auch einiges an Erfahrung zu berichten: War ich doch fast 15 Jahre mit einem EDV-Projekt der Normativen Planung beschäftigt. Als ich 1974 nach Dresden kam, wollte man im Institut für Leichtbau die bis dahin manuell bearbeiten Planungsunterlagen der einzelnen Kombinate der Republik auf EDV umstellen und da ich schon mit der EDV gearbeitet hatte (ich konnte schon Lochstreifen von Lochkarten unterscheiden und wusste, dass ALGOL eine Programmiersprache ist), bekam ich diese Stelle.

Normative Planung sollte dazu dienen, Material einzusparen oder mit anderen Worten den normativen Materialverbrauch zu senken. Das bedeutete, pro Erzeugnis, egal welcher Art, den dafür vorgesehenen Materialeinsatz zu vermindern. Dass dies teils zu widersprüchlichsten Ergebnissen führte, wurde von der Staatlichen Plankommission nicht weiter verfolgt, Hauptsache, die Normative wurden gesenkt. Na gut, den Stoffeinsatz bei der Hemdenherstellung oder die Blechmenge beim Autokarosseriebau konnten optimiert werden. Aber die Menge Zement für den Beton zu reduzieren, hat Grenzen, wenn der Beton noch als Baumaterial verwendet werden soll. Aber auch hier gab es normative Planvorgaben! In der Textilindustrie sollten mehr Reißfasern als eine Art Altmaterial eingesetzt werden – welche Auswirkungen das auf die Qualität der Erzeugnisse hatte, spielte eine untergeordnete Rolle. Und die Zahlenwerte der einzelnen Kombinate der unterschiedlichen Ministerien wurden auf Vordrucken angeliefert, in unserer Abteilung von Hand auf Listen übertragen und von Hand (bzw. mit Handrechner) addiert. Schließlich wurden die Listen kombinatsweise und ministeriumsweise aufgelistet und der Staatlichen Plankommission zur Bestätigung oderKorrektur übergeben. Eine ungemein aufwendige und oft fehlerhafte Arbeit, die die Mitarbeiter unsere Abteilung wochenlang beschäftigte.

Jetzt sollte dafür die EDV (im Institut befand sich ein Großrechner) eingesetzt werden und mir wurde dafür die Verantwortung übertragen. Anfangs gingen die Daten per Lochkarte ein. Für uns damals schon ein unheimlicher Fortschritt als wir eine Lochkartensortiermaschine erhielten. Die Ergebnisse wurden dann auf Leporello-Papier ausgedruckt und diese mussten dann von den einzelnen Ministeriums-Bearbeitern unserer Abteilung

DER VORSITZENDE DES STAATSRATES
DER
DEUTSCHEN DEMOKRATISCHEN REPUBLIK
VERLEIHT

JÜRGEN PARSCHAT

ALS MITGLIED
EINES SOZIALISTISCHEN KOLLEKTIVS

DEN ORDEN

BANNER DER ARBEIT

STUFE II

IN ANERKENNUNG HERVORRAGENDER
UND LANGJÄHRIGER LEISTUNGEN
BEI DER STÄRKUNG UND FESTIGUNG
DER DEUTSCHEN DEMOKRATISCHEN REPUBLIK

BERLIN, DEN 1.5.1982

von Hand separiert werden, bevor sie ausgewertet werden konnten. Und für den ordnungsgemäßen Ablauf war ich verantwortlich, zuletzt sogar für den Text des entsprechenden Abschnittes in der Staatlichen Planungsordnung, der sich mit den Normativen des Materialverbrauchs der einzelnen Ministerien beschäftigte.

Die Wichtigkeit dieser Arbeit für die DDR-Planwirtschaft wurde durch die Übergabe des „Banner der Arbeit" Stufe II für unser Kollektiv anerkannt.

Mit der Wende wurde diese Arbeit natürlich sinnlos, Material gab es jetzt im Überfluss und das Ministerium für Materialwirtschaft, zu welcher unsere Arbeitsstelle gehörte, war das erste Ministerium, was gestrichen wurde. Nein, gemeint im oberen Sinne, also „plane mit, arbeite mit, regiere mit", war die Mitarbeit des einfachen Bürgers.

Und das geschah unter anderem durch sogenannte Eingaben: Das heißt, wenn irgendein Missstand oder Ähnliches dem Bürger aufgefallen war, konnte man dies schriftlich der betreffenden Instanz mitteilen, damit es dort entsprechend bearbeitet wurde (oder auch nicht). Freilich waren diesem Tun von vornherein gewisse Grenzen gesetzt, wenn man nicht bei den Behörden unangenehm auffallen wollte. Von der Stasi mal abgesehen, die selbstredend über jeden diesbezüglichen Vorgang schnellstens informiert wurde. Doch mit Ablauf der Zeit, sprich gegen Ende der Achzigerjahre, machte sich eine gewisse Toleranz bei den Behörden bemerkbar. Das reizte mich zu Aktivitäten auf diesem Gebiet. Ein wenig provokatives Denken spielte dabei natürlich eine Rolle und im Hintergrund glaubte man, dieses Tun zu rechtfertigen, wenn man dadurch eventuell einen Missstand zu beseitigen half.

Also schrieb ich an das Kombinat Zellstoff und Papier in Heidenau, welches für das im Handel angebotene Toilettenpapier verantwortlich war und dessen Qualität derart schlecht war (dünn und löchrig), dass ein alltäglicher Gebrauch stark fraglich war:

Dresden, den 1.8.1988
Sehr geehrter Genosse Generaldirektor!

Bitte entschuldigen Sie diese Zeilen, die ein Problem ansprechen sollen, welches mit Sicherheit zu den unbedeutendsten ihres Schreibtisches gehört. Aber unter den tausend kleinen Dingen, die in unserem Leben belastend auf uns einwirken, ist auch das folgende zu nennen: Toilettenpapier.
Ihr Bestreben nach materialökonomisch günstigen Fertigungsverfahren in allen Ehren, aber in dem von ihrem Betrieb hergestellten Erzeugnis, welches ich auszugsweise als „Anlage" mitsende, dürfte die Angelegenheit etwas übertrieben sein. Der gesamte „Auszug" stellt dabei keine Einmaligkeit dar, sondern bezieht sich auf jedes Exemplar dieses Erzeugnissortimentes.
Es würde mich notdürftiger Weise brennend interessieren, nach welcher Technologie dieses Erzeugnis angewendet werden soll und inwieweit bei diesem Erzeugnis ein erhöhter Gebrauchswert nachzuweisen ist.

Hochachtungsvoll.

Keine drei Wochen später erhielt ich doch tatsächlich eine Antwort, sogar vom Generaldirektor persönlich unterschrieben:

VEB KOMBINAT ZELLSTOFF UND PAPIER HEIDENAU

GENERALDIREKTOR

VEB Kombinat Zellstoff und Papier Heidenau
8312 Heidenau, Pirnaer Straße 31–33, Schließfach 34

Herrn
Jürgen Parschat
Boltenhagener Str. 49

Dresden

8080

Ihre Zeichen	Ihre Nachricht vom	Hausapparat	Unsere Zeichen	Datum
			D100/Kr	19. 8. 1988

Eingabe zur Qualität von Toilettenpapier

Werter Herr Parschat!

Mit Ihrem Schreiben vom 1.8.1988 beanstanden Sie die Qualität
des von unserem Betrieb gelieferten Toilettenpapieres. Grundsätzlich müssen wir Ihnen mitteilen, daß wir ständig bemüht sind,
das Toilettenpapier in einer einwandfreien Qualität entsprechend
der gültigen TGL zur Verfügung zu stellen. Auf Grund der schnell-
laufenden Maschine ist eine visuelle Einschätzung über Einzelfehler
nicht in jedem Fall gegeben, so daß es bei diesem hohen Ausstoß
durchaus einmal vorkommen kann, daß Einzelrollen nicht immer dem
Gebrauchswert entsprechen.

Das von uns bereitgestellte Toilettenpapier wird entsprechend
den Materialressourcen der DDR und auch im Interesse des Schutzes
unserer Umwelt zu 100 % aus Altpapier hergestellt. Gemäß der vor-
liegenden Qualitätsanalyse für das Jahr 1987 entsprechen 92,7 %
dem Standard der TGL 28977. Unabhängig davon sind wir mit den Gebrauchseigenschaften nicht in jedem Fall zufrieden.

Nach der gültigen TGL sind zwei Qualitätsstufen mit 39 und 45 g/m²
enthalten. Dieses Flächengewicht läßt eine Toleranz von 33 - 43 g/m²
bzw. 39 - 49 g/m² zu. Bei dem in Heidenau produzierten Toilettenpapier wird entsprechend der technologischen Möglichkeiten und im
Interesse der Forderung der Abnehmer gezielt die Weichheit des Pa-
piers, verbunden mit einer niedrigen flächenbezogenen Masse, angestrebt. Viele Abnehmer aus anderen Bezirken, die dieses Papier im
allgemeinen nicht erhalten, teilen uns wiederholt ihr Interesse an
dieser Qualität mit.

Gegenwärtig wird eine Überarbeitung des gültigen Standards vorgenommen und durch Spezialisten sehr ernsthaft im Interesse des Ge-
brauchswertes das Papier geprüft, die untere Toleranz von 33 g/m²
anzuheben.

- 2 -

III 9 105 IvG 85

Fernsprecher Heidenau 40   Fernschreiber Zellpa Heidenau 02 336   Staatsbank der DDR   Betriebs-Nr. 06 22 700 8
                                                                            IBF Leichtindustrie Dresden
Telegramme Zellpapp   5161-19-920

Für die Maschine in Heidenau ist eine Teilrekonstruktion vorgesehen. Mit dem entsprechenden Maschinenbaubetrieb wird angestrebt,
den Termin vorzuziehen und bereits im Jahre 1989 den Umbau zu
realisieren. Mit dieser Rekonstruktion wird eine grundlegende
Qualitätsverbesserung erwartet.

Wir hoffen, daß wir Ihnen mit unseren Ausführungen die gegenwär-
tigen Möglichkeiten und die schrittweise vorgesehenen Verbesserungen zur Qualität von Toilettenpapier verständlich mitgeteilt
haben.

Auf Grund Ihrer berechtigten Beanstandung erhalten Sie umgehend
eine kostenlose Ersatzlieferung.

                        Mit freundlichen Grüßen

                        VEB Zellstoff und Papier Heidenau
                        - Stammbetrieb -

                        W u r d i n g e r
                        Generaldirektor

Dresden, den 16.9.1988
Sehr geehrter Gen. Generaldirektor!

Vor 14 Tagen erhielt ich die in Ihrem Schreiben v. 19.8.88 angekündigten 6 Rollen Toilettenpapier der Sorte TOPA KON als kostenlose Ersatzlieferung. Mithilfe meines Arbeitskollektivs wurde diese Lieferung geprüft und wir können Ihnen mitteilen, dass die Qualität der gelieferten Rollen durchaus zufriedenstellend ist, sich aber leider von den in uns zugänglichen Einkaufseinrichtungen stark unterscheidet.
Hoffen wir gemeinsam, dass die von Ihnen vorgesehene Teilrekonstruktion vor allem für uns Kunden eine Qualitätsverbesserung erbringt, und nicht nur für Sie eine weitere Verringerung der Minustoleranzen.

Hochachtungsvoll

16.8.1988
HOG Luisenhof 8054 Dresden,

Zum Thema: Wo kehren Sie gern ein.

Wir hatten Besuch aus bundesdeutschen Landen und wollten ihnen unsere schöne Stadt zeigen. Und wie kann man das besser,
als etwas hinaus aus der Innensadt zu fahren und beispielsweise
vom „Balkon Dresdens" auf diese herrliche Stadt im Grünen zu
schauen, zumal wenn auch der Abend nach einem angenehmen
Augusttag noch gute Sicht verspricht.?
Also planten wir eine Abendessen auf dem Weißen Hirsch, natürlich Luisenhof, um die schöne Aussicht gleichzeitig mit einer
niveauvollen Gaststätte zu verbinden.Telefonisch nahm man keine
Bestellung an, also fuhren wir auf gut Glück hin und stellen uns
abwechselnd in die Reihe der Wartenden, während unsere Gäste dieses schöne Wohnviertel begutachten konnten. Nach kaum
einer halben Stunde bekamen wir im reizvollen Weinrestaurant
einen Tisch mit ausreichende Platz für uns sieben. Eine Viertelstunde später hatten wir unsere Trinkereien und das Abendessen bestellt. Und dann war Ruhe! Es verging eine halbe Stunde, eine ganze – nichts.
Die Kinder wurden unruhig und schlossen sich den Quängelei-
en des Nachbartisches an. Die Gläser waren lange ausgetrocknet
und selbst die herrliche Aussicht von der Terasse war ausgiebig
bewundert worden. Da sich keine Bedienung die Zeit über sehen gelassen hatte, wurde ich bei der Platzanweiserin vorstellig,
die uns versprach, sich weiter zu kümmern. Wenig später ent-
schuldigte sich die Kellnerin bei uns mit den Worten, dass sie
und die Küche insbesondere „überfordert" sei.
Sicher ist es ein alltäglicher Widerspruch nicht nur in unseren
Gaststätten, zwischen Nachfrage und in diesem Falle Bedien-
personal. Aber als Aushängeschild für sozialistische Gastrono-
mie kann es wohl nicht gelten, Gäste, von wo auch immer sie

kommen mögen, über eine Stunde warten zu lassen, ohne dass irgendetwas passiert. Was soll da so eine Umfrage „Wo kehren Sie gern ein?", wenn durch das Verhalten der Bedienung der Aufenthalt derart verunglimppft wird.
Ihre Meinung dazu erwartend verbleibe ich

Hochachtungsvoll

An den Rat der Stadt Dresden
Gen. Berghofer
Rathaus
8010 Dresden

Dresden, am 8.7.1988

Anfrage

Das bedeutendste Naherholungsgebiet unser Stadt (vergl. Wanderkalender v. VEB Landkartenverlag) ist die Dresdner Heide. Mit Schrecken stellt jeder regelmäßige Wanderer durch dieses Gebiet fest, dass stetig mehr und mehr Raum für andere, nicht naturgemäß, Zwecke aufbereitet wird, obgleich Großes, wie der Bau einer Autobahn, seinerzeit verhindert werden konnte. Jetzt läuft in Klotzsche das Gerücht herum, dass im Gebiet der Dresdner Heide eine Lagerstätte für VEB Mionol errichtet werden soll. Dies würde dem Grundanliegen einer Gesellschaftsordnung zur weiteren Verbesserung der Lebensbedingungen (Umwelt) enscheidend entgegenstehen.

Ich bitte um Bestägigung oder besser Dementierung des Gerüchtes.

Hochachtungsvoll
mit sozialist. Gruß

RAT DER STADT DRESDEN

BEZIRK DRESDEN
Abt. Umweltschutz, Wasserwirtschaft
und Allg. Landwirtschaft

Rathaus Zimmer III/131

Telefon 4 88   2238

Rat der Stadt Dresden   Postfach 59   Dresden   8012

Herrn
Jürgen Parschat

Boltenhagener Str. 49
Dresden
8080

Ihre Zeichen	Ihre Nachricht vom	Unsere Zeichen	Datum
		17.01-th	24.1.89

Betreff

Ihre Eingabe zum Minoltanklagerstandort - Hakenweg -

Werter Herr Parschat !

Bezugnehmend auf Ihre o.g. Eingabe teile ich Ihnen mit, daß die
zeitweiligen Kommissionen des Bezirkstages und der Stadtverordneten-
versammlung Dresden, der Vorsitzende letzterer Kommission bin ich
selbst, gemeinsam eine intensive Arbeit zur Untersuchung ausge-
wählter Standorte geleistet und das Gelände - Hakenweg - abgelehnt
haben.

Als Alternative wurde eine grundfondswirtschaftliche Untersuchung
zur Rekonstruktion des jetzigen Lagers des VEB Minol auf der
Bremer Straße und die Fortsetzung der Untersuchung weiterer Standorte vorgeschlagen und gefordert. Beide Kommissionen setzen ihre
Arbeit fort.

Über das endgültige Ergebnis informiere ich Sie.

Mit sozialistischem Gruß

Marosek
Stadtrat

Betriebsnummer 06439000

III 9 23 Jt G 402 88

Staatsrat der DDRGen. Staatsratsvorsitzenden
Marx-Engels-Platz
1010 Berlin

Dresden, den 25.7.1988

Hochgeehrter Gen. Staatsratsvorsitzender!

Voller Erwartung habe ich, und mit mir sicher viele Bürger unseres Landes, die das Alter der Kindheit und Jugend schon etwas hinter sich gelassen haben, auf Ihren Besuch Ende Juni in der VR Polen geschaut, in der Hoffnung, dass Maßnahmen für die Zukunft vorgesehen bzw. vorbereitet werden, die wieder zu einem Zusammenleben zwischen zwei benachbarten sozialistischen Staaten führen könnten, wie es in den 70er-Jahren gewesen ist und auch heute zu unserem Nachbarstaat CSSR bestehen. Im Ergebnis des Treffens wird aber dokumentiert, dass sich der Vertrag nur auf die Jugend bezieht, und für diese außerordentliche Bedeutung für die Annäherung der Menschen beider Länder besitzt. Zusammenfassend wird von Ihnen, werter Gen. Staatsratsvorsitzender, geäußert, dass sich die Form des Zusammenlebens beider Staaten „bewährt" hat. Haben wir als ältere Bürger unseres Staates damit kein Recht mehr, die Gemeinsamkeiten von unterschiedlichen Ländern gleicher Gesellschaftordnung kennenzulernen oder wie wollen wir es als bewährt betrachten, wenn man nicht ohne spezielle Einladung in das Nachbarland fahren kann, bzw. wir insbesondere hier in Dresden täglich mit ansehen müssen, wie unsere sowieso schon dünne Decke des Warenangebotes noch durch übermäßige Masseneinkäufe polnischer Touristen (nicht gemeint ist der Ankauf innerhhalb der geltenden Rechtsvorschriften) noch zustäzlich geschwächt wird?
Ich habe lange gezögert, diese Zeilen abzusenden, aber ich bin mehr denn je der Überzeugung, dass Sie als „Landesoberhaupt" durchaus auch Meinungen von Bürgern ihres Staates kennenlernen sollten, die nicht uneingeschränkte Zustimmung zu allem Tun widerspiegeln.

Hochachtungsvoll

STAATSRAT DER DEUTSCHEN DEMOKRATISCHEN REPUBLIK

Abteilung Internationale Beziehungen

den 1o.8.1988
Aktenzeichen

Herrn
Jürgen Parschat

Boltenhagener Straße 49
Dresden

8 0 8 0

Staatsrat der DDR, 1020 Berlin, Marx-Engels-Platz

Werter Herr Parschat!

Ihren Brief an den Vorsitzenden des Staatsrates haben wir mit Interesse zur Kenntnis genommen.

Die Vereinbarungen von Wroclaw und insbesondere das Freundschaftswerk der Jugend der DDR und der Volksrepublik Polen haben in der Tat eine besondere Bedeutung.

Zwar sind die ökonomischen Voraussetzungen für die volle Wiederaufnahme des früheren freien Personenverkehrs zwischen beiden Ländern z.Zt. leider noch nicht gegeben - einen Aspekt dieser Tatsache haben Sie in Ihrem Brief selbst angesprochen -, aber es besteht gar kein Zweifel daran, daß sich die engen Beziehungen zwischen beiden sozialistischen Nachbarländern immer umfassender weiterentwickeln werden, so daß wir diesbezüglich wirklich optimistisch vorausblicken können, zumal ja in beiden Ländern intensiv an der Meisterung der ökonomischen Aufgaben gearbeitet wird.

Mit sozialistischem Gruß

Huth
Sektorenleiter

Büro des Staatsrates der DDR
Marx-Engels-Platz
1010 Berlin

Dresden, den 12. 09.1988

Sehr geehrtge Genossen!
Ich bin nun schon fast 52 Jahre alt. Vor ungefähr zwanzig Jahren
kaufte ich mir mein erstes Auto, einen Skoda. Ich hatte nach dem
Abitur drei Jahre eine Offiziersschule der NVA besucht, dann weitere fünf Jahre an einer Universität studiert, d. h., ich hatte mit 26
Jahren als Wissenschaftlicher Mitarbeiter in der Industrie mein erstes Geld verdient, Anfangsgehalt 680,- M (brutto!), welches sich
im Laufe der nächsten fünf Jahre auf fast 900,- M (brutto) erhöhte. Trotzdem konnte ich mit dem Geld eine Wohnung einrichten (ohne Ehekredit), des Öfteren Reisen in die UdSSR machen,
und mir, wie oben erwähnt, auch ein Auto kaufen, nach 5 Jahren
Wartezeit, einen Skoda MB 1000 zum Preis von 14.800,- Mark.
Jetzt stehe ich vor einem erneuten Pkw-Kauf. Umständehalber
war ich die letzten drei Jahre ohne Fahrzeug, eine Wartburgbestel-
lung ist von Juni 1976 datiert. Und jetzt werden die neuen Preise für den Wartburg bekannt gemacht: ca. 30 TM! Mein Gehalt
liegt zwar inzwischen bei ca. 1.5 TM (brutto), trotz allem sind
vergleichbare Anschaffungen undenkbar: So kostete seinerzeit
eine Schrankwand um die 1 TM, jetzt (vergleichbarer Typ) 2,5
bis 3 TM, ein Radio damals 1 TM (das hochwertigste) heute 2,5
TM (mittlere Qualität), oder Bekleidung, oder Schuhe oder …
So änderte ich meinen Wartburgwunsch und schloss einen Kauf-
vertrag für Trabant ab und, man höre und staune, für einen
Preis von 14.300,- bis 14.800,- Mark; und das für ein Fahrzeug,
welches in den letzten 20 Jahren oder mehr kaum Veränderungen erfahren hat, von einer Gebrauchswerterhöhung gar nicht
zu sprechen, wo das Fahrzeug mit stolzem Namen Trabant damals schon keinerlei internationalen Maßstäben gerecht wurde,
die sich wohl, wie Sie sicher besser als wir wissen, in der Zwischenzeit immens weiterentwickelthaben.

Zu meiner Schulzeit nannten wir so eine Entwicklung: Geldentwertung, welche zu Inflation und Krise führt. Im Kapitalismus versteht sich. Aber können Sie mir sagen, wo wir den Optimismus für den weiteren erfolgreichen Aufbau des Sozialismus hernehmen sollen, nach welchen Realitäten, auf die Sie ständig verweisen, wir uns orientieren sollen, um Kraft und Hoffnung für eine gesicherte Zuikunft zu nehmen, in der neben Frieden, der uns um alles in der Welt erhalten bleiben möge, auch Wohlstand und eine gewisse Befriedigung der Bedürfnisse erwartet werden?

Hochachtungsvoll.
Mit sozialistischem Gruß

MINISTERRAT
DER DEUTSCHEN DEMOKRATISCHEN REPUBLIK
AMT FÜR PREISE
Abt. Maschinenbau

Berlin, 8.10.1988

Werter Genosse Parschat!
Ihre an den Staatsrat der DDR gerichtete Eingabe zum Verbraucherpreis für den neuen Pkw Wartburg 1.3 wurde mir zuständigkeitshalber zur Bearbeitung übergeben. Dazu möchte ich Ihnen folgendes mitteilen: Bei dem neuen Wartburg handelt es sich um ein Fahrzeug mit wesentlich höheren Gebrauchseigenschaften, die für den Nutzer zu spürbaren Verbesserungen und Vorteilen führen. In das Fahrzeug ist nicht nur ein neuer Motor eingebaut worden. Neu sind auch Der Vergaser und das Abgassystem, sowie das eingebaute 4-Gang-Getriebe. Auch an der Karosserie, am äußeren Erscheinungsbild und der Innenausstattung wurden Veränderungen gegenüber der bisherigen Ausführung vorgenommen. Der Übersichtlichkeit halber haben ich alle Veränderungen im Anhang zu diesem Schreiben aufgeführt.
Durch den Einbau des neuen Motors und die konstruktiven Verbesserungen am Antriebsaggregat wird der durchschnittliche Benzinverbrauch von 9,2 auf 6,8 l/100 kmgesenkt und die Lebensdauer wichtiger Bauteile wesentlich erhöht. Während beim bisherigen Wartburg alle 10.000 km eine Durchsicht vorgeschrieben war, istdiese beim neuen Wartburg erst nach 15.000 km notwendig. Dieses erspart ca. 5 Durchsichten. Der Motor vom neuen Wartburg 1.3 hat eine Laufzeit von durchschnittlich 150.000 km, wogegen die vom Wartburg 353 nur 80.000 km betrug. Das gilt analog auch für solche Hauptbaugruppen, wie Getriebe, Fahrwerk und Lenkung. Auch darausergeben sich für den Nutzer Einsparungen.Weitere Einsparungen ergeben sich u. a. durch die höhere Laufleistung der generellen Ausstattung

mit Radialreifen bei den Grundausführungen bzw. mit Stahlgürtelreifen bei den Sonderausführungen gegenüber der bisherigen Diagonalbereifung. Für neue und hochwertige Konsumgüter werden die Verbraucherpreise wie Bisher so festgelegt, dass sie in der Regel die Kosten decken und für den Betrieb und die Gesellschaft den erforderlichen Gewinn bringen. Hiervon ausgehend wurde der Verbraucherpreis für die Limousine der Grundausführung des Pkw Wartburg 1.3 in Höhe von 30.200 Mark festgelegt und wird auch zu diesem Verbraucherpreis verkauft.

In diesem Preis spiegeln sich die erheblich verbesserten Gebrauchseigenschaften wider, und es wurden die tatsächlichen volkswirtschaftlichen Aufwendungen für die Entwicklung und Produktion des neuen Fahrzeuges berücksichtigt.

Es ist volkswirtschaftlich erforderlich, dass für solche hochwertigen Erzeugnisse, wie den neuen Wartburg, mit dem Preis die Kosten gedeckt werde und ein Gewinn erzielt wird. Der Gewinn ist für den Betrieb zur Sicherung der erweiterten Reproduktion und für die Gesellschaft zur Finanzierung gesamtgesellschaftlicher Aufwendungen und der sozialpolitischen Maßnahmen erforderlich. Für die Festsetzung von Subventionen aus dem Staatshaushalt im Verbraucherpreis für die Produktion von Pkw sind keine materiellen und finanziellen Bedingungen gegeben.

Von der Gesellschaft kann nur das verbraucht werden, was auch erwirtschaftet wird. Wir können nicht die Mittel für die Akkumulation beschneiden. Die materiell-technische Basis stärken ist unerläßlich, um die Arbeits- und Lebensbedingungen für unsere Bevölkerung auf lange Sicht weiter zu verbessern.

Für die Produktion des Pkw Wartburg 1.3 waren umfangreiche Investitionen in vielen Betrieben erforderlich, die mit hohen Aufwendungen verbunden sind, nämlich über 9 Mrd. M.

Für den Pkw Trabant mit Vierzylinder-Viertakt-Otto-Motor und weiteren technischen Veränderungen und Verbesserungen gibt es noch keine Entscheidungen zum Verbraucherpreis, da sich dieser Pkw noch in der Entwicklungsphase befindet.

Ihre Kritik an der Entwicklung der Verbraucherpreise in der DDR entspricht in keiner Weise den Gegebenheiten und wird durch die sachliche Betrachtung der Realitäten widerlegt. So sind die Preise für Nahrungsgüter bereits seit der Beseitigung der Reste der Rationalisierung im Jahre 1958 unverändert. Die Preise für Elektroenergie und Gas für die Bevölkerung existieren sein dem Jahre 1945. Auch die Mieten für die Wohnungen haben sich in der DDR nicht erhöht.

Standarderzeugnisse bei technischen Konsumgütern, wie Kühlschränke, Waschmaschine, Herde, Staubsauger, Fahrräder sowie Waschmittel und andere Erzeugnisse der Haushaltchemie, werden seit vielen Jahren zu unveränderten Verbraucherpreisen angeboten. Das gleiche gilt für die vielen 1000 kleinen Dinge des täglichen Bedarfs, die im Haushalt ständig benötigt werden und unverändert niedrige Preise haben. Gleichzeitig werden seit Jahren neben den Standarderzeugnissen entsprechend den qualitativen und quantitativen Bedürfnissen der Bevölkerung entwickelte hochwertige Konsumgüter angeboten. Unser Angebot an Konsumgütern wird damit zunehmend durch die Produktion und den Verkauf von neuen, attraktiven, höherwertigen Konsumgütern geprägt. Das ist ein Gebot des wissenschaftlich-technischen Fortschritt und der wachsenden Wünsche der Bevölkerung der DDR. Für die Durchführung dieser Verbraucherpreispolitik wird ein beachtlicher Teil unseres Nationaleinkommens eingesetzt, welches durch fleißige, effektive Arbeit geschaffen wird. Die Aufwendungen der Gesellschaft, d. h. die Subventionen aus dem Staatshaushalt, haben sich in den vergangenen Jahren bedeutend erhöht.

Sie betragen 1988 49,5 Mrd. M. Das sind rund 18 Prozent des in der DDR produzierten Nationaleinkommens. Dieser Teil des Nationaleinkommens ist kein Geschenk des Staates. Er muss tagtäglich durch die Leistungen der Werktätigen erwirtschaftet werden. Das ist die Voraussetzung, dass es wie vom XI. Parteitag der SED beschlossen – bei dieser Preispolitik für Waren des Grundbedarfs, für Mieten, Tarife und Dienstleistungen bleibt.

Diese Linie der Preispolitik bei neuen Konsumgütern hat die Regierung in ihren Beschlüssen wiederholt der Öffentlichkeit zugänglich gemacht.

Ich gehe davon aus, dass mit meinen Ausführungen Ihre Fragen beantwortet sind und betrachte damit die Eingabe als erledigt.

Mit sozialistischem Gruß

gez. Fischer
Abteilungsleiter

Anmerkung:
Die drei Seiten Anlage, in denen die wesentlichen Gebrauchseigenschaften des Wartburg 1.3 aufgelistet sind, werden hier übergangen. Eine Antwort auf diesen ausführlichen Brief, worin auf meine Hauptanfrage bezüglich des aktuellen Trabants nicht eingegangen wird, habe ich mir erspart. Was nützen mir die Hinweise auf ein noch in Entwicklung stehendes Auto? Darüber hinaus habe ich in keiner Weise die Preise für Grundnahrungsmittel kritisiert und auf meine angeführten Beispiele wird nicht eingegangen.

Erste Erfahrungen mit der Marktwirtschaft

Eigentlich waren wir Ende der Achtzigerjahre keine richtige Abteilung. Aber in unserem Institut war es üblich, dass sich für jeweilige Aufgabengebiete gesonderte Abteilungen bildeten. So bestand unsere Abteilung nur aus einem Leiter, nennen wir ihn Sieg, und mir als Stellvertreter. Kurzzeitig gesellte sich mal eine Kollegin dazu, die uns mit ihren buchhalterischen Fähigkeiten zu zeigen versuchte, welche Rolle gesetzliche Regelungen auf unsere Berichte haben müssten. Aber solch Pedanterie war in unserem aktuellen Berichtswesen unangebracht. Zumindest sahen die Berichte meines Chefs so aus, so er überhaupt mal einen fertigstellte, und wenn, dann so verspätet, dass von höherer Stelle einfach kein Interesse mehr am Bericht sein konnte.

Aber ich will mich hier nicht über diesen Chef beklagen. Ich hatte, als ich innerhalb des Instituts zu ihm wechselte (meine Zuarbeit beim Projekt NOPLA hatte sich erledigt, weil alles wie am Schnürchen klappte), solche Arbeitsweise fast vorausgesetzt. Dadurch konnte ich ungeschoren meinen Übungen in der Kleinrechentechnik (Arbeit mit einem Personalcomputer von Robotron mit 64 KByte Speicherkapazität) nachgehen.

Ich kannte Sieg seit Jahren. Es wurde gemunkelt, dass er als Parteiauftrag eine Ehe mit der Tochter einer Pfarrersfamilie einging, welche in Dresden gegenüber der Wohnung von hohen sowjetischen Offizieren, u. a. auch mit Wladimir Putin, ihr Haus besaß. Für mich von Interesse war aber höchstes seine strikte Abneigung gegen alles, was nach EDV roch. Zu Beginn des NOPLA-Projektes war er als Abteilungsleiter eines Ministeriumsbereiches auch verantwortlich für die von außerhalb eingehenden Daten für unsere normative Planungsrechnung. Beim Umgang mit den damals üblichen Lochkarten stelle er sich derart unpraktisch an, dass wir fast verzweifelten. Schwerpunkt seiner Tätigkeit war aber die Parteiarbeit. Und darin war er selig, wenn ich ihm über EDV-Mittel Einladungen und dergleichen herstellen konnte.

Mangels konkreter Arbeitsaufgaben diskutierten wir natürlich viel über Gott und alle Welt. Themen über Politik endeten meist darin, dass ich ihn bat, er möge mir doch mal eine positive Erscheinung in der DDR nennen, ohne dass ich ihm zehn negative Argumente dagegen sagen könnte.

Während der Zeit der Wende zeigte er plötzlich starke Aktivitäten, diese Wende mit zu unterstützen. Er wusste, wo und wann die nächste Veranstaltung vom Neuen Forum oder dem Demokratischen Aufbruch stattfand, als diese noch im Untergrund arbeiteten. Als später dann hohe Persönlichkeiten zu den Dresdner Bürger sprachen, stand er jedes Mal in unmittelbarer Nähe der Redner. Als das MfS in Dresden gestürmt wurde, war er fünf Minuten später zur Stelle – seine Wohnung befand sich in unmittelbarer Nähe des MfS-Gebäudes[7]. Voller Stolz zeigt er mir ein Foto des verängstigten Chefs der Dresdner-MfS-Stelle, einen Tag vor dessen Selbstmord. Ich persönlich sprach nicht mit ihm darüber, wann wir mal bei einer Montagsdemo teilgenommen hatten. Meist hatte auch unser Laienorchester an diesem Abend Probe, so fiel das nicht weiter auf. Und so ganz geheuer waren mir die politischen Aktivitäten dieses Chefs nie gewesen.

Und dann kam das Aus für unsere so sicher geglaubte Gemeinsamkeit. Unsere Institution war dem Ministerium für Materialwirtschaft direkt unterstellt, und dieses wurde unter der neuen DDR-Regierung nicht mehr benötigt. Auf der letzten Brigadeversammlung des Jahres 1989 wurde uns dann auch mitgeteilt, dass bis zum Sommer 1990 unser Institut aufzulösen sei, ein Teil der Belegschaft sollte zwar in ein anderes Institut übernommen werden, aber für uns standen die Chancen schlecht.

Mit diesem Wissen über unsere Zukunft feierten wir den Jahreswechsel in Stuttgart. Schließlich war vor Kurzem die Grenze gefallen, ich hatte einen seit Jahren nicht mehr gesehenen alten Freund wiedergetroffen, der ebenfalls mal in unserem Institut gearbeitet hatte, und der jetzt in Baden-Württemberg lebte. Wir

---

7 MfS: Ministerium für Staatssicherheit

hatten uns für Silvester verabredet. Und in Stuttgart sprachen wir auch über die Stilllegung unseres Instituts und daraus folgernd, dass ich dann arbeitslos würde. Noch hatten wir ja keine Vorstellung davon, was das bedeutete. War doch das Wort „arbeitslos" im Sozialismus unbekannt. Auch wenn wir manchmal tage- oder wochenlang nichts Richtiges zu tun hatten, das Gehalt wurde immer pünktlich überwiesen.

Mein Freund kannte die Situation der Arbeitslosigkeit von der Zeit der Übersiedlung nach dem Westen. Und so sprachen wir über Möglichkeiten, sich in der zu erwartenden flauen eit über Wasser zu halten.

„Weißt du was? Eigentlich solltest du eine Zimmervermittlung aufbauen. So etwas wird jetzt dringend gebraucht!" Ich gucke ihn ungläubig an. „Wie soll denn so etwas funktionieren?" „Na, du annoncierst erst mal in der Zeitung: ‚Quartiere für Besucher aus Baden-Württemberg gesucht'. Und ich annonciere bei uns: ‚Quartiere in und um Dresden vermittelt …'. Über meine Provision werden wir uns schon einigen."

Gemeinsam studieren wir Tageszeitungen, in denen ähnliche Anzeigen enthalten sind. Einen ganzen Stoß solcher Zeitungen nehme ich mit nach Dresden, um sie dort in aller Ruhe auszuwerten.

Mit dieser Grundidee versehen erscheine ich am 2. Januar auf Arbeit. Eine Flasche Wein habe ich mit – ich kann mich auf meinen Chef verlassen, der für so eine kleine Neujahrsgeste kein Gespür hat. Und mit der Stuttgarter Idee kann ich nicht allein bleiben. Schließlich werden die Hauptarbeiten, sollte so etwas wirklich in Angriff genommen werden, nur während der Arbeitszeit und vom Schreibtisch aus zu erledigen sein. Zu Hause hatte ich weder Telefon noch Bürocomputer. Und andere Arbeiten lagen sowieso nicht mehr an, außer dass wir noch täglich auf Arbeit erscheinen mussten. Beim gemeinsamen Neujahrstrunk berichte ich von der Stuttgarter Idee. Sie wird von beiden aufgenommen. Von Andrea, unserer Buchhalterin, kommen auch gleich Vorstellungen, insbesondere zur Regelung von Finanzen.

Noch in der gleichen Woche gebe ich in mehreren Dresdner Zeitungen die Anzeige auf: „Die Schwaben kommen! Quartiere gesucht. Meldungen telefonisch an …, schriftlich an …" Telefonisch kann ich nur meinen Chef angeben, denn nur er hat einen privaten Telefonanschluss. Das Honorar für die Anzeigen wird gedrittelt, dafür sorgt schon Andrea.

Und tatsächlich melden sich Dutzende, die Quartiere zur Verfügung stellen wollen. Nach einer Wiederholung der Anzeige sind es fast dreihundert Adressen, die irgendwie bearbeitet werden müssen. Da kann ich meine BC-Kenntnisse nutzbringend anwenden, obgleich Sieg immer wieder mit Karteikarten anfangen will. Als wir dann aber die Verträge und ähnlichen Schriftverkehr über EDV organisieren, scheint er den Vorteil der EDV-Anwendung anzuerkennen.

Ich spreche auf dem Rathaus vor wegen Gewerbeanmeldung und erhalte auch eine Einladung für eine erste Schulung für touristisches Gewerbe. Voraussetzung für eine Gewerbeanmeldung ist aber die Existenz eines Telefons und eines Gewerberaumes. Beides hat Sieg, zumindest lässt sich bei einem Eigentumshaus ein Gewerberaum erschwindeln. Als ich Sieg über die Schulung informiere ist er einverstanden, dass er den Gewerbeantrag über sich laufenlassen wird. Nebenher informiert er mich darüber, dass er, während ich zur Schulung im Rathaus war, an eine Unternehmerberatung teilnahm. Weiß der Kuckuck, woher er wieder diesen Termin hatte?Jedenfalls hat er in einer Konferenzpause einen Herrn kennengelernt, der seinerseits Verbindung zu einem Busunternehmen hatte und nun Quartiere sucht. Das wäre natürlich ein lohnenswertes Unterfangen für uns. Ein Busunternehmer führt Werbefahrten nach Dresden durch, einen Teil der Übernachtungen übernimmt der Herr aus Weinböhla, ebenso die Durchführung der Werbeveranstaltungen. Jeden zweiten Bus übernehmen wir als Zimmerservice NORD, wie wir uns jetzt nennen.

Die ersten Einzelheiten über die Werbefahrten erfahren wir in einer gemeinsamen Beratung bei Sieg. Natürlich sind wir auch bereit, als von der Möglichkeit gesprochen wird, in öffentlichen Gaststätten, möglichst außerhalb der Stadt, die Verpflegung zu organisieren. Sieg denkt an Weißig bei Dresden, findet dann aber eine Gaststätte in Hermsdorf im Norden der Stadt. Nur an zwei Tagen hat man dort Ruhetag. Für diese Tage finde ich den Gasthof, der bereit ist, die Gäste für 4,- DM abends zu bewirten. 5,- DM erhalten wir für das Essen vom Busunternehmer, das macht pro Bus ca. 50,- DM Provision, allein für Verpflegung! Und die Busse kommen fast jeden Tag! Nur die Quartiere dürfen nicht zu weit auseinander liegen.

Ich drucke die Adressenliste stadtviertelweise aus, mein Vermittlervertrag wird von Sieg auf das Busgeschäft hin geändert, von mir vervielfältigt. Beide schwärmen wir aus, die bestätigten Quartiere zu besichtigen, neue zu organisieren. Während ich viel Zeit in den Schriftverkehr investiere, Verträge, Anschreiben und ähnliches entwerfe und vervielfältige, geht Sieg von Tür zu Tür, um Quartiere bis April auszumachen, wenn die ersten Reisegruppen anreisen werden.

Und die Gruppen reisen tatsächlich an. Ich muss zwar mehrmals bei Sieg anfragen, wann denn das Geschäft losgeht. Er hält sich etwas mehr zurück. Ich wäre für den Tagesservice verantwortlich, er für die Busbetreuung. Zur Unterstützung meines Tagesservice hat Sieg aus der telefonisch gemeldeten Quartierbereitschaft eine Frau mit Wohnung und Telefon in der Nähe vom Postplatz im Zentrum der Stadt heraus gefischt, die zur näheren Mitarbeit mit uns bereit ist. Ihre Wohnung kann sie mit als Quartier zur Verfügung stellen, ansonsten aber auch als Büro für unseren Tagesdienst. Bei Bedarf steht sie auch als Stadtbildführerin zur Verfügung.

Jetzt sind wir also wieder drei Mann, die bei NORD mitmachen. Andrea, sowieso nur vorübergehend bei uns geplant, hat schon eine neue Arbeitsstelle gefunden. Da müssen einige Dinge schriftlich geklärt werden. Für die Zusammenarbeit mit der Frau Siegel entwerfe ich einen Vertrag, dem auch von ihr zugestimmt wird. Für Sieg und mich bereite ich eine Art Statut für unsere gemeinsame Arbeit vor, in dem ich unserer beiden Aufgaben fixiere, die Leitung auf unser beide Schultern lege und finanziell festlege, dass je nach Aufgabe der Gewinn zum Hauptanteil an den Verantwortlichen, der Rest an die anderen und einen unteilbaren Fonds für betriebliche Ausgaben aufgeteilt wird. Dieses Statut übergebe ich Sieg zur Diskussion. Aber es erfolgt keine Reaktion. Ich weiß bis heute nicht, ob er das Statut mal angesehen hat. Zur ersten Auszahlung hält er sich aber mir gegenüber annähernd an den im Statut gemachten Prozentsatz. Und zu Ostern sitze ich in unserem Büro in der Innenstadt. Wir, d.h. ich, haben an mehreren Stellen der Stadt Plakate angebracht. Doch Stunde um Stunde vergeht, ohne dass sich eine quartierbedürftige Stimme am Telefon meldet. Aber jeden Abend muss ich feststellen, dass auch die Plakate wieder verschwunden sind. Andere Schilder für Quartiervermittlung hängen dort. So vergeht Ostern, ohne dass ich wenigstens den kleinsten Erfolg verbuchen könnte. In der Woche nach Ostern kommen die Reisegruppen. Das scheint wenigstens zu klappen. Scheint. Denn nach der 2. oder 3. Busreisegruppe, genau erfahre ich es nicht, sagt Sieg zu mir: „Du, übrigens musste ich der Volkersdorfer Gaststätte absagen, die Qualität des Essens war zu schlecht. Ich musste eine andere Gaststätte organisieren." Ich bin enttäuscht über so eine Zusammenarbeit. Er hätte mich ja vorher darüber informieren können, auf das ich eventuell etwas Neues organisierte. Aber so? Einfach vor vollendete Tatsachen stellen, fand ich unfair.

Zwei Wochen später: Das Unternehmen Busreisebetreuung läuft also. Sieg erzählt mit, dass er auch die Stadtführung mitmacht. Und dass jeweils am dritten Tag eine Fahrt nach Berlin folgt. Ich biete mich auch für solche Stadtrundfahrten an. In Dresden habe ich Erfahrung. Zufällig konnte ich eine Stuttgarter Reisegruppe durch Dresden führen, durch Vermittlung einer Bekannten von uns aus Baden-Württemberg. Und für Berlin konnte man sich ja vorbereiten. Und es klappt tatsächlich!

„Kannst du nächsten Dienstag mit nach Berlin fahren?" Natürlich kann ich, und wenn ich was anderes absagen müsste. Doch bei mir läuft ja momentan nichts anderes. Also sage ich zu. „Und bei der Heimfahrt musst du es so organisieren, dass du um sechs in Volkersdorf zum Abendessen bist." „Volkersdorf? Ich denke, du hast dort abgesagt?" „Naja, ich musste sie wieder nehmen."

Hätte ich die Berlinfahrt nicht bekommen, ich hätte nicht erfahren, dass die von mir organisierte Gaststätte doch angefahren wird. Auch wenn es nur wenige Fahrten nach Berlin waren, die ich begleiten durfte, waren sie doch herrliche Erlebnisse und zeigten mir, dass meine Frau und die Bekannten, die an meine touristische Begabung glaubten, recht haben könnten.

Es macht unheimlich viel Spaß, die Leute während der Fahrt nach Berlin zu unterhalten. In der Lausitz konnte ich den DDR-weiten Frust über die Braunkohlenförderung erläutern, den Rest überschwindelte eine gewisse Redegewandtheit. Interessant war vor allem, die Veränderungen an der Berliner Mauer selbst mit zu erleben und anderen zu erläutern, die nie in solch einer getrennten Stadt gewesen waren.

Da standen am Dom jede Menge zwielichtige Gestalten, mit Bündeln von Geldnoten in den Händen. Der schwarze Markt des Geldwechselns blühte. Und keine Polizei schritt ein. Noch bestimmte die Mauer das Bild der Innenstadt. Bei der ersten Fahrt mit dem Bus nach Westberlin wurden die Ausweise noch kontrolliert, die Busbelegung gezählt.

Zwei Wochen später schaute man sich kaum noch die Ausweise an. Was für ein Höhepunkt für einen ehemaligen DDR-Bürger, Gästen aus Österreich oder Süddeutschland Ost- und Westberlin zu zeigen. Die Gäste durchs Brandenburger Tor zu führen, den Reichstag zu erläutern, die Tragödie der Berliner Mauer zu schildern.

Woher nahm ich eigentlich den Mut, über dieses alles so zu reden, als würde ich seit Jahren mit Touristen umgehen? Und keiner merkte mir an, dass ich ja auch vorher nie in Westberlin gewesen war. Vor noch nicht mal einem halben Jahr haben wir noch Berichte der zentralen Planungsarbeit bearbeiten müssen.

Tief befriedigt kam ich jedes Mal zu Hause an und fiel auch das Trinkgeld, was zu Fahrtende eingesammelt wurde, nicht immer so reichlich aus – einmal war der Busfahrer sogar der Meinung, die Busfahrt wäre schon bezahlt – man hatte das Gefühl, etwas Sinnvolles den Tag über gemacht zu haben.

Aber, wie schon gesagt, solche Fahrten fanden viel zu selten für mich statt. Den Rest der Zeit drückte man sich auf der „Arbeit" herum, obgleich mein Sieg dort sehr selten anzutreffen war. An einem der wenigen Tage, wo wir beide noch mal zusammen im Arbeitszimmer weilten, klingelte das Telefon. Ich hob ab.

Eine Computerfirma will meinen Chef sprechen. Interessiert versuche ich den Inhalt des Gesprächs zu enträtseln. Bislang hat Sieg doch immer den Einsatz von Computern negiert. Und so frage ich ihn und erhalte kurz und bündig die Antwort: „Das geht Dich nichts an!" Zum Glück waren die Tage gezählt, wo wir uns zufällig noch mal begegnen mussten. Die Auflösung des Instituts war vollzogen. Jeder ging seine eigenen Wege.

Um eine gewisse Regelmäßigkeit im Tagesablauf nicht vollständig zu verlernen, suchte ich mir eine neue Tätigkeit – der Zimmerservice lief ja so gut wie an mir vorbei. Diese Tätigkeit fand ich bei unserem Fahrradservice, wo wir auch Kunde waren. Hier ging ich also mindestens zweimal die Woche pünktlich halb acht auf Arbeit und machte alles das, was man als Nichtfachmann tun konnte.

So holte ich einmal ein halbes Dutzend Diamant-Fahrräder aus Hartmannsdorf bei Chemnitz ab. Dort war Schlussverkauf, die Fahrräder wurden für 100 Mark pro Stück abgegeben. Das Wochenende drauf stellten wir diese dann zum Verkauf für 150 Mark hin. Aber keiner kaufte sie – wer kauft schon DDR-Räder, wenn es Westfahrräder gibt? Da machte ich den Vorschlag: „Weißt Du was. Wir preisen die Räder mit 250,- Mark aus, streichen dies dann durch und schreiben: Diese Woche zum Sonderpreis von nur 200,- Mark." Zwei Tage später waren alle Räder verkauft.

Dann wurde mein Fahrradfreund krank und aus war es mit dieser Beschäftigung.

Nach kurzer Arbeitslosigkeit erhielt ich die Empfehlung, mal bei der Treuhand vorzusprechen, die damit verbundene Liegenschaftsgesellschaft wurde gerade aufgebaut. Und somit beschäftigte ich mich bis zum Rentenbeginn mit Vorbereitungen für einen Immobilienverkauf von „nichtbetriebsnotwendigen" Liegenschaften der ehemaligen volkseigenen Betriebe.

EIN HERZ FÜR AUTOREN A HEART FOR AUTHORS À L'ÉCOUTE DES AUTEURS MIA KAPΔIA ΓIA ΣΥΓΓ
...TA FOR FÖRFATTARE UN CORAZÓN POR LOS AUTORES YAZARLARIMIZA GÖNÜL VERELIM SZÍ
... PER AUTORI ET HJERTE FOR FORFATTERE EEN HART VOOR SCHRIJVERS TEMOS OS AUTC
...ZOINKÉRT SERCE DLA AUTORÓW EIN HERZ FÜR AUTOREN A HEART FOR AUTHORS À L'ÉCOU
...РАÇÃO ВСЕЙ ДУШОЙ К АВТОРАМ ETT HJÄRTA FÖR FÖRFATTARE À LA ESCUCHA DE LOS AUTOF
... RIMIA... KAPΔIA ΓIA ΣΥΓΓΡΑΦΕΙΣ UN CUORE PER AUTORI ET HJERTE FOR FORFATTERE EEN H
... SCHRI... OS OS A... CORAÇÃO ВСЕЙ ДУШОЙ К АВТОРАМ ETT HJÄRTA FÖF

Der Autor

Der 1937 in Ostpreußen geborene Jürgen Parschat
lebte ab 1944 in Jena, wo er größtenteils seine
Schulzeit verbrachte. Das Abitur schloss er in der
Internatsoberschule in Stadtroda ab. Es folgte ein
Berufsversuch als Offizier der Nationalen Volksarmee, im Anschluss ein Physikstudium in Jena.
Elf Jahre war er wissenschaftlicher Mitarbeiter in
einem volkseigenen Betrieb im Erzgebirge, danach
wechselte er nach Dresden ans Institut für Leichtbau, wo er bis zur politischen Wende blieb. Bis zu
seiner Rente arbeitete er in der Treuhand-Liegen-
gesellschaft.
Erste schriftstellerische Versuche während der
Armeezeit hatten unangenehme Konsequenzen, es
folgten Berichte über Reisen ins sozialistische Ausland während der Zeit im VEB.
Ein Hobby ist die Musik: Als Klarinettist war er in
Universitätsembles und diversen Blasorchestern
beteiligt. Heute spielt er im Orchester des Mozartvereins. Zudem bestimmt das „Wandern als
Lebensmotto" seine Freizeit.

novum VERLAG FÜR NEUAUTOREN

Der Verlag

*Wer aufhört
besser zu werden,
hat aufgehört
gut zu sein!*

Basierend auf diesem Motto ist es dem novum Verlag
ein Anliegen neue Manuskripte aufzuspüren, zu ver-
öffentlichen und deren Autoren langfristig zu fördern.
Mittlerweile gilt der 1997 gegründete und mehrfach
prämierte Verlag als Spezialist für Neuautoren in
Deutschland, Österreich und der Schweiz.

**Für jedes neue Manuskript wird innerhalb
weniger Wochen eine kostenfreie, unverbind-
liche Lektorats-Prüfung erstellt.**

Weitere Informationen zum Verlag und
seinen Büchern finden Sie im Internet unter:

www.novumverlag.com